KB210386

함께
평화의 길을
걸어온
개척자들에게
헌정합니다

방글라데시의 로힝야 난민촌에서

그리스도인의 직무유기

지은이	송강호
초판	2021년 5월 25일
펴낸이	배용하
책임편집	배용하
표지그림	고길천
등록	제364-2008-000013호
펴낸곳	도서출판 대장간
	www.daejanggan.org
등록한곳	충남 논산시 매죽헌로 1176번길 8-54, 101호
대표전화	전화 041-742-1424 전송 0303-0959-1424
분류	기독교	사회참여	평화
ISBN	978-89-7071-557-5 03230

 값 15,000원

그리스도인의 직무유기

평화를 위한 순종

송 강 호

차 례

제1부 • 천국의 노숙자들

제2부 • 붉은 십자가들

제3부 • 군대 귀신 들린 나라

제4부 • 평화 복무

그리스도교의 초대교회를 사는 분

문정현 신부

송강호 박사님과는 10여 년 전에 제주 강정마을 해군기지 반대 싸움 중에 만났습니다. 송 박사를 그냥 송박이라 부를 만큼 친근한 사이입니다. 저는 천주교 전주교구의 한 사제입니다. 송박은 개신교의 신학자입니다. 안수를 받아 목회자가 될 자격을 갖추었지만 뜻이 있어 이를 마다하신 분입니다. 그래서 그냥 송강호 목사님이 아니라 송박입니다. 송박은 뜻을 같이 하는 동지들과 개척자들(Frontiers)이라는 이름으로 공동체의 삶을 살고 있습니다.

송박은 예수님의 말씀 따라 사는 분입니다. 그러기에 송박의 말과 행동을 보면 꼭 복음을 읽는 것 같습니다. 저는 이 분을 바라볼 때 마다 부끄러운 마음입니다. 땅도 집도 가진 것이 없습니다. 잠은 자야 하지요. 그래서 시 소유의 땅에 콘테이너 몇 개를 놓고 언제 쫓겨날지 모르는 삶을 삽니다. 그 더위, 그 추위를 견디며 살고 있습니다. 그야말로 복음 정신만으로 살고 있습니다.

진정한 평화를 갈망할 뿐, 말과 행동에 거침이 없습니다. 평화의 사도라는 신원으로 가득 차 있기에 두려움이 없습니다. 그래서 지금도 영어의 몸입니다. 다섯 번째입니다. 남은 일은 죽음뿐입니다. 그것도 받아드리겠다는 결단으로 살고 있습니다. 그게 눈에 보입니다.

솔직히 고백하건대 송박이 저에게 접근하면 어쩌면 황당하기도, 두렵기도 합니다.

길을 가다 보면 뾰족탑 꼭대기에 으스름한 붉은 십자가가 수없이 보입니다. 그 십자가에 분명 뜻이 있을 터인데 아무런 울림이 없습니다. 갈수록 그 십자가를 바라보는 것이 싫어집니다. 송박의 삶 자체는 그런 기성교회에 대한 도전입니다. 내가 몸담고 있는 교회도 마찬가지입니다. 고난과 순교를 각오하지 않는 사람은 환난과 핍박이 닥칠 때 변절자가 될 수밖에 없습니다. 이 책을 읽으면 그리스도교 초대교회를 보는 것 같습니다.

평화, 그 아득한 희망을 걸은 송강호의 육성 증언

서성환 목사(제주시, 사랑숨결교회)

누구나 평화를 원하는 것처럼 보인다. 아주 극단적인 사람들이 아니면, 대놓고 평화를 원하지 않는다고 말하지 않는다. 대부분 사람들이 평화는 좋은 것이며, 자신들도 평화를 원한다고 말한다. 하지만 참된 평화를 갈망하고, 그 평화를 이루며 살려는 사람은 아주 드문 것 같다. 사람들은 실제로는 평화를 매우 부담스러워하는 듯하다. 사람들이 추구하는 평화는 자기 것을 잃지 않고, 자기를 변화시키지 않는 범위 내에서 유지할 수 있는 적당한 평화, 가짜 평화일지도 모른다.

예수 그리스도의 평화는 그런 평화가 아니다. 평화는 예수 그리스도께서 선포하시고 십자가와 부활로 실현하신 하나님 나라 복음의 핵심이다. 어정쩡한 타협의 평화가 아닌, 언제 어디서 누구에게나 온전한 절대 평화이다. 그리스도인은 예수 그리스도의 이런 참된 평화를 따라 사는 사람들이다. 그리스도인이라 하면서도 예수 그리스도의 이 평화의 삶을 따라 살지 않는다면, 예수와는 딴 길을 걷는 사람이다. 오늘날 평화를 해치는 실체적인 악은 가난과 전쟁과 폭력과 차별과 혐오이다. 그리스도인과 교회는 예수 그리스도를 따라 이 개별적이기도 하고 구조적이기도 한 악에 대해 구체적으로 비폭력, 비타협, 불복종으로 저항해야 한다. 그리스도인과 교회가 그리스도의 평화를 사적(私的) 영역으로 축소, 왜곡하여 평화를 이루기 위한 실제적인 행동을 하지 않는다면, 그리스도인의 직무를 현저하게 유기하고 있는 것이다.

송강호는 장로회신학대학교에서 수학(修學)하였지만, 목사가 아니다. 송강호는 독일 하이델베르크대학에서 신학박사 학위를 받았지만, 교수도 아니다. 송강호는 하나님의 나라의 평화를 위해 십자가에서 죽으시고 부활하신 예수 그리스도를 주님으로 고백하고, 주인이신 예수 그리스도의 평화 소명에 자신의 삶 전부를 던져 정직하게 복무하려는 사람이다. 송강호는 예수 그리스도를 진솔하게 따르려고 나선 사람들의 공동체, '개척자들'의 한 형제로 살아가고 있는 사람이다. 'Brother Song'은 그가 가장 기뻐하는 이름이다. 그가 디트리히 본회퍼(Dietrich Bonhoeffer)의 비명(碑銘)처럼 "그의 형제들 가운데, 예수 그리스도의 한 증인"으로 살려고 애쓰는 사람이기 때문이다. 이 책 『그리스도인의 직무유기』는 이런 송강호의 삶이 담긴 생생한 육성 증언이다. 예수 그리스도의 평화를 따르려는 송강호의 이런 비폭력, 비타협, 불복종의 삶이 과격하게 여겨진다면, 그의 주인이신 예수 그리스도의 말씀과 삶이 가장 과격하다 해야 할 것이다. 온건함으로 위장하여 진정한 평화를 위해 아무 행동도 하지 않는 그리스도인과 교회는 철저하게 그 직무를 유기하고 있는 것이다. 우리 시대에 송강호 같은 이런 진실한 증인이 우리 곁에 있는 것은 하나님의 은총이다. 그를 보며 우리 시대의 그리스도인들과 교회가 '평화를 위한' 직무유기에서 벗어나 다시금 예수 그리스도와 함께 온전한 평화를 누리며, 참된 평화의 길로 나설 수 있기 때문이다.

평화를 꿈꾸는 그리스도인, 송강호

황필규 (NCCK 인권센터 이사)

책 제목에서 예언의 소리가 들린다. 예수가 첫 번째 산상설교에서 평화를 외쳤는데, 21세기를 살아가는 오늘의 그리스도인들에게 저자는 평화의 사람으로서 직무유기 하고 있는 것은 아닌지 들여다 보라 한다. 그리스도인에게 일이란 분명 소명인데, 그것을 생존을 위한 직업으로, 혹은 커리어로 이해하고 있는 것은 아닌지 내면의 소리를 들어보라 한다.

이 책은 저자가 2012년에 쓴 『평화, 그 아득한 희망을 걷다』 이후 거의 10년 만에 '그리스도인의 평화복무'를 언급하면서 폭력의 세상을 평화세상으로 바꿔보자고 말한다.

저자는 그리스도인의 직무를 감당하기 위해 4가지 시선. '천국의 노숙자들', '붉은 십자가들', '군대귀신들린 나라', '평화:유기된 직무'를 제시하면서, 저자 자신이 국가폭력에 저항하는 평화복무로 말미암아 수 차례 감옥에 갇혔고 갇혀 있지만, 그리스도를 본받는 자유로운 영혼이 되어 깊이 있는 사유와 상상의 힘을 글로 보여주고 있다.

'죽기 위해 사는 인생'에서, 송강호는 죽음을 삶의 절정으로 이해하면서 죽음의 마무리로 하늘나라를 이야기한다. 예수가 공생애 3년 동안 하나님을 '아바 아버지'로, 그리고 그분 '나라'에 대한 간절함 가운데 죽음의 길에서 역설적으로 삶의 절정을 맞이했을 때 존재한 천국을 말한 것처럼. 그 천국 길에는 가난, 비난, 고난이 촘촘히 깔려 있다 말한다.

'더도 말고 덜도 말고 어린아이만큼'이란 글에서, 송강호는 왜? 어린아이를 이야기하고 있을까? 어쩌면 자신이 어린아이와 같은 미성숙한 존재일지 모르겠다. 적어도 성인이라면 소위 합리적 사고를 하고, 자신이 좋아하는 것을 선택하는 것이 인지상정이 아닌가? 이것이 인간의 본성인 이기적 마음에 따른 합리적 선택이니 말이다. 그러나 송강호는 여기에서 붉은 십자가의 자리를 찾는다는 것은 불가능하다고 한다. 예수 그리스도의 태도를 본받아 비현실적인 어린아이의 마음을 택할 때 십자가를 볼 수 있게 된다는 것이다.

'자기 부인을 넘어 국가 부인으로'에서, 송강호는 독일의 본회퍼 목사처럼 자신의 국가에 반하더라도 정의와 평화를 위한 정책을 지지하고, 그것에 앞장서야 한다면서, 그의 시선은 국가와 교회에게 무참히 배반당한 제주 강정 사람들에게 닿았다. 그는 국가가 선포한 '평화의 섬 제주'에 건설되는 군사기지를 온몸으로 막아섰다. 이는 국가폭력에 의해 삶의 터전을 잃고 절규하는 강정 사람들을 외면할 수 없었기 때문이었다. 송강호의 몸과 마음은 그들과 결코 분리되지 않고 하나가 되어 싸워나갔다. 이제는 폭력의 상징인 전쟁기지를 허물어 그곳에 세계 평화대학, 그린피스 사무소를 세우고, 비무장 국가를 선포하고, 생태와 평화 안전망이 갖춰진 '인류공동 평화의 섬, 제주'를 함께 상상해 보자고 요청한다.

마지막 '평화복무'에서, "분쟁지역에서 평화 만드는 사역을 소명으로 여기고 살고 있다.… 무엇보다 그 일이 나를 기쁘게 하기 때문이다.… 평화 활동은 삶을 대하는 태도를 바꿔내는 힘이 있고, 이는 자기 성숙으로 이어진다. 무엇보다 먼저 나의 내면이 평화로워져야 한다는 내적 욕구가 생긴다"면서, 평화복무를 강조하고 있다.

저자는 2013년 세계교회협의회 부산총회 자리에서부터 '평화를 위한 섬들의 연대'를 주장했다. 제주 평화의 섬, 일본 오키나와, 대만과의 연대를 통해 동북아 평화의 중심 섬들로 이어갈 것을 세계 사람들에게 외쳤다. 이 세 곳은 국가폭력에 의한 비극적 집단 학살의 고통을 모두 경험한 섬이다. 그는 세 섬나라에서 평화를 상상하는 사람들이 예언의 소리를 함께 내고 하나로 힘을 모으자 한다.

이 책은 "그리스도인의 직무유기"에서 벗어날 수 있는 4가지 시선을 우리에게 보여주면서, 저자가 『평화, 그 아득한 희망을 걷다』에서 말과 행동과 글로 이미 보여준 도전과 용기를 가져보자 한다. '불가능해 보이는 희망'일 수도 있겠지만, 4가지 시선에 집중할 때, 평화를 꿈꾸는 그리스도인의 소명은 이루어질 수 있다는 믿음 안에서, 저자는 지금 제주교도소에서 기도하고 있다.

"평화의 길에는 그 길을 먼저 가신 어른이 있다." – 문정현 신부님과의 만남

예언자들과 예수가 꿈꾸었던 평화의 묵시

이 글은 내가 개척자들(The Frontiers)과 함께해온 반전평화운동의 경험에서 비롯된 것이다. 대부분 1999년부터 2010년까지, 10년간 개척자들 잡지에 기고한 글이다. 처음에는 IVP에서 출간하려고 하였으나 보류되었다. 그후 7년 만에 도서출판 대장간에서 출판하게 되었다. 그래서 이미 과거의 사건들과 인물들이 종종 등장하곤 한다. 그러나 과거의 역사가 여전히 지금도 현재 진행형인 것을 확인하면 놀랍다. 그것은 우리 사회가 아직도 과거의 굴레에서 벗어나지 못했기 때문일 것이다. 글을 쓸 때는 항상 현재를 비판하고 미래를 전망하게 된다. 그것을 세월이 흐른 후에 다시 보는 것은 글쓴이의 식견과 전망의 한계를 확인할 수 있는 채점지와도 같은 거다. 마치 조지 오웰의『1984년』을 1984년이 지난 어느 날 읽는 것과도 같지 않을까?

나는 오래된 예언자들이 꿈꾸었던 평화의 묵시와 예수 그리스도의 평화를 삶 속에서 체험하고 실현하기 위해서 살아왔다. 세월은 흘렀지만, 전쟁없는 평화로운 세상은 아직 도달하지 못한 미래로 우리 앞에 서있는 희망과 꿈이다. 글 속에 담겨있는 주제넘은 비판과 외람된 충고는 나 자신에게 이르는 훈계와 경책이기도 하다. 평생 평화를 위해 일해 온 개척자들 식구들에게 감사드린다. 이 동료들이 없었다면 나는 결코 평화의 길을 오늘날까지 걸어올 수 없었을 거다. 평생 나를 응원하고 지지해준 내 아내와 가난한 삶을 함께 견디면서 반듯하게 성장해 준 자녀들에게도 미안함과 고마움을 전한다.

　이 책의 출판을 결정해 주신 도서출판 대장간의 배용하 사장님과 부분적으로 글을 다듬어 주신 이종현님과 표지 그림을 제작해주신 고길천 화백께도 감사드린다. 거칠고 투박한 나의 필체를 독자들이 깊은 이해심과 따뜻한 마음으로 읽어주기를 바란다.

2021. 3. 16

제주교도소에서 송강호 올림

프롤로그
고린도후서 5장 17절과 18절 사이에서

1. 고린도후서 5장 17절
> 그런즉 누구든지 그리스도 안에 있으면 새로운 피조물이라.
> 이전 것은 지나갔으니 보라 새 것이 되었도다.

독일의 '크리스트리헤 딘스트(Christliche Dienst)'라는 평화단체에서 독일 청년을 우리 개척자들의 볼런티어로 파견하고 싶다고 연락이 왔다. 그리고 이 볼런티어 신청자의 이력서와 추천서 등을 빼곡히 담은 서류 뭉치가 도착했다. 그런데 이 신청자의 신앙생활에 대한 기록에 '일요일에 교회는 나가지 않는다'고 쓰여 있었다. '다른 사람도 아니고 독일 본(Bonn) 대학의 신학부 학생이 주일에 교회를 안 간다고?' 나는 그 이유가 궁금해서 계속 그 아랫글을 읽었더니, '주중에 신학 공부를 열심히 하기 때문에 피곤해서'라고 쓰여 있었다. 나는 실소를 금할 수가 없었다. 그런데 바로 그 순간 '너도 마찬가지야'라는 질책이 내 마음에 들렸다.

내가 신학대학교 4학년때 작은형은 인근 여고의 여선생에게 사랑에 빠져있었다. 그 선생님은 미모인데다 노래도 잘 부르는 팔방미녀였다. 뭇 남성들의 관심을 끄는 것은 당연한 일이었다. 그런 인기있는 여성이 과묵하고 건달 같은 작은형과 사랑에 빠진 것이 신기했다. 얼마후 두사람은 결혼을 하겠다고 공표를 했다. 축하할 일이었지만, 나는 걱정이 앞섰다. 두사람이 도대체 어떻게 사랑을 하고 한 가정을 이루어 살아갈 수 있을지가 염려스러웠다. 왜냐하면 작은 형은 나하고 평생 대화다운 대화를 나눠 본 적이 없었기 때문이었다. 그래서 고민 끝에 앞으로 형수가 될 예정이었던 여인을 찾아가서 물었다.

"선생님 혹시 제 형하고 대화다운 대화를 나눠보신 적이 있으세요?"

"……."

"그냥 걱정이 돼서요."

"그런 적은 없었지만, 결혼해서 같이 지내다 보면 그렇게 할 수 있겠지요."

"외람된 말씀인줄 알지만, 이미 잡아놓은 결혼식 날짜를 뒤로 미루더라도 그 전에 형님과 대화를 나눠보세요. 대화가 안 되는 남편과 평생을 산다는 것을 상상해 보신 적 있으세요?"

"… 그래도 같이 살다보면 …."

이미 정해진 결혼식을 취소하거나 연기하는 것은 그녀에게 너무 큰 부담이었을거다. 결혼식은 아주 성대하게 치렀다. 그러나 결혼한 지 한 달도 못되어 갈등과 불화가 터져나오기 시작했다. 작은형은 하루가 멀다하고 술에 취해 들어왔고 아예 안들어 오는 날도 있었다. 형이 술에 취해 들어온 날 밤은 날카로운 말다툼과 그릇 깨지는 소리가 들렸다. 형수님에게 신혼은 지옥이었다. 나는 형수님과 함께 자정이 넘는 시간에 형을 찾으러 이술집 저술집을 전전해야 했다. 형수님의 비참한 표정을 바라보는 것조차 괴로웠다. 그런 나날이 계속되었지만, 나는 졸업 논문을 쓰기 위해 다시 학교로 돌아가야만 했다. 내가 논문을 다 완성하고 무사히 졸업해서 집으로 돌아왔을 때는 이미 두 사람이 이혼을 하고 난 이후였다.

그 당시에 나는 내가 그리스도인으로서 '화해하게 하는 직분'을 가진 사람이라는 사실을 잘 알지 못했었다. 예수께서 우리에게 화평케하는 임무를 맡겨 주셨다는 사실을 미처 깨닫지 못했었다. 그 이후 수년이 흐른 어느 봄날 작은 형은 어린 조카를 데리고 부모님과 함께 살고 있는 우리 시골집을 방문했다. 그리고 그 어린 조카를 우리에게 맡기고 돈을 벌러 떠났다. 철없는 우리 아이들은 형이자 오빠가 왔다고 좋아했다. 그날 저녁 조카가 우리 아이들을 아랫목에 불러놓고 훈계를 했다.

"한별아, 샘아, 너희들 어른들은 절대 믿으면 안 돼!"

아내와 나는 기가 막혔다. 그리고 그날부터 우리는 내가 막아내지 못했던 형과 형수님의 갈등과 불화의 열매를 여러해 동안 쓰디쓰게 겪어야만 했다. 시간을 되돌릴 수만 있었다면 나는 대학 논문을 뒤로 미루고 끝까지 형수님과 형 사이에서 갈등을 해결하고 불화를 극복할 수 있도록 노력했을 거다. 그것도 신학대학의 논문을 쓰기 위해서 화평케 하는 직무를 유기했다는 사실이 부끄럽다. 이 지나간 나의 과오가 주마등 처럼 지나갔다. 나는 내가 평화를 만드는 사람이라는 그리스도인으로서의 자아 정체성을 갖고 있지 못했다. 분명히 나는 그리스도인이라고 생각하고 있었지만, 나에게 화해케 하는 직분이 맡겨져 있다는 사실을 의식하지 못한 채 살았다.

나는 내가 예수를 처음 믿게 되었을 때의 감격을 잊을 수가 없다. 하나님의 아들 예수가 내 구주가 되신다는 소식은 너무 기쁘고 놀라운 복음이었다. "누구든지 그리스도 안에 있으면 새로운 피조물이라 이전 것은 지나갔으니 보라 새것이 되었도다." 라는 말씀이 너무나 벅찬 감동으로 다가왔다. 그것은 몹시 예민한 청소년이었던 나에게 마치 사형선고를 받은 죄인을 사면하여 석방하는 것과도 같은 해방감과 자유의 감동을 주었다. 나는 오랜 세월 그 구원과 속죄의 감격에 취해 살았다. 그러나 그 다음 구절(고후5:18)은 내 눈에 들어오지 않았었다. 내가 이 말씀을 진지하게 읽고 구원받은 신자인 내게 맡겨진 직분이 무엇이었는지를 깨달은 것은 20년의 세월이 흐르고 난 이후였다.

2. 고후 5:18
모든 것이 하나님께로서 났으며,
그가 그리스도로 말미암아 우리를 자기와 화목하게 하시고,
또 우리에게 화목하게 하는 직분을 주셨으니

어쩌면 내가 우리 가문 역사에 최초의 그리스도인인지도 모른다. 그래서였는지 예수 믿는 것이 그렇게 좋았고 그 흥분과 감동을 참을 수 없었다. 거기까지였다. 나는 하나님이 왜 나를 구원하셨는지, 그리스도인이 된 이유가 무엇이었는지 오랜 세월 알지 못한 채 살아왔다. 그동안 내가 잃어버리고 찾지 못했던 것은 바로 평화였다. 그것은 내가 사랑하는 모든 사람들과의 관계 속에서 절대로 잊어버리지 말았어야했던 것이었다.

평화를 만드는 일이 하나님께서 내게 맡기신 사명이라고 생각하게 되자, 나의 신앙의 맥이 예수 그리스도를 통해 이사야와 미가 예언자에게까지 연결된다는 깨달음이 왔다. "칼을 쳐서 보습을 만들고 창을 쳐서 낫을 들 것이며, 다시는 전쟁도 군사훈련도 하지 않을 것이라"는 고대의 예언이 내 마음에 전율을 일으

켰다. 이 평화의 묵시는 이루어지지 않은 과거의 예언이 아니다. 이것은 우리가 오늘 우리의 현실 속에서 살아내야 할 지금의 과제다. 과거는 오늘날 우리 안에 존재하고 미래도 마찬가지로 오늘을 사는 우리의 현실 속에서 자라난다. 지금 우리가 실천하는 평화의 행동이 전쟁없는 세상이 불가피한 현실로 닥칠 수밖에 없도록 강요한다. 오늘날 우리는 이 미래를 선취(先取)해야 한다. 전쟁없는 세상은 신기루 같은 환상이 아니다. 오늘 전쟁없는 세상을 살아내는 자들에 의해서 전쟁없는 세상은 실현되는 것이다. 이미 고대의 예언자들이 전쟁도 군대도 없는 세상을 시작하셨고, 예수 그리스도는 이미 그런 나라를 세우셨으며 초대교회의 성도들은 그 나라 백성의 삶을 실천했었다.

이제 우리는 그들의 뒤를 따라가며 전쟁없는 평화로운 세상을 다시는 되돌릴 수 없는 현실로 만들어야 할 책임을 떠맡은 사람들이다. 예수 그리스도가 평화다. 그리고 하나님은 우리 그리스도인들에게 화평케 하는 직무를 맡겨주셨다. 지금도 이 세상이 끊임없는 갈등과 불화로 고통을 겪는 이유는 바로 우리 그리스도인들이 우리의 직무를 유기하고 있기 때문이 아닌가?

제1부 • 천국의 노숙자들

1. 부활의 역설

　예수를 믿기로 결심했을 때, 나는 내가 부활할 것이라는 기막힌 소식이 가장 감격스러웠다. 그 기쁨은 말로 다 형언할 수 없을만큼 황홀했다. 지금 생각해 보니 그 감격을 마음에 새기기 위해 내가 택한 방법은 엽기적인 짓이었다. 부활(復活)이라는 글자를 한문으로 내 가슴에 새길 생각을 했던 것이다. 그날 밤 나는 부지깽이를 벌겋게 불에 달궈 옷을 벗고 가슴에 글자를 새기기 시작했다. 하지만 부(復)의 첫 두 획을 긋고는 살이 타는 냄새가 코를 찔러 포기하고 말았다. 비록 글자를 다 새기진 못했지만, 부활에 대한 감격은 가시지 않았고 나는 세월이 흐르면서 부활이 담고 있는 더 넓은 의미를 깨달아 갔다.

　내가 깨달은 부활의 첫 번째 의미는 부활이 죽음 이후에 맞는 기적이 아니라는 점이다. 어떤 이들은 이 세상에서 이루지 못한 부귀영화와 호강의 몽상을 꿈꾸며 부활을 기다린다. 그러나 부활은 열두 진주문과 유리 바다로 뒤덮인 호화스카이라운지 같은 새 하늘과 새 땅에 들어가 끝없는 즐거움 속에 사는 것이 아니다. 나는 그런 몽상가들의 천국을 혐오한다. 한 사람의 삶과 정신이 죽고 나서 이 땅에서 부활할 때, 비로소 그 사람은 천국에서도 부활할 자격을 얻는다.

　독일 유학 시절, 누군가가 죽으면 대부분 교회 예배 시간에 장례 예배를 드렸다. 교회 종이 울리면 죽은 영혼이 저 세상으로 사라져가는 듯했다. 따로 장례식에 초대받아 간 경우는 드물다. 하지만 유학을 마치고 한국에 돌아오자 상황이 달라졌다. 거의 매주 조문을 가야 할 정도로 많은 장례식이 기다리고 있었다. 장례식장에는 참 많은 사람들이 조문을 왔다. 하지만 정작 가족 외에 고인의 죽음을 슬퍼하는 사람은 없어 보였다. 이것이 우리의 현실이자 미래일지도 모른다.

나는 나의 죽음에 관해 한 가지 작은 소망을 갖고 있다. 내가 죽으면 한 평, 아니 반 평 정도의 작은 자리를 차지하고 누울 텐데, 그때 내 죽음을 진심으로 슬퍼해 줄 사람들, 내가 하나님께 받은 소명을 이어갈 사람들이 내가 누운 침상 곁을 메워 주는 것이다. 그러면 나는 내 살아온 날들을 후회하지 않을 수 있을 것 같다. 우리는 평생 자신과 가족에 함몰되어 그 만큼의 사람들에게조차 우리의 신앙과 신념을 전하지 못한 채 살고 있지 않은가.

그런 소시민은 하나님 나라를 유업으로 받지 못한다. 예수님이 말씀하지 않으셨던가. "의를 위하여 박해를 받은 사람은 복이 있다. 하늘나라가 그들의 것이다."(마 5:10) "하나님의 의를 위해 사는 사람은 시련과 모욕, 박해와 터무니없는 비난에 시달릴 것이다."(5:11) 하나님 나라의 상이 바로 그들의 것이다. 그들은 죽어서 때로 죽기 전에라도 그의 뜻을 따르는 사람들을 통해서 부활을 맛본다. 그렇게 부활한 생명력은 이전보다 더 강인하며 순교자와 희생자의 피를 거름 삼아 자라난다. 초대교회의 역사가 이런 부활의 원리를 세상 속에서 장엄하게 증명해 보였다. 아마 천국은 초대교회 그리스도인들의 삶이 면면에 배여 있는 감동적인 현장일 것이다.

부활을 열망하는 많은 그리스도인은 죽음과 희생 없이 부활을 맞을 것으로 기대한다. 그러나 자신을 부인하지 않는 거만하고 위선적인 사람은 부활하지 못할 것이다. 이것이 내가 깨달은 부활의 두 번째 의미다. 대의를 위해 자기 것을 손해 보는 습관이 안 된 사람, 재산을 자녀에게만 물려주는 사람, 그리스도를 위해 부상이나 죽음을 맞는 것을 두려워하는 사람은 부활을 맞이할 준비가 안 된 사람이다. 물론 안전사고는 피해야 하지만, 평화를 위해 일하다 불가피하게 죽음의 잔을 피할 수 없는 상황도 생길 수 있다. 이는 내가 분쟁 현장에서 확인한 엄연한 현실이다.

모든 사람이 안전을 추구하며 흘러가는 물에 몸을 실을 때, 누군가는 물살을 거슬러 올라가야 한다. 그 누군가는 부활을 믿는 그리스도인이 되어야 한다. 그곳은 총탄이 튀는 전장일 수도, 고립되어 굶어 죽을 수밖에 없는 아프리카의 메마른 황야일 수도 있다. 부활을 믿는다면 이곳에서 쓰러지더라도 저편에서 부활할 것이고, 우리가 받은 꿈과 비전 또한 또 다른 누군가의 삶과 정신 속에서 부활할 것이다.

하나님 나라는 영원하다. 죽음을 각오하고 사는 사람은 영원히 살고, 살기 위해 발버둥치는 사람은 두 번 죽을 것이다.

2. 두 종류의 신앙

이기적인 신앙

사람들은 이 세상에 여러 가지 다양한 종교가 있다고 믿고 있다. 나도 그렇게 생각했었다. 그러나 나는 언젠가부터 이 세상에는 두 가지의 종교만 있고 역시 두 가지의 신앙만이 존재할 뿐이라는 사실을 깨닫게 되었다. 그러면 기독교, 불교, 이슬람교처럼 실제 존재하는 다양한 종교들은 무엇들인가? 이 모두는 내가 이야기하려는 그 두 종교들의 외피들일 뿐 실체들이 아니다. 마찬가지로 이런 종교들에서 예배의 대상이 되는 서로 다른 신들도 역사 속에서 제한적으로 불완전하게 경험된 신일 뿐이다. 신학자들이나 종교학자들은 이를 계시라고 한다. 계시란 언제나 시공간적으로 제약된 경험이어서 우리는 계시를 넘어서는 신의 실재를 직관하고 통찰하지 않으면 안 된다.

구약성경에는 모세와 다윗 왕 그리고 여러 예언자들에게 계시된 하나님의 말씀들이 기록되어 있다. 우리가 이 말씀에 기록된 하나님을 문자 그대로 받아들인다면 하나님은 유대인들과 이스라엘만을 배타적으로 사랑하는 지극히 민족 이기주의적인 하나님으로 비춰 질 수밖에 없을 것이다. 여호와 하나님은 전쟁의 신이요, 만일 이스라엘의 선전 포고에 순순히 항복하지 않으면 남자들은 모두 살해하고 여자들은 종으로 삼으며 전리품들은 마음대로 약탈하도록 허락하는 이스라엘 민족들만을 위한 신이다. 심지어 여호와 하나님과 대대로 원수 진 아말렉 족속은 노약자나 어린아이들까지 모조리 대량학살을 하도록 명령한 잔인한 신이다. 지금도 보수적인 유대교인들은 여호와 하나님이 이런 신이라고 믿기 때문에 하나님이 자신들에게 약속한 가나안 땅을 차지하기 위해서 수 천년 동안 그곳에서 대대로 살아오던 팔레스타인 인들을 몰아내고 어린 아이들까지 무참하게 살상하는 전쟁을 정당하다고 믿으며 이 불의한 전쟁을 적극적으로 지원하고 있다. 이것은 비단 구약성경에만 해당되는 것은 아니다.

신약성경에 기록된 가장 중요한 말씀은 예수 그리스도의 생애와 가르침일 것이다. 그리스도인들은 하나님이 그리스도를 통해 계시되었을 뿐 아니라 예수 그리스도를 하나님이라고 믿고 있기 때문이다. 만일 이 계시의 외피를 벗겨 그 안에 담긴 진실을 보지 못한다면 우리는 신약성경을 통해서도 구약 성경의 역사적인 한계와 똑같은 유대중심주의와 가부장적인 남성우월주의의 틀을 벗어나지 못할 것이다. 그럼 이런 유대중심주의는 단지 옛날 이야기일 뿐일까? 내게는 그렇게 보이지 않는다. 지금도 한국의 대다수 보수적인 그리스도인들은 미국의 복음주의자들처럼 20세기 들어와 펼쳐지는 이스라엘의 건국 운동을 경이롭게 바라보며, 이스라엘 귀환 운동이 예언된 구약 성경 말씀의 성취요 다가올 종말의 징조라고 믿고 있다. 더 나아가서 온누리교회와 한동대학 같이 한국복음주의적 기독교의 대표적인 교회와 단체들이 앞다투어 돈과 인력을 들여 이 귀환운동을 돕고 있다.

그러나 문제는 이 귀환하는 유대인들은 당연히 자신들이 정착할 곳이 필요하고 이스라엘 정부는 이 새 이주민들을 팔레스타인 인들의 주거와 경작 지역으로 유인하는 정책을 펼치고 있다는 점이다. 이들의 정착촌들이 확장되는 것 때문에 팔레스타인 사람들은 고향에서 쫓겨나고 조상 대대로 경작해온 올리브 나무들이 뽑히며 조상들이 물려준 땅이 높은 장벽과 몇 겹의 철조망으로 나뉘어 눈 앞에 두고도 들어갈 수 없다. 이런 억울하고 부당하고 불의한 현실에 대해 유대 시오니스트처럼 한국의 보수적인 그리스도인들도 성경에 예언된 것이어서 어쩔 수가 없다며 남의 일처럼 방관한다. 더욱이 이스라엘의 무자비함과 비열함에 대한 분노와 억울하게 고통 당하는 팔레스타인의 이슬람교도인들에 대한 동정과 연민을 악령의 미혹이라고 설득하려 든다. 우리가 사랑의 하나님이라고 믿고 '아바 아버지'라고 불러왔던 그 분이 그렇게도 냉혈한이셨던가? 입장을 바꾸어서 만일 우리가 팔레스타인 인들이었다면 자신들을 조상 대대로 살던 곳에서 쫓아내고 자녀들까지도 죽이기를 서슴지 않는 무자비한 신이 있다면 우리는 그 신에 대해 무어라고 생각할 것인가? 모든 인류를 창조하신 하나님이 그렇게도 불공평하게 편애하는 하나님이란 말인가?

어떤 특정 집단에게 이기적인 신앙이나 종교는 유대교가 되었든 기독교가 되었든 이슬람이 되었든 불교가 되었든 그것은 오직 하나의 종교의 외피일 뿐이다. 이기적인 신앙이 바로 그것이다. 이 신자들은 종교의 형태와 종류를 불문하고 이기적인 사람들이요 이기적인 집단들이다. 이들은 신이 자신들만을 사랑하고 자신들만을 보호하며 자신들만을 축복해 주고 있다고 믿고 행복해한다. 남들은 다 불타는 지옥으로 갈 테지만, 자신들만은 최고 최상의 천국으로 갈 것이라고 믿으니 기쁘고 즐겁지 않겠는가? 심지어 하나님이 불신자들은 지옥의 불쏘시개로 사용할 것이라고 믿을 수 있었기 때문에 중세 교회는 수백만의 소위 마녀와 이단자들을 산 채로 불태워 죽이는 만용을 부릴 수 있었다. 역설적으로 들릴 수도 있겠지만, 나는 이렇게 사악한 행복감에 도취되고 악독한 만용으로 무장했었던 파괴적인 그리스도인들과 마찬가지로 이슬람에서 다른 종교로 개종을 하는 사람을 사형에 처하는 엄격한 이슬람 율법을 고수하고 이 법을 모든 이들에게 강제로 적용하려는 이슬람 원리주의자들이나 교권주의자들도 모양은 서로 다르지만, 모두 다 같은 이기주의의 뿌리에서 자라난 동일한 종교의 신자들이라고 여기고 있다. 이 둘은 서로 다른 모습으로 이기주의의 신을 섬기는 자들이다. 이기주의자들은 모두 하나다. 물론 이들이 하나가 되어 평화를 이루는 것은 아니다. 이들은 자신의 탐욕을 채우기 위해 서로 싸우고 다투지만, 자신에 맞서 싸우는 적들이 왜 자신과 싸울 수밖에 없는지도 잘 이해한다. 모두 힘과 권력을 숭상하고 경쟁과 다툼을 피할 수 없는 과정으로 이해하기 때문이다. 이런 이기적인 사람들 때문에 세상에서 전쟁은 피할 수 없는 지극히 당연하고 현실적인 문제 해결 방식으로 여겨진다. 서로 다른 종교들은 대립하고 갈등하며 힘겨루기를 한다. 인간의 끝없는 탐욕과 이기심에 바탕을 두고 있는 자본주의가 전혀 이질적인 것처럼 보이는 공산주의 국가인 중국이나 이슬람의 본산지인 아라비아 여러 나라의 시장과 국가 경제를 쥐고 흔들 수 있는 이유도 이기주의의 코드가 그 모든 곳에서 잘 통하기 때문이다.

이타적인 신앙

이기적인 신앙의 반대편에 이타적인 신앙이 있다. 이 신앙은 우리 인간의 자기 보존과 이기적 본능으로부터 우리를 해방시켜서 타인에게 관심을 갖게 하고 사랑하게 하며 존중하고 배려하게 하는 힘을 주는 신앙이다. 어떤 사물도 중력의 법칙을 벗어날 도리가 없듯이 어떤 인간도 스스로는 이기적인 본능을 벗어날 수가 없다. 나는 본래 인간에게는 자신의 이기적 본능을 극복하고 타인을 위해 희생할 수 있는 사랑이 없다고 믿고 있다. 이 불가항력적인 이기적 본성이 인간의 원죄이고 절망이다. 그러나 인간에게는 구원이 있다. 바로 이 이기적 본성을 거스르고 반역하는 사랑이다. 이 이타적인 사랑이야말로 하나님께서 우리 인간에게 베푸시는 삶의 기적이라고 믿고 있다.

누구든지 그가 기독교를 믿든 불교를 믿든 이슬람을 믿든 아니면 의식적인 무신론자이든 아무런 조건도 보상도 기대함이 없이 자기와 아무런 상관도 없는 타인을 위해 자신을 부인하고 희생적인 사랑을 베풀 수 있는 것은 그 배후에 하나님이 계시기 때문이라고 나는 믿고 있다. 스스로를 속이지 말자. 하나님은 매주일 경건한 모습으로 예배를 드렸을지언정 피부 빛깔이 다르다는 이유로 유색 인종들을 업신여기고 약탈과 착취를 정당하다고 믿었던 영국의 그리스도인들을 자신의 도구로 사용했던 것이 아니었다. 그 분께서는 힌두교인이었음에도 불구하고 공의와 평화를 위해 개인적인 이익과 안일을 버리고 전 생애를 바쳐 고난과 희생의 길을 자청했던 간디를 통해 당신의 뜻을 성취하셨다. 하나님은 이교도인 간디의 비폭력 평화 운동을 통해 기독교로 포장된 탐욕스럽고 폭력적인 이기주의 신앙의 질곡에서 영국인들을 구원하신 것이 아니었던가? 마틴 루터 킹은 이 간디의 비폭력 저항 운동 안에서 하나님 나라의 의를 발견했고 마침내 불의하고 오만한 인종차별주의적인 백인 그리스도인들을 그들의 죄와 불의로부터 구원하게 된다. 간디의 비폭력 평화 사상은 톨스토이의 평화적인 신앙에서 비롯된 것이다. 또한 톨스토이가 귀족이라는 자신의 특권과 재산을 포기하고 평범한 서민으로 낮아질 수 있었던 것은 산상수훈의 가르침 때문이었다. 결국 하나님의 영은 우리에게 너무도 익숙한 교회와 예배의 틀과 형식에 붙박이심이 없이 또 그리스도인과 기독교라는 종교에 구애됨이 없이 그리스도인과 비그리스도인, 기독교와 타종교의 울타리를 넘나들며 정의에 목마르고 평화에 배고픈 모든 이들의 신앙과 양심을 투과하고 채우시며 자유롭게 흐르고 있었던 것이다.

매주 예배를 드리며 주기도문과 사도신경을 고백하였던 영국과 미국의 인종주의적인 그리스도인들에게 그리스도는 입술의 고백일 뿐이었지만, 톨스토이나 간디, 마틴 루터 킹 목사의 삶 속에는 예수 그리스도의 고난과 희생이 체현되어 있었다.

우리는 너무 개인주의적인 사고에 젖어 있는 나머지 믿는 사람, 안 믿는 사람,

기독교, 비기독교, 타 종교들로 분절되고 추상화된 개념들의 파편들 속에 쪼개지고 찢겨져 도도히 흐르는 하나님의 역사의 강 줄기를 보지도 경험하지도 못하고 있다. 서로 다른 종교의 모습과 틀과 울타리들은 중요한 것도 본질적인 것도 아니다. 하나님을 믿는 진정한 신앙은 오직 타자를 사랑하는 신앙이며 이 이타적인 신앙은 서로 다른 종교와 제의 형식을 넘나들면서 서로 다른 종교적 배경과 뿌리를 갖고 자라난 사람들을 통해 그 맥을 이어갔던 것이다. 신앙이란 본래 공동체적이고 역사적이다. 우리가 하나님의 일을 하는 것이 아니다. 하나님께서 그 분의 일을 하시는 것이고 은혜로 우리를 그 분의 역사에 동참시키시는 것이다. 개인의 신앙이란 그 영의 산맥에 바위로 붙박이는 것이며 그 도도한 강물에 작은 물줄기로 뒤섞이는 것이다. 개인들이 들어가는 천국이란 없다. 예수를 개인의 구주로 믿었다는 이유만으로 성 프란시스와 마녀 사냥꾼들이 천국에서 함께 거할 수 없고 흑인 노예들과 백인 노예 상인들이 함께 천국의 식탁에 둘러 앉을 수 없으며 본 회퍼와 히틀러가 함께 먹고 마실 수는 없다. 천국은 양들의 나라다. 하나님이 양은 천국으로 염소들은 지옥으로 나누어 보내시듯이 하나님은 마지막 날 이기적인 사람들은 지옥으로 보내실 것이고 이타적인 사람들은 천국에서 만날 것이다. 구원의 확신도 천국 입장의 증표도 모두 타인에 대한 사랑과 배려다. 이것은 가장 확실하고도 분명한 표시다. 그 사랑이 바로 하나님의 성품이요 예수 그리스도의 현현이기 때문이다. 그와는 반대로 천국에 들어와 영생 복락을 누리기 위해 예수를 믿는 자들이 함께 만날 곳은 바로 천국이 아니라 지옥이다. 그런 이기적이고 쾌락적인 동기나 비겁하고 두려워하는 마음은 하나님이 아니라 악마의 성품이기 때문이다. 나도 이기주의자들과 같이 천국에 들어가느니 차라리 나를 사랑하고 나도 사랑하는 이들과 더불어 지옥의 고통을 함께 나누기를 원한다. 천국이 아닌 지옥을 선택한 한 인디언 추장의 이야기는 천국의 비밀을 계시하는 듯하다.

1500년대 초 디에고 벨라스케스가 이끄는 에스파냐의 원정군이 '신대륙'에 진출할 때의 일이었다. 조상 때부터 평화롭게 살아왔던 자신들의 땅을 침략하고 재물들을 약탈하는 백인들에 맞서 싸웠던 타이노 인디언들은 결국 붙잡혀 처형당하게 된다. 사형을 앞두고 에스파니아 신부들은 인디언들에게 천국에 들어가기를 원한다면 죄를 회개하고 개종하라고 권했다. 그러자 하투에이라는 한 인디언 추장이 "당신들도 그 천국에 가게 되느냐"고 물었다. 그에 대해 신부들은 "그렇다. 너도 예수를 믿고 그리스도인이 되기만 한다면 우리들과 함께 천국에서 영원히 행복하게 살 수 있다."고 대답했다. 그는 "그리스도인들이 가는 천국에 나는 절대로 가지 않겠다."는 마지막 말을 남긴 후 화형당했다고 한다.

역설적으로 들리겠지만, 천국은 사랑하는 사람을 찾아 그를 만나고 그와 고통조차도 함께 나누기 위해서 지옥까지라도 따라 가겠다는 사랑과 의리를 지닌 자들의 마음과 마음 속에서 경험되는 것이다. 역사적으로 명멸했던 숱한 예언자들이 특정한 시간과 장소에 천년 왕국이 임했다고 선포하였고 수다한 무리들이 그 카리스마 넘치는 예언자들을 목숨까지 바치며 따랐지만, 이 땅에 건설되었던 빛 바랜 천 년 왕국들은 모두 모래성처럼 무너져버리고 말았다. 천국은 장소가 아니라 관계다. 우리는 이 세상 어디서도 천국을 차지할 수는 없다. 정의롭고 평화로운 관계는 우리가 이 땅에서 느끼는 천국 경험이다. 이런 관계를 만들어 나가는 사람들이 바로 하나님의 자녀들이고 천국의 시민들이다.

예수 그리스도가 참으로 우리의 주님이신가?

나는 스스로를 복음주의자라고 자처하는 그리스도인들에게 이 물음을 던진다. 정말 예수 그리스도가 당신의 주님이신가? 당신이 입술로 예수를 주님이라고 고백하는 것처럼 그 분의 말씀을 실천하고 그 분에게 순종하는 삶을 살아가고 있는가? 만일 그렇다면 당신은 마음을 다하고 성품을 다하고 뜻을 다해서 하나님을 사랑하고 당신의 이웃을 당신 몸처럼 사랑하는 삶의 징조들, 싹들, 향기들, 크고 작은 열매들을 맺을 것이다. 이것이 자연스러운 생명의 법칙이다. 죽은 나무도 나무의 형체를 갖고 있기는 하다. 그러나 거기에는 생명의 조짐이 안 보인다. 우리는 그 미세한 생명의 기운을 통해 죽은 나무와 살아있는 나무를 구분할 수 있다. 하나님의 정원은 이미 죽은 나무들의 숲이 되어 버렸지만, 우리는 너무나도 오랫동안 죽은 나무를 마치 살아있기라도 한 양 스스로를 속이며 살아왔다. 우리가 그리스도에 접 붙은 포도나무 가지가 된다면 우리에게는 자연스럽게 이타적인 삶의 열매가 맺히게 되어 있다. 만일 우리가 자신의 탐욕과 이기심에 종노릇하고 있다면 우리는 필경 포도나무 숲에 던져져 있을 지는 모르지만, 예수 그리스도에게 접 붙여져 생명의 진액을 공급받을 수는 없는 죽은 가지일 것이다. 하나님께서 마지막 날 모든 이들을 심판하실 때에 이기적인 염소들과 이타적인 양들을 나누시며 이 양같이 순하고 착한 사람들에게 말씀하실 것이다.

'내 아버지께 복을 받은 사람들아, 와서, 창세 때로부터 너희를 위하여 준비한 이 나라를 차지하여라. 너희는, 내가 주렸을 때에 내게 먹을 것을 주었고, 목말랐을 때에 마실 것을 주었고, 나그네 되었을 때에 영접하였고, 헐벗었을 때에 입을 것을 주었고, 병들었을 때에 돌보아 주었고, 감옥에 갇혔을 때에 찾아 주었다' 할 것이다. 그 때에 착한 사람들은 그에게 대답하여 말하기를 '주님, 우리가 언제, 주께서 주리신 것을 보고 잡수실 것을 드리고, 목마르신 것을 보고 마실 것을 드리고, 나그네 되신 것을 보고 영접하고, 헐벗으신 것을 보고 입을 것을 드리고, 언제, 병드시거나 감옥에 갇히신 것을 보고 찾아갔습니까?' 할 것이다. 그 때에 주님이 그들에게 말할 것이다. '내가 진정으로 너희에게 말한다. 너희가 여기 내 형제 자매 가운데, 지극히 보잘것없는 사람 하나에게 한 것이 곧 내게 한 것이다.'(마25:34~40)

천국은 남을 사랑하고 배려하는 착한 사람들의 것이다. 타인에 대한 사랑과 배려는 이기적인 본능을 따라 사는 사람들에게는 불가능한 것이다. 이를 가능하게 하는 것은 오직 하나님의 은혜를 입어서 그 분 안에 예수의 영이 그 본능의 힘을 마비시키고 신앙과 양심의 기적을 일으키시기 때문이다. 오직 입술로 예수를 고백하는 사람만을 그리스도인으로 보는 사람은 교리에 눈먼 사람이다. 눈을 뜨고 보라. 수다한 사람들을 통해서 스스로를 나타내시는 예수의 모습을. 누가 진정 참된 그리스도인인가? 마음도 삶도 행동도 모두 이기주의에 노예가 된 채 입술로만 고백하는 사람인가? 자신의 손해와 희생을 무릅 쓰고서라도 남을 돕는 그 사람인가? 자기 도취적이고 자기 암시적인 구원의 확신은 더 이상 필요 없다. 당신의 영원한 미래는 당신 마음 안에 이미 주어져 있다. 당신은 어느 무리에 속해 있는가? 양인가 염소인가? 당신이 양의 마음으로 살아가고 있다면 당신이 알든 모르든 당신이 신자이건 불신자이건 이미 예수는 당신 안에 살아계시는 것이다. 구원은 사랑의 하나님께서 베푸시는 은혜다. 예수를 믿는다고 해도 천국에 못 들어올 자들도 많고 예수를 안 믿는다고 하는 자들 가운데서도 천국에 들어올 자들이 많으리라. 결국 서로를 사랑하는 자들은 천국으로 모일 것이고 서로를 미워하는 자들은 지옥에서 함께 만나리라.

나는 왜 예수를 따르려는가?

내가 좋아하는 사람은 친절하고 정직하고 책임감 있는 그리고 무엇보다 나에게 관심과 사랑을 베푸는 사람이다. 내가 좋아하는 목사님도 마찬가지다. 설교를 잘하고 기적을 행하는 능력있는 목사가 아니라 어눌하고 가난하고 못생겼어도 나에게 따뜻한 사랑을 베푸는 목사님이 좋다. 내가 독일에서 지낼 때 빌헬름 스펠트라는 작은 산골 마을에서 살았다. 그곳에는 작은 천주교 성당과 개신교 교회가 각각 하나씩 있었다. 그곳의 작고 예쁜 개신교회에 아츠마(Atsma)라는 나이든 목사님이 계셨는데, 주일 아침 내 어린 딸이 교회에 가면 목사님의 이름을 부르면서 총총 뛰어가서 노목사님 품에 안기곤 했다. 목사님은 딸에게 환한 미소를 지으며 따뜻하게 품에 안은 채, 다른 교우들과 악수를 하셨다. 그리고 나서 어떻게 지냈는지 묻곤 하셨는데, 그 모습에서 다정한 목자의 인상을 받곤 했다. 비록 낯선 타국의 외로운 생활이었지만, 우리를 사랑하는 사람들이 주위에서 우리에게 관심과 애정을 갖고 지켜보고 있으며 또 보이지 않게 우리를 돕고 있다는 사실이 큰 힘과 격려가 되었었다.

우리가 때로 예수님을 왕으로 비유하곤 하지만, 내겐 이 비유가 낯설게 느껴질 때가 많다. 왕은 세상의 모든 위계질서의 정점에서 통치하는 분인데 비해, 내가 경험한 예수님은 더럽고 차가운 구유에서 태어나셨고 목수라는 천한 직업을 갖고 사셨으며 집도 절도 없이 정처없이 떠돌아다니시면서 걸식을 하셨던 노숙자셨다. 나는 그분이 보리떡 다섯 개와 물고기 두 마리로 오천 명을 먹이실 수 있고 바다를 걷는 기적을 베풀 능력이 있기 때문에 그분을 주님으로 믿는 것이 아니다. 그분이 귀신을 쫓아내고 온갖 질병을 고칠 수 있는 분이었기 때문도 아니다. 그분의 가르침에 놀라운 지식과 권세가 있기 때문도 아니다. 그분을 통해서 하나님이 나를 위해 당신의 아들을 희생시킬 정도로 나를 사랑하고 계시다는 사실을 깨달았기 때문이다. 그리고 나도 그렇게 형제자매들을 위해서 목숨을 바치는 삶을 살고 싶어서 예수를 따르고 있다.

3. 삼난(三難)의 세례

"당신은 행복하신가요?"

공동체로 살면서 동시에 분쟁 지역에서 평화 활동가로 살다 보니, 나와 아내는 사람들로부터 자주 이런 질문을 받는다. 솔직히 난 정말로 행복하다. 다행히 아내도 똑같이 대답하는 것을 들으며 나는 조용한 희열을 느낀다. 왜 우리에게 행복이 찾아온 것일까? 우리가 살고 싶다고 늘 고백한 대로 살고 있기 때문이다. 그리고 이런 삶은 하나님의 부르심에 대한 우리의 자연스러운 응답이라고 믿고 있다. 내 신앙과 양심을 거스르거나 인간적 고집을 앞세우는 것도 아니라서 평안하다.

하지만 주위를 둘러보면 자신이 원하는 대로 살지 못해 불행한 사람들이 있다. 한번밖에 없는 인생을 고스란히 돈 버는 데 바치는 사람들이 그들이다. 그들에게도 이유는 있다. 자녀에게 좋은 교육을 받게 하기 위해서, 가족에게 기쁨을 주기 위해서, 부모에게 효도하기 위해서 등…. 그래서 정작 그들에게 '나의 삶'은 없다. 나의 삶이 없어도 괜찮다. 행복하기만 하다면. 그런데 그렇지가 않다. 돈의 노예가 되어 끌려 다니는 삶 속에는 행복이 없기 때문이다.

그리스도인이라면 돈의 노예가 되어서 살 게 아니라 하나님의 뜻을 좇아 살아야 한다. 그러기 위해서 나는 우리가 삼난(三難)의 세례를 받아야 한다고 생각한다. 이를 굳이 세례라고 칭하는 이유는 세례가 그리스도인이 되기 위한 통과의례이듯, 이 어려움들이 하나님의 뜻을 좇아 살기 위한 통과의례이기 때문이다.

가난(家難)의 세례

많은 사람이 하나님의 일에 선뜻 나서지 못하는 가장 큰 이유는 돈 때문이다. 대부분의 사람이 모이를 좇는 닭처럼 돈의 욕망을 따라다니다가, 돈이 부족할까 염려하다가 인생을 소진한다. 내가 개척자들의 전임 사역자가 되겠다고 결심했을 때, 개척자들은 몇몇 청년들의 기도모임이었다. 생계를 꾸려 나갈 돈이 생길 구석은 전혀 보이지 않았다. 아내는 반대하지는 않았지만, 생계유지 대책을 세우라고 채근했다. 나는 하나님이 일하는 소의 입에 망을 씌우겠느냐는 식의 원론적인 이야기만 반복했다. "무엇을 먹을까 무엇을 마실까 하여 구하지 말며 염려하지 말라"는 말씀만 끊임없이 되새길 뿐 달리 현실적인 꾀가 없었다. 그리고 하나님의 도우심과 은혜로 지금까지 살아왔다. 지금도 개척자들의 전임 사역자들은 가난하게 살고 있다. 처음에는 이런 가난은 극복되어야 한다고 믿었다. 그러나 점차 생각이 달라졌다. 가난은 극복해야 하는 것이 아니라, 가난과 함께 불편 없이 살아가는 삶을 터득해야 한다는 사실을 깨닫게 된 것이다. 가난은 가족 구성원 모두가 함께 겪을 수밖에 없는 시련이어서 더 견디기 어렵다. 우리는 그 가난의 의미를 긍정적으로 해석하고 감당할 수 있도록 서로 격려하고 응원해야만 한다. 나는 가난의 세례를 통과하지 않고는 하나님의 뜻을 좇아 살아가는 그리스도인이 될 수 없다고 생각한다.

비난(非難)의 세례

평화 활동가로 살면서 겪는 또 하나의 어려움은 가까운 가족이나 친척들로부터 받는 비난과 따가운 눈총이다. 좋은 직장 그만두고 직장에서 받던 월급의 반도 안 되는 야박한 사례를 받는 것도 그렇고, 대학까지 나와서 부모님께 용돈도 드리고 결혼 준비하기에도 바쁠 시간에 엉뚱하게 1,2년씩 집을 떠나 산골짜기에 들어가 공동체로 사는 것도 그렇고, 아프가니스탄이니 동티모르니 하필이면 위험천만한 분쟁 지역만 돌아다니면서 '평화 활동'이라는 이해할 수 없는 일들만 하고 있으니, 가족 입장에서 비난하는 것은 당연한지도 모르겠다. 위로와 격려를 받으면서 가기에도 어려운 이 길을 비난과 손가락질을 받아 가며 꿋꿋이 가고 있는 동료들이 참으로 자랑스럽다.

고난(苦難)의 세례

평화 활동을 하면서 듣는 가장 낯 뜨거운 이야기는 위로한다고 건네는 "고생스러우시겠어요"라는 말이다. 우리가 하는 일이 선구자적인 것처럼 보일 수도 있지만, 실제 우리는 우리가 가야만 하는 위험하고 어려운 지역에 아직도 도전하지 못하고, 얕은 물가에서 몸을 사리고 있는 게 사실이다. 인류가 겪을 수 있는 최악의 상황이 발생한 지역이 우리의 일터라고 하면 지금의 활동은 아직 걸음마 단계다. 하나님의 평화를 이루는 개척자들로서의 임무에 충실히 임한다면 사상자가 나올 수도 있다.

재세례파(anabaptist)는 그리스도인의 세례를 물의 세례, 성령의 세례, 피의 세례로 나누어 설명하면서, 순교를 각오한 신앙인이 되기 위해서 피의 세례에까지 참여해야 한다고 가르쳤다. 고난과 순교를 각오하지 않는 사람은 환난과 핍박이 닥칠 때 변절자가 될 수밖에 없다. 고난을 각오하지 않고서 그리스도를 따르겠다는 말은 고통 없이 십자가를 지겠다는 말과도 같고 십자가 없이 예수를 믿겠다는 말처럼 공허한 이야기다.

가난과 비난과 고난, 이 삼난을 각오하면 예수 그리스도 안에서 자기가 하고 싶은 일을 할 수 있다. 그리스도 안에서 참된 자유인이 되어 하나님의 뜻을 실천하는 사람은 행복하다. 우리가 감당해야 할 가난과 비난과 고난은 하나님의 일을 하는 즐거움과 보람에 견줄 수 없는 먼지처럼 가벼운 것이기 때문이다. 사랑하는 나의 동료들, 친구들, 그리고 이 글을 읽는 그리스도인들이 이렇게 행복한 삶을 살기 위한 용기를 낼 수 있기를 바란다.

4. 죽기 위해 사는 인생

    누구나 죽음을 두려워한다. 나 또한 어렸을 때는 언젠가 어머니가 나를 두고 돌아가실 거라는 사실이 가장 두려웠다. 그 기억 때문인지 나는 자녀들이 성인이 되기 전까지 나와 아내가 죽지 않기를 간절히 바랐다. 하지만 이는 인간의 바람일 뿐, 하나님의 인도하심은 알 길이 없다. 내 주변에도 어릴 적에 부모를 잃은 이들이 있지만, 하나님이 그들을 덜 사랑해서 그런 불행을 겪지는 않았을 것이다. 우리는 죽음의 진실을 다 알 수 없다.

    모든 사람이 언젠가 죽는다는 사실, 그리고 그때가 내 뜻과는 전혀 상관없이 찾아온다는 사실을 까맣게 잊고 산다. 그래서 어느 날 갑자기 들이닥치는 죽음은 그래서 불행을 가져오는 악마처럼 느껴진다. 실제 기독교는 죽음을 죄의 결과이자 저주라고 믿는다. 그래서 죽음을 이기는 부활은 신앙의 핵심이지만, 죽음 자체는 가능하면 생각하지 말아야 할 금기사항이 되었다.

    하지만 달리 생각하면 죽음은 그리 두려워만 할 일도 아니다. 인간이라면 어차피 한번은 죽어야 하는 운명을 안고 태어난다. 반드시 닥칠 일이라면 준비를 해야 한다. 예고 없이 찾아올 손님이라면 마음을 놓지 말고 기다려야 하지 않겠나. 그러니 생각을 바꾸자. 죽음은 우리 삶의 절정이요, 우리는 아름다운 죽음으로 인생을 마치기 위해 사는 것이라고. 기대와 설렘으로 결혼식을 준비하듯 장렬하고 감동적인 장례식을 맞을 준비를 하자.

그러면 그리스도인인 우리는 어떻게 죽을 것인가? 하나님 나라를 위해 목숨을 바치자. 전쟁을 그치게 하고 평화를 이루는 일을 하다가 죽음을 맞이한다면, 이 죽음이야말로 하나님 나라를 위한 순국이요, 천국의 국립묘지에 안장될 값진 죽음 아닐까.

물론 이 일을 위해서는 사막과 같은 황무지 한 귀퉁이를 잃어버린 데 분노해, 가녀린 허리에 폭탄을 두르고 테러를 감행하는 팔레스타인이나 체첸의 자녀들이 가진 용기를 능가하는 용기가 필요하다. 죽음 이후의 상황이 염려되기도 할 것이다. 죽음의 사자가 당장 내일 찾아온다면 남은 가족은 슬플 것이다. 그러나 기약 없이 이별할 수도 있는 게 인생이기에 인간은 공동체로 사는 것 아니겠는가. 주 안에서 형제요 자매가 되고, 부모와 자식이 되어 서로를 가족처럼 돌보기 위해 개인적인 자유와 여유를 포기하는 것이다. 우리가 하나님을 위해 목숨을 바치게 되더라도, 하나님이 남은 가족을 책임지시고 내가 못다 이룬 일을 이루실 거라고 믿자. 그것이 하나님을 향한 신뢰의 고백 아니겠는가. 그러니 그 가련한 사자들에게 끌려가지 않기 위해 버둥거리기보다는 평온한 마음으로 죽음의 사자를 영접하자.

우리는 예수 그리스도가 평화의 왕으로 오셨다는 말씀을 삶으로 고백하기 위해서 십자가의 길을 가야 한다. 희생과 순교 없이 평화를 이루기 바라는 것은 피 흘리지 않고 전쟁에서 승리하겠다는 기대보다 더 공허한 것이다. 적을 죽여야만 승리를 얻을 수 있다고 생각하는 어리석은 군인들조차 생명을 바칠 각오로 싸운다. 그런데 하나님의 평화의 전사로 부름받은 그리스도인인 우리가 죽음을 두려워한다면, 사랑으로 세상을 변화시키라는 하나님의 명령을 실현시킬 수 없는 오합지졸에 불과할 것이다.

평화를 이루기 위해서는 대가를 치러야 한다. 평화를 이루다 죽으면 그 죽음이 한 알의 밀알이 되어 많은 열매를 맺을 것이다. 그러니 우리의 장례식이 우리 생에 가장 아름다운 시간이 되도록 살자. 우리를 조문하러 오는 이들이 우리의 죽음을 통해 하나님을 만나게 하자. 나는 죽음이 새로운 세계에서 다시 태어나는 것이라고 믿는다. 예수님이 십자가에 달리셨을 때, 그 옆에서 생의 최후를 함께 맞게 된 죄인에게 하신 말씀이 귓가에 쟁쟁하다. "오늘 네가 나와 함께 낙원에 있으리라." 우리 모두 낙원에서 만날 날을 기대하자.

5. 천국으로 가는 세 개의 문

개척자들 멤버들은 한 달에 평균 30만 원을 용돈으로 받는다. 하지만 그 돈이 적다고 불만을 비치는 사람은 없다. 개척자들의 해외 사역지인 인도네시아, 동티모르, 아프가니스탄 등에서는 노동자들의 한 달 임금이 8만 원이다. 물론 우리나라와 물가 차이가 나지만 그 나라에서도 8만 원으로는 안정된 생활을 하기 힘들다. 그들은 지금도 매일 수 킬로미터 떨어진 샘을 찾아다니며 물을 긷고, 불을 때서 밥을 짓는다. 집에는 울타리도 없다. 그럼에도 그 정도라도 벌기 위해 직장을 구하려는 사람이 매우 많아 취업은 우리나라보다 훨씬 어렵다. 그러니 단순하고 소박하게 사는 그들을 생각할 때 30만 원을 받는 우리의 현실을 과분하다고 느끼는 것이다.

실제로 서너 가족이 함께 모여 살면서 식당이나 거실과 같은 공간, 자동차와 세탁기, 냉장고와 같은 가전제품을 공유하면 적은 비용으로도 그리 팍팍하지 않게 지낼 수 있다. 물론 함께 사는 이들을 배려하는 자기 쇄신의 통증은 각오해야 한다. 원룸이나 아파트에서 혼자 혹은 가족끼리만 살면 눈치 보지 않고 편히 살수 있다. 하지만 타인과 부대끼며 살 내 자신이 얼마나 이기적이고 고집이 세며 편견에 사로잡힌 사람인지 깨닫게 된다. 이런 자각은 인격을 성숙시키고 인간을 깊이 이해할 수 있는 기회가 되기도 한다.

불행하게도 우리는 아주 어렸을 때부터 이런 교육을 받지 못하고 자랐다. 학교는 고대 원형 경기장의 검투사들이 그랬듯이 승자와 패자가 확정될 때까지 싸워서 이겨야만 행복할 수 있다고 가르치고 있다. 타인의 불행을 전제하는 경쟁에서의 승리가 곧 행복의 의미가 되어 버린 것이다. 갈 곳 없는 이들의 집을 부수고 세워진 고층 아파트에서 누리는 행복, 동료보다 더 많은 연봉을 받을 때 얻는 행복에는 누군가의 불행이 그림자처럼 따라다닌다. 그런 불행의 망령이 도리어 우리의 행복을 불안하게 하는데도 진정한 행복이 무엇인지 고민하지 않는다면, 우리에게 예수 그리스도의 복음은 아무런 의미가 없지 않겠는가.

바울은 "하나님의 나라는 먹는 일과 마시는 일이 아니라, 성령 안에서 누리는 정의(공의)와 평화와 기쁨"(롬 14:17)에 있다고 말했다. 이 세 가지 가치는 하나님 나라와 우리 삶을 연결하는 핵심 코드다. 나는 젊은이들이 이 가치들을 경험하고 실현함으로써 진정한 행복을 누리는 삶을 살 수 있는 능력을 얻게 된다고 믿는다.

정의

사람이 자라면서 영어나 수학 혹은 모국어를 배우는 것보다 '정의를 위한 용기'를 배우는 것이 더 중요하다고 생각한다. 그러나 학교에 가면 이런 용기보다는 나보다 힘 있는 자의 비위를 맞추고 힘없는 자는 폭력으로 대하는 법을 먼저 배운다. 본래 하나님은 인간에게 불의를 보고 '아니오'라고 말할 수 있는 용기, 힘없는 자가 고통당할 때 내 일처럼 나서서 해결하려는 마음을 주셨다. 그러나 학교 교육은 이 마음을 사라지게 만든다. 내가 손해를 입었을 때 느끼는 분노와 타인이 겪는 불의를 보고 느끼는 분노는 전혀 다르다. 하나님이 주신 '정의감'이야말로 우리가 되찾아야 할 잃어버린 감수성이다.

평화

성경은 "평화를 이루는 사람은 복이 있다. 그들이 하나님의 자녀라고 불릴 것"(마 5:9)이라고 했다. 평화는 하나님 나라의 가장 기본적인 속성으로서 그리스도인은 갈등과 분쟁 속에서 화해와 평화를 일구어 낼 수 있어야 한다. 그러나 현실은 그렇지 못하다. 교회는 작은 갈등에도 쉽게 분열하고 깊은 상처를 주고받는다. 미군 부대가 들어선 평택 대추리마을, 가난한 이들을 존중하지 않은 재개발로 참사가 빚어진 용산, 해군기지 건설로 몸살을 앓고 있는 제주 강정마을처럼 분쟁과 갈등이 생기면 교회 역시 무기력하게 갈등에 휩싸여 아무런 역할도 하지 못하는 현실이니, 어떻게 교회에게 지역사회나 국가 간 분쟁을 조정 중재해서 화해를 이끌어내는 역할을 기대하겠는가?

그래서 더욱더 교회는 폭력을 거부하고 평화를 가르쳐야 한다. 그런 교육을 받고 자란 청년들이 갈등을 조정, 중재하는 단체에서 봉사하게 하거나 분쟁 지역에서 평화를 위해 일하게 하자.

기쁨

타인에게 기쁨을 주는 행동은 그 자체로 우리 자신에게 행복을 안겨준다. 잃어버린 가족을 찾아 만나게 해주는 일, 아무런 이유도 없이 어디론가 끌려간 남편과 아들의 소재를 찾아 알려주고 석방되도록 애쓰는 일, 전쟁터에 끌려간 병사들을 애인들의 품으로 돌려보내는 일처럼 큰 기쁨을 주는 일도 없을 것이다. 배고파 굶주리는 아이들에게 빵과 우유를 나누는 일은 어떤가. 이런 일들을 위해 청년 시절 구호 단체에서 2년 정도 봉사하게 하라. 복음의 기쁜 소식을 전하는 선교 활동에 젊은 시절을 바치는 것도 값진 일이다. 봉사 활동 때문에 나중에 경쟁에서 밀려날까 봐 걱정이 되기도 할 것이다. 내가 볼 손해를 먼저 생각하면 염려와 근심이 앞서는 법이다.

"무엇을 먹을까, 무엇을 마실까, 무엇을 입을까, 하고 걱정하지 말아라.… 너희는 먼저 하나님의 나라와 그의 의를 구하여라"(마 6:31-33)라고 하신 주님의 말씀을 따르자. 하나님 나라를 위해 살기로 작정한 사람들에게 하나님은 그들의 필요를 채워 주신다는 약속도 하지 않으셨는가(마 6:30-33).

이륙하지 못한 채 활주로만 주행하는 비행기는 제 값을 하지 못하는 비행기다. 어떤 방향으로 이륙하든지 하늘로 비상한 비행기만이 공중에서 방향을 바꾸어 목적지로 날아갈 수 있기 때문이다. 이처럼 우리도 하나님 나라라는 무대에 서기 위해 정의와 평화와 기쁨이라는 가치를 체험하고 우리 인생의 목표를 하나님 나라 실현에 맞춰야 한다. 이런 변화 없이 땅에서 제자리걸음만 해서는 하나님 나라 백성이 될 수 없다.

정의와 평화와 기쁨, 이 세 가지 가치는 하나님 나라로 들어가는 문들과도 같다. 그 문을 열고 들어가 하나님 나라의 본성을 깨닫자. 그 문으로 들어온 자들은 서로 만나 천국의 행복을 누리게 될 것이다. 그리고 그 맛을 잊지 못해 평생 이를 위해 살게 될 것이다. 행복은 선택이 아니라 우리 삶의 운명이고 의무다. 젊은이들아, 이 행복의 바이러스를 온 세상에 퍼뜨리자.

6. 이 세상에서 새는 박은 천국에서도 샌다

우리 사회의 한탕주의는 교회에서조차도 예수 믿고 천국 가는 것이 장땡이라는 식으로 나타나고 있다. 자신들이 천국에서 누릴 부귀 영화와 복락은 생각할지언정 자신들이 천국을 얼마나 망가뜨리고 오염시킬 것인지에 대해서는 아무런 생각이 없이 천국 행을 꿈꾸고 있다. 심지어는 민족 복음화와 세계선교를 통해 예수 그리스도의 재림을 우리의 힘으로 앞당기자는 어찌 보면 오만하기 짝이 없는 구호가 나오기도 했다. 기원전 바벨론에 포로로 끌려간 이스라엘 민족의 귀환에 대한 묵시의 글을 오늘의 현실에 적용해서 러시아 등지에 흩어진 유대인들을 귀환시킴으로써 인류 최후 심판의 날을 앞당겨야 한다는 시대착오적인 종말론에 사로잡혀 있는 이들도 있다. 그 결과 힘없는 팔레스타인 사람들을 탄압하는 배타적이고 공격적인 시오니즘의 불길에 부채질을 하고 있는 실정이다. 아직도 우리나라의 많은 그리스도인은 이스라엘 편을 들지언정 유대인 때문에 조상 대대로 경작해온 살 같은 땅을 강제로 빼앗기는 약하고 억울한 팔레스타인에 대해서는 그들이 이슬람을 믿는다는 이유로 냉담하고 무관심하다. 태어나면서부터 난민이 될 수밖에 없었던 예수님이 과연 힘으로 이웃을 궁지로 몰아넣는 불의한 현재의 이스라엘과 고향을 빼앗기고 전전하는 연약한 팔레스타인 사이에서 어느 편이 되어 주시겠는가?

우리는 아직도 하나님은 유대인의 편이고 그리스도인의 편이라고 믿고 있다. 그러나 나는 그렇게 믿을 수가 없다. 그분은 억눌린 자의 편이고 정의로 심판하시는 공평한 분이라고 믿기 때문이다. 그분은 그리스도인이건 교회건 불법을 행하면 심판하실 것이고 불신자건 타종교인이건 그들이 행하는 정의와 사랑의 선행을 후하게 보상해주실 분이라고 믿는다. 그래서 불법과 불의한 폭력을 자행할지라도 예수를 믿기만하면 천국에 갈 수 있다면, 나는 기꺼이 "그들만의 천국"을 포기하리라. 내가 그런 천당에 가고 싶지 않은 이유는 이 세상에서 악하게 살던 사람들이 천국에 가면 착하고 선해질거라고 생각하지 않기 때문이다. 제 버릇 개 못 주듯이 이 세상에서 살던 습관과 버릇대로 천국에서도 그렇게 살아갈까 봐서이다. 이 땅에서 주색잡기에 골몰하던 사람들은 천국에서도 룸 살롱과 러브 호텔을 찾아 헤맬 것이고 다툼과 싸움을 일으키던 사람들은 천국에서 아예 불사조들이 되어 유리바다를 피바다로 만들 것이다. 이 땅에서 권력과 명예를 탐하던 사람들은 천국에서는 하나님의 보좌까지 차지하려고 온갖 수단과 방법을 가리지 않을 것이다. 예수님이 십자가에서 흘린 피로 우리가 깨끗해졌으니 그럴 리가 없을까? 돼지를 아무리 깨끗하게 씻긴들 다시 시궁창을 뒹굴지 않겠는가?

이 땅에서 고통과 슬픔을 겪던 사람들이 천국에서 위안과 행복을 경험할 것이라는 성경 말씀을 마치 악인이 선해지고 악마가 천사가 된다는 의미로 곡해되어서는 안될 것이다. 천당에 가면 히틀러와 수많은 백인 우월의식으로 가득 찬 인종차별주의자들, 부유하고 인색한 구두쇠들, 잔인한 노예상인들, 거룩하고 정의로운 전쟁이라는 이름으로 어린이들과 노약자들까지 무참하게 살해하는 폭력배들하고 함께 살게 될까 두렵고 사람들을 고문하고 불사르던 마녀 사냥꾼들을 대하며 영원을 살 것을 생각하면 끔찍하다. 이들과 사느니 차라리 불타는 지옥일지라도 소크라테스나 간디 같은 사람들과 함께 그 고통을 같이 겪어나가고 싶다. 나에게 천국은 우리 어머니와 아버지를 모시고 가족들, 사랑하는 친구들 그리고 존경스러운 선후배들과 더불어 자연 속에서 종교에 구애됨이 없이 평화롭게 살아가는 세상이다. 진주로 만들어진 열두 대문도 수정같이 맑고 고운 유리바다도 내게는 필요 없다. 문도 담도 없어도 좋고 아체 같은 진흙탕이나 먼지바람 날리는 아프간 같은 황야라도 좋다. 내가 사랑하는 사람들과 더불어 살 수 있는 곳, 생명과 평화를 사랑하고 자유와 정의를 실천하는 존경스런 사람들과 함께 살 수 있는 곳에서 영원을 살고 싶다. 내가 믿는 기독교의 천국이 이런 곳이 될 수 없다는 사실이 안타깝다. 아마 예수님도 이런 그리스도인들이 "천국"이라고 간판을 달아놓은 곳을 불편해 하실 것만 같다.

우리는 자신의 능력이나 성품은 돌아보지도 않은 채 자리를 차지하는 데 익숙해져 있다. 그래서 그 자리에 앉아있어서는 안될 사람들이 -자리 다툼에는 이력이 나있어서- 이런저런 권좌를 차지하고 앉아서 사리사욕을 채우고 있다. 부끄러움도 모른 채 먼저 차지하는 사람이 임자라는 생각이 천국을 바라는 우리들에게도 있는 것이 아닐까? 여름에 인도네시아 술라웨시섬 북단의 부나켄이란 섬에서 해상훈련을 했다. 나는 바닷속의 찬란하게 아름다운 산호들과 물고기들을 보고 찬탄하지 않을 수 없었다. 그러나 다른 한편으로는 이런 바닷속까지도 속속들이 파괴하고 온갖 쓰레기들이 물 속을 부유하게 만든 인간들이 과연 이 지구를 차지하고 살 권리가 있는 존재들인지 회의를 느꼈다. 실제 인간들처럼 이 땅을 병들게 하는 종(種)은 없다. 더 많은 땅을 팔아먹기 위해서 멀쩡한 산을 깎아 생명으로 가득 찬 바다를 덮어버리고, 대량 벌목으로 울창한 숲을 사막으로 만들며 온갖 폐수와 유독한 배기가스로 강과 바다와 하늘을 오염시키는 것이 인간들이다. 사람들은 끊임없이 인간의 생명을 위협하는 각종 바이러스와 병균들을 박멸하기 위해서 노력하고 있지만 이 세상에 가장 위험하고 해로운 바이러스 같은 존재가 바로 인간 자신이라는 사실에 대한 자각은 못하고 있는 것 같다. 그리스도인들은 별다른가? 우리 그리스도인들이 다른 사람들과는 달리 서로 싸우지 않고 평화로운 세상을 만들어 왔는가? 나는 아니다라고 말할 수밖에 없다. 역사는 오히려 그리스도인들이 더 호전적이었고 더 안락한 물질 문명을 누리기 위해서 다른 인종들을 노예로 삼고 가축처럼 부렸으며 자연을 파괴한 주역들이었음을 가르쳐주고 있다. 이들이 천국의 주인이 된다면 천국에서도 전쟁은 끊이지 않을 것이며 이산화탄소의 과다 배출로 인한 온난화로 인간을 포함한 모든 동식물들이 위기에 처할 것이다.

예수 믿고 천국에 가게 되었다는 구원의 기쁨에 들떠 좋은 것은 무조건 먼저 차지하고 보자는 욕심 사나운 처신을 할 것이 아니라, 우리가 하나님 나라의 시민으로서 살아갈 소양을 갖춘 인간인가를 곰곰이 따져보고 그렇지 않을 경우라면 차라리 천국을 염치와 겸손으로 타인에게 양보하는 미덕을 보여주어야 할 것이 아니겠는가? 그렇지 않으면 천국은 부귀영화를 꿈꾸는 욕심쟁이들의 난장판이 되거나 지옥의 불못을 두려워하는 겁쟁이들의 도피처가 되고 말 것이다.

천국은 아무나 가나?

오늘날 교회의 위기는 표준의 상실에 있다고 생각한다. 그 결과 '구원의 확신'이라는 자기암시로 천국의 주인이 될 수 있으리라는 생각을 하는 소위 '믿음 좋은' 신자들이 늘어난다. 그들에게는 '산상수훈'이나 '주기도문' 같은 제자도의 핵심 가치가 인간의 연약함을 알려주는 것으로 제 역할을 다하고 있는 것으로 간주된다. 평생을 두고 성장하여 나아갈 목표는 처음부터 거추장스러운 폐기물이 되고 마는 것이다. 그러니 신앙 생활을 오래한 사람들이 새로운 신자들의 신앙의 좌표가 되지 못하고 교회는 갈팡질팡하며 현실에 안주해버린다. 우리도 단지 지옥에 대한 염려나 천국에 대한 기대만으로 교회에 빌붙지 말고 후배들에게 더 이상 본이 될 수 없을 때는 조용히 교회를 떠나자. 교회도 상점과 마찬가지로 재고 정리가 필요하다. 신앙의 표준을 어지럽히고 또 적당주의로 서로 눈감아주면서 자신들이 원하고 합의하는 신앙을 기독교라고 포장함으로써 가치를 뒤집는 것보다, 그리하는 것이 자라나는 세대를 위해 더 나을지도 모른다.

하나님의 나라는 성령 안에서 누리는 정의와 평화와 기쁨이다. (롬14: 17) 천국을 대망하고 또 구원의 확신까지 있다면 공의를 실천하고 갈등과 분쟁 속에서 평화를 만들며 슬픔과 고통, 절망과 낙담에 빠져있는 사람들에게 기쁨을 안겨주는 삶을 살아가거나 그러기 위해 부단히 노력해야만 한다. 이것이 천국 시민이 되기 위한 훈련이다.

나는 그리스도인들이 세상의 희망이기를 바란다. 평화로운 천국을 위해서 군대를 해산시키는 운동을 벌이자. 그렇지 않으면 천국은 군인들의 군화에 짓밟힐 것이고 인간을 가축처럼 죽일 것이며 하나님께서 예비하신 처소들이 불타 없어질 것이다. 우리 그리스도인들이 이 땅에서 국경의 담을 허물지 못하고 비자제도를 철폐하지 못한다면 천국에서도 오늘날의 지구처럼 이곳저곳에 철조망을 치고 미국이다 일본이다 중국이다 하여 예수님에게조차 눈동자에 사진을 찍고 지문을 채취하는 오만불손을 저지를 것이다. 나는 천국이 이 땅에서 완전하게 이루어질 것으로 기대하지는 않는다. 그러나 적어도 이 땅에서 하나님의 나라를 만들어가는 데 자신의 삶을 전폭적으로 투신하지 않는다면, 그는 하나님의 나라의 시민으로 살아갈 능력을 갖출 수 없으리라는 사실만큼은 분명하다고 믿고 있다. 그리스도인들은 이 땅에서 나그네요 객이다. 우리의 시민권은 하늘에 있다. 우리가 사는 이 세상에 길들여지지 말고 오히려 이 세상에 하나님의 나라의 맛을 보여주자. 군대도 없고 국경도 없으며 전쟁도 없는 세상은 현재의 우리에게는 낯설고 도저히 실현 불가능해 보일런지 모르겠다. 그러나 사람들은 우리가 생각하는 것보다 빨리 변화되고 새로운 맛에 심취한다. 언제 우리 김치와 된장, 고추장의 나라에 맥도널드 햄버거와 피자헛이 판을 칠 줄 예상이나 했겠는가? 이런 서양의 느끼한 맛에도 그리 쉽게 길들여지는 것이 우리 입맛인데 천국의 향기롭고 깊은 맛이야 말로 하여 무엇하겠는가? 우리 모두가 우리의 처소에서 하나님의 나라의 새로운 맛과 멋, 새로운 가치와 능력을 전파하자.

7. 천국의 주인

암순응(暗順應)

나는 TV를 통해 어둠 속에서 살아가고 있는 진기한 생물들을 보며, 어떻게 빛이 없는 어둠 속에서 일상적인 삶을 살아나갈 수 있는 지 신기한 눈으로 바라다보곤 한다. 어두운 동굴에 사는 박쥐들이나 엄청난 수압의 검은 심해의 물고기들의 퇴화된 공허한 눈두덩을 보면, 도저히 앞을 볼 수 없어서 못살 것 같지만, 실제 이들은 놀랍게도 아무 어려움 없이 주어진 환경을 자유롭게 누비며 살고 있다.

그러나 이세상 어떤 생물이 인간만큼 잘 적응하며 살아가겠는가? 인간은 그 어느 동굴 속이나 깊은 심해 보다도 더 어둡고 암울한 역사의 긴 터널을 지나왔고, 지금도 사람들은 어두운 현실 속에서 불편 없이 잘 살아가고 있다. 인간만이 같은 인간을 단지 종족이 다르다는 이유만으로 노예로 만들어 동물처럼 학대하기도 했고, 성이 다르다는 이유만으로 남자가 여자를 인간 이하로 차별했었다. 또한 어떤 이는 상놈과 천민으로 낙인 찍혀 평생을 억울하게 괄시 받으며 살아야만 했다. 대부분의 사람들은 그런 상황에서도 별 어려움 없이 적응하며 살았다. 모난돌이 정 맞는다고 그저 둥글둥글 적응하며 살아갔다. 차라리 보지 못하고 듣지 못하고 말하지 못하는 사람이 더 편하게 살 수 있었던 세상이었다.

일본인들에게 개처럼 순종을 하면, 그 무시무시했던 일제시대조차도 아흔 아홉 칸 대궐을 짓고 부귀 영화를 누리며 살 수도 있었고, 히틀러에게 충성을 맹세하기만 하면, 나찌즘의 공포 속에도 편안하게 살 수 있었다. 서슬 퍼런 군사독재 시절 대부분 교회의 어른들은 청년들이 정치나 사회에 대해서 토론을 하거나 비판하는 것을 금지하고 감시했었다. 그랬기 때문에 독재시절에도 교회는 "무풍지대"가 될 수 있었다. 독재자들도 자신의 개들에게는 뼈다귀를 던져주는 자비를 베풀어서 스스로 눈멀고 혀를 자른 교회들에게는 불법과 탈법을 눈감아 주고 때로는 국가 소유의 땅까지 하사하는 등 먹고 살만한 세상이었다. 어떤 이들은 이제 세상 달라졌다고 이야기할지 모르겠다. 이젠 노예제도도 폐지되었고 성차별도 거의 없어졌다. 군사독재는 지나갔으며 적어도 우리나라는 민주주의 국가가 되었다. 이제 대한민국은 대명천지가 된 것이 아닌가라고 생각한다. 어떤 이들에게는 우리 나라와 우리 사는 세상이 밝은 대낮처럼 거침없이 살 수 있을 만큼 환한지 모르겠다. 그러나 내게는 이 세상이 여전히 깜깜하고 이런 암흑천지를 불편함 없이 활보하고 있는 수많은 "진기한" 인간들이야 말로 눈이 퇴화해 버린 동굴 인간들처럼 보인다.

지옥 연습

나는 대부분 사람이 지옥에서 사는 법을 연습하고 있다고 생각한다. 세계 인구의 8억이 굶주려 있고 하루에도 3만 5천명이 굶어 죽고 있으며, 그 중 열살 이하의 어린이들이 약 이만 명이나 된다. 이는 평균 5초에 한 명 꼴로 아이들이 뼈만 남은 채 죽어가는 셈이다. 이전에도 선진국들이 농산물 가격 안정을 위해 곡물과 오렌지와 같은 과일들을 바다에 버린다는 이야기를 들은 적이 있지만, 이제는 우리나라마저 같은 이유로 배추와 무 같은 중요 채소들을 산지에서 폐기하고 있다. 바로 코 앞의 북한에서조차 동족들이 굶어죽어가고 있는 현실에 멀쩡하고 싱싱한 야채들을 갈아엎는 다는 게 말이 될법한 이야기인가?

인도네시아나 베트남 등지에서 온 영리하고 부지런한 노동자들이, 단지 외국인이라는 이유만으로 때로 자신보다 미련하고 게으른 한국인보다 훨씬 낮은 급료를 받는다. 사람들은 온갖 질병과 가난으로 죽어가고 있는데, 한국과 일본은 미국으로부터 한 대에 200억원이 넘는 전투기들을 사들이는 경쟁을 하고 있다. 가오리처럼 생긴 스텔스라는 가무잡잡한 비행기가 한 대에 무려 1조원을 호가한다는 사실을 아는 사람은 거의 없다. 머지 않아 미국은 그런 비싼 무기들을 구입하는데, 우리 국민의 세금을 탕진하도록 유혹할 것이다. 아무리 비싸도 필요한 것이라면 살 수밖에 없다. 그러나 우리는 같은 인간을 대량 살상하고 인류의 소중한 문화 유산과 힘들여 지은 사람들의 집을 파괴하기 위해서 가히 천문학적인 비용을 허비하는 세상에 살면서도 무감각해지는 판단력 마비 증세를 보이고 있다. 더 심각하고 위험한 무기는 핵이다. 이웃나라보다 무시무시한 파괴력을 갖고 있는 무기를 더 많이 보유해야만, 자신의 평화를 지킬 수 있다는 아집 때문에 강대국들은 더 많은 핵무기들을 만들어 놓았다. 히로시마에서 10만명 이상을 녹여버린 원자폭탄이 3,000톤 급이었는데, 현재 세계 곳곳에 숨겨져 있는 핵무기들이 15,000메가톤 급이니, 가히 히로시마에 투여했던 원자폭탄이 무려 5백만 개나 쌓여있는 셈이다. 우리는 평화를 위해서 인류를 수백번 죽이고도 남을 만큼 많은 핵무기를 감춰두고 있는 셈이다. 가히 소나 돼지들조차 비웃을 만큼 미친 짓 아닌가? 전문가들은 핵무기의 위험성을 잘 알고 있기 때문에 테러리스트들이 한 두기의 핵무기만 탈취하더라도, 수백만 명이 한 순간에 잿더미가 될 것이라는 끔찍한 악몽을 꾸고 있는 것이다. 지금도 미국과 같은 열강들은 자기들은 수천 대의 핵무기를 감춰놓고, 북한이나 이란처럼 약소한 국가들이 핵무기 개발하는 것은 전쟁도 불사하면서 막으려고 하는 어리석은 고집을 세우고 있다. 이렇게 세계 최고의 지성들이 꾸려나가는 국제 정치판은 시골 유치원 아이들의 놀이터보다도 수준 이하다.

논밭과 공장에서는 할 일이 태산인데 수많은 건장한 젊은이들이 전쟁터에서 재가 되어 어머니의 품으로 돌아온다. 서로 도와줘도 살아가기 힘겨운 이 세상에서 우리는 전쟁과 폭력, 차별과 억압으로 서로에게 고통과 죽음을 안겨주고 있다. 모든 동물들은 자유롭게 다니는 땅을 나라와 나라들은 서로 국경을 만들어 놓고, 자유로이 못다니게 만드는 어리석은 짓을 하고 있다. 돈을 위해서라면 음식물에 납을 섞기도하고, 노숙자처럼 힘 없는 사람들의 장기를 강제로 적출해서 팔아넘기기도 한다. 가난한 사람들이 신체포기 각서를 쓰고 나서야 돈을 빌릴 수 있는 세상이 우리가 살아가고 있는 세상이다.

우리는 이전에는 왕이나 귀족들조차도 누려보지 못했던 물질적인 풍요를 누리면서 살아가고 있다. 그들이 사시사철 원하는 과일을 먹고, 가고 싶은 데 다니면서 즐기고 살았겠는가? 사람들은 단지 다른 사람들보다 상대적으로 덜 누린다는 이유만으로 스스로 불행하다고 느끼며 살아가고 있다.

정신이 제대로 박힌 사람이라면, 이런 미치고 악한 세상에서 어떻게 편안히 살아갈 수 있겠는가? 우리 삶이 가히 지옥을 연습하고 있는 것에 비견할 수 있는 것은 아닐까? 그럼에도 불구하고 사람들은 잘 살아가고 있다. 잘 살아간다기 보다 잘 죽어가고 있다는 표현이 맞을 것 같다.

천국으로 갈 사람들

이 세상에서 거침 없이 살 수 있는 사람은 두 종류의 삶들이다. 하나는 삶을 포기한 사람들이고, 다른 한 사람은 죽을 각오를 한 사람들이다. 모두 죽음을 향해 가는 사람들인데, 하나는 힘을 잃은 물고기처럼 죽음을 향해 물위에 둥둥 떠내려가는 인생이고, 다른 하나는 죽으면 죽으리라는 각오로 자신의 신념이나 가치를 실현시키기 위해 위험한 죽음의 강물을 거슬러 오르는 연어들 같은 용기 있는 인생들이다. 이들에게 지옥은 너무나 고통스럽다. 자유와 평화가 없는 세상은 견딜 수 없기 때문이다. 이들은 지옥까지도 자유와 평화의 도성으로 만들기 위해 죽음을 각오하고 투쟁을 하든지, 아니면 지옥을 탈출하든지, 어떤 모습으로도 지옥에 적응할 수 없는 인간들이다. 사람들은 자기 물에서 살기 마련이다. 지금 살아가고 있는 삶의 자리, 관계를 맺는 사람들, 행동 방식은 영원히 불멸할 것이고 바로 그 자신이 그 굴레에서 영원히 벗어날 수 없다면, 우리는 이미 우리가 어디에서 영원을 살아야 하는지 이미 알 수 있을 것이다. 우리의 지옥과 천국은 이미 우리의 삶 속에서 시작되었다.

천국은 지옥에 순응할 수 없는 부적응자들의 나라다. 이들은 바로 우리의 어두운 현실에서 다른 이들처럼 적응하지 못한다. 주변의 가난한 사람들, 배고픈 사람들, 병들고 아픈 사람들에 대해 눈을 질끈 감고 자기 은행 통장에 저축해 둘만큼 마음이 강고하지 못한 사람들이다. 다툼소리를 들으면서도 귀를 막고 자기 일에만 전념하기에는 마음이 너무 불편해서 참견하지 않을 수 없는 여린 사람들이다. 불의를 보고도 못 본 척 그 자리를 지나치기에는 너무 마음이 괴로워서 견딜 수 없는 착한 사람들이다. 이들은 남들은 잘 사는 세상에서 가난과 모욕과 핍박을 받으며 살 수밖에 없는 우리 시대의 이방인들이요, 나그네들이다. 개척자들과 샘터는 이런 아웃사이더들과 나그네들, 부적응자들, 고난과 핍박을 당하는 사람들의 피난처가 되어 가고 있다.

역사적으로 우리보다 앞서 이런 고달픈 삶을 살아간 분들이 계시다. 바로 예언자들이다. 이들은 당시 사람들이 매몰되어 있던 현실에서는 볼 수 없었던 미래를 보고, 그 미래를 현재 속에서 선취하며 살아갔었던 시대의 이단아들이었다. 이들은 보지 말아야 할 것을 보았고 듣지 말아야 할 것을 들으며 살았기 때문에 남들에게는 걸림돌이 될 수 없었던 부유함과 갈등과 불화, 악과 불의가 고난과 박해의 잔이 되었고, 결국 불행한 생의 종말을 고했다. 이렇게 시대의 이단자들처럼 살았던 예언자들과 순교자들이 바로 천국의 주인들이다.

8. 미늘

낚시바늘 끝에는 안쪽으로 거스러미처럼 뾰족이 돋아난 미늘이 붙어 있어서 한번 미끼를 문 물고기들은 그 미늘에 걸려 도저히 빠져나올 수가 없다. 이렇듯 유혹은 미끄러지듯이 빠져들어가지만 일단 그 덫에 걸리면 여간해서는 벗어날 수가 없다. 그래서 교계의 존경 받는 어른들이 이러저러한 스캔들에 걸려 오욕 속에서 초라하게 퇴장하는 모습을 본다. 작은 미늘이 큰 물고기를 꼼짝 못하게 들이는 것처럼 많은 사람들이 작은 유혹 때문에 포로가 되어 인생의 자유를 빼앗긴 채 평생 끌려다니고 있다.

유혹의 정석

유혹은 미래를 팔아서 현재의 찰나를 사도록 설득한다. 마치 인터넷 고리대금 업자들처럼 지금 즉시 대출을 약속한다. 그 신속함 뒤에 있는 높은 이자를 내기 위해 앞으로 바쳐야 할 대가가 얼마나 쓰라릴 것인지에 대해 숙고할 시간을 주지 않고 달콤하고 매혹적인 광고와 선전으로 바른 생각을 마비시키고 방해한다. 얼마나 많은 사람들이 어리석게도 이런 함정에 빠지는지 우리는 매일 듣고 보지만 누구도 여기서 완전히 자유롭지는 않다. 단지 수 백 만원의 뇌물을 받고 국회의원직에서 물러나기도 하고, 단 하룻밤의 정사로 자녀들을 낳아 기르며 평생을 살아왔던 부부들이 쓸쓸하게 갈라서기도 한다. 닉슨 대통령은 정적들의 정보를 조금이라도 더 얻으려는 유혹에 끌려 도청을 했다가 마침내는 대통령직에서 수치스럽게 물러났다. 작고 보잘것없는 것과 크고 소중한 것을 맞바꾸는 이해하기 어려운 흥정이 바로 유혹이다. 그리고 이 유혹은 일부의 이야기가 아니라 우리 모두가 당하고 있는 사기극이다.

영생을 팔아 일생을 사고 영혼과 육체를 팔아 쾌락을 사라

괴테가 소설의 소재로 다뤄 유명해진 독일 전설의 주인공 파우스트는 이 세상에서 쾌락을 누리기 위해 악마에게 자신의 영혼을 팔아 넘긴 후 짧은 일생 동안 향락을 누리고 마침내는 지옥으로 떨어진다. 이 비극적인 전설의 주인공 들이 바로 우리 자신들이란 사실을 깨닫는 사람들은 흔치 않아 보인다. 신자라면 누구나 하나님을 믿고 영혼 불멸을 믿을 거라고 생각하지만, 대부분의 신자들은 하나님도 안 믿고 영생도 믿지 않는 것처럼 보인다. 왜냐하면 신자들이 그렇게도 열심히 영혼 구원과 천국복음을 전파하지만, 실제로는 자신들이 수없이 되뇌는 천국의 복락보다는 이 세상에서의 소득과 승진, 성공과 출세, 부귀와 안정을 우선시하기 때문이다.

실제로 대부분의 신자들은 오늘 내 손에 확실히 주어진 동전 한 닢이 내일의 금덩이보다 더 낫다는 믿음을 갖고 있는 것처럼 보인다. 한치 앞의 내일을 기약할 수 없는 아프가니스탄과 같은 분쟁 지역들에서나 보편적인 이런 미래에 대한 불신이 보통의 신자들에게도 일반적이라는 사실이 매우 의아하다. 성경은 가난해서 도움을 주어도 다시 갚을 능력이 없는 사람들을 도우면 하나님에게 저축하는 것이라고 가르치지만, 신자들은 이 천국은행은 도외시한 채 무슨 투자신탁이다 무슨 '에셋'이다 하는 투자 은행들에 앞 다투어 저금을 하거나 그것도 미덥지 않으면 땅과 부동산에 투자를 한다. 이 땅에 재물을 저축해 두면 좀과 녹이 슬어

다 사라질 것이라고 가르쳤지만, 주식투자 실패와 부동산 거품으로 인해 재산이 다 새어 나가도 이 하나님의 말씀이 신자들의 귀에 들어오지가 않는다.

예수 믿고 천당가야 한다고 강조하지만, 예수님이 자신을 찾아온 젊은 청년에게 "재산을 팔아서 가난한 사람들에게 나누어 주고 나를 따라오라"고 하셨던 말씀은 귓등으로 흘려 버린다. 정말 천국에 가고 싶어 하는 것인지 의문스럽다. 주님을 위해 십자가를 지겠다고 다짐하지만, 내가 사둔 땅과 아파트는 하나님께 바칠 수 없다는 이상한 논리로 일관한다. 자신이 활용하지 않는 땅과 자기가 살지 않는 집을 오로지 돈과 재산으로만 보는 사람들은 집이 없어 전전 긍긍하는 가난한 사람들의 슬픔도 땅이 없어 심어 먹을 것이 없는 가난한 농부들의 쓰라린 심정도 느낄 수 없다. 이런 냉정한 투기꾼들과 복부인들이 단지 예수를 믿는다고 입으로 고백한다고 천국의 주인이 된다면 천국에도 부동산 투기 붐이 불어 닥칠 것이고 어수룩한 사람들은 그 곳에서도 노숙자가 되거나 셋방살이 신세를 면치 못할 것이다. 이 땅에서 새는 박은 천국에서도 샌다. 우리는 이 단순한 진실을 외면하지 말아야 한다. 이것이 우리가 이 땅에서도 천국 백성의 삶을 연습해야만 하는 이유다.

천국 연습

이 땅에서 천국을 경험하지 못하고 타인들에게 천국의 맛을 보게 하지 못하는 사람들은 천국백성이 될 수 없다. 산상수훈은 천국 이민자들을 위한 시민교육 매뉴얼이다. 이 땅에서의 이익 때문에 미혹되거나 불화와 갈등을 만들지 않는 사람, 아무런 보상과 대가를 기대할 수 없는 사람들에게 양보하고 포기하고 나누어 주는 사람, 싸움과 분쟁에 뛰어들어 평화를 만드는 사람, 불의에 맞서 정의를 실천하는 사람, 슬픔과 고통 속에서 신음하는 사람들에게 기쁨을 안겨주는 사람, 믿음의 가족 뿐 아니라 불신자나 이웃 종교인들에게까지 고루 사랑과 친절을 베푸는 사람, 자신의 선행을 드러내지 않고 비밀스럽게 감출 수 있는 깊은 마음을 가진 사람이 바로 하나님을 믿는 사람이고 천국을 연습하는 사람이다. 나는 감히 이런 사람들을 교회에서 조차도 찾아보기가 극히 어렵다고 실토할 수밖에 없다. 교인들의 교회 건축과 관련된 비리들과 공금 유용들이 사회 문제로까지 비화되는 경우가 비일 비재하고 교권 쟁탈을 위해 불법 탈법 부정 선거가 판을 치며 자기의 선행과 의를 남이 인정해 주지 않거나 가로챘다고 불만을 토로하고 평화를 만들어야 할 교회가 도리어 각종 문제로 분쟁과 불화를 겪으며 분열하는 모습을 보여주고 있지 않은가?

나는 '어메이징 그레이스(Amazing Grace)'라는 애창곡의 작자였던 존 뉴튼(John Newton 1725-1807)의 천국 이야기에 일말의 진실이 담겨 있다고 생각한다. 자신이 천국에 갔더니 세가지 놀라운 사실을 알게 되었단다. 하나는 자기가 보기에 절대 천국에 올 수 없으리라고 생각했었던 사람들이 그 곳에 살고 있었고 둘째로는 반드시 천국에 와 계실 거라고 믿었던 분들이 그 곳에 안 계셨으며 마지막으로는 감히 자신이 천국에 와 있었다는 사실이었다. 이 이야기는 구원의 확신을 강조하는 많은 복음주의자들의 심기를 불편하게 한다만, 그래도 나는 뉴튼의 아이러니를 믿는다. 자신이 구원을 받았다고 주장하는 대부분의 사람들은 아마도 천국에서 볼 수 없을 것이고 도리어 자신 같은 죄인은 천국에 들어올 수 없을 거라고 여기는 겸손한 이들이 바로 천국의 주인이 되어 있을 거다. 이 말은 나의 이야기가 아니라 성경의 이야기다.

하나님께서는 자기의 의로 가득 찬 바리새인들을 버리시고 창녀와 세리와 같은 죄인들을 천국으로 초대하셨다. 자신의 종교적인 신념을 고집하면서도 자신의 삶은 여전히 이 땅의 이익과 재물에 대한 탐심과 인정받고 싶은 욕심을 버리지 못하는 대부분의 신자들은 결국 지금 그렇게 살아가고 있듯이 이 땅의 감옥에 갇힌 채 영원을 살아갈 것이다. 부모가 남겨준 작은 땅 덩어리들, 아파트 한 두 채, 약간의 유산에 묶여서 평생을 이 재산 증식과 관리의 족쇄에서 벗어나지 못하고 죽어서도 영생을 지옥에서 보낼 가련한 그리스도인들이여 하루 속히 자신의 재산을 팔아 가난한 사람들에게 나눠주고 이 땅의 족쇄와 감옥으로부터 탈출하라. 굳이 그런 모험을 하고 싶지 않은 사람들, 이 땅의 재물과 천국의 보물을 모두 얻으려는 탐욕스러운 자들은 결코 천국의 주인이 될 수 없다. 오로지 빈손을 가진 자유로운 영혼만이 하늘로 올라갈 수 있으리라. 작은 미늘에 걸려들어도 우리는 영원히 벗어날 수 없다. 사람들은 돈을 사랑해서, 안일한 삶을 원해서, 알량한 사회적 지위와 보상 때문에 하나님 앞에서 형제 자매들과 나누었던 꿈도 우정도 의리도 쉽게 저버리고 배신한다. 사랑과 우정을 저버린 채 홀로 여유와 안일과 안정을 구하는 사람은 영원을 팔아 순간을 사라는 유혹의 덫에 걸린 사람이다. 어리석은 욕심으로 생을 탕진하고 마침내 전설의 파우스트처럼 버림을 받아 지옥으로 떨어질 비극적인 인생들이 구원을 확신하며 즐거워하고 있다는 사실이 애처롭다.

죄 없는 자가 먼저 돌로 쳐라

누구나 간음한 여인을 향해 돌을 던지기는 어렵지 않다. 그러나 그런 조롱과 비난이 어느 날엔가 자신에게 쏟아질 수도 있음을 염두에 두어야 할 것이다. 많은 조사보고에 따르면 거의 대부분의 사람들이 유혹 앞에서 무력하게 걸려든다고 한다. 뇌물 수수나 공금 유용과 같은 검은 돈의 달콤한 유혹이나 혼외 정사와 같은 로맨틱한 쾌락에 뇌쇄(惱殺) 당할 가능성은 누구에게나 있다고 생각한다. 자성처럼 유혹을 끌어당기는 인간의 본성을 어거스틴은 원죄로 낙인 찍었다. 누구나 유혹에 빠질 수 있고 시험에 들 수 있지만, 지금까지 길을 잃지 않은 사람들은 하나님의 은혜를 특별히 많이 받은 사람일 뿐이라고 생각한다. 혹시 자신의 순결이 자기의 굳센 의지나 높은 인격 때문이라고 믿는 교만한 사람들에겐 언젠가 단단한 대쪽이 부러지듯이 또 함박눈에 소나무 가지가 부러지듯이 자신의 확신이 부서져 내리는 순간이 올 것이라고 생각된다.

공동체에서 살면서, 산상수훈의 중심에 주님께서 가르쳐 주신 기도가 놓여있고 그 기도의 핵심은 두 번이나 반복적으로 강조된 서로 용서하라는 말씀임을 깨달아 알게 되었다. 그리스도를 위해 험한 인생길을 선택한 제자들의 공동체에서 용서는 유혹과 실수와 시험으로 흔들리고 괴로워하는 형제 자매들을 서로 고쳐 주고 바로잡아 주는 갱생과 회복의 통로다. 우리에게 용서처럼 거룩한 것이 더 어디 있을까? 또한 상처받고 피해를 당한 연약한 사람들의 손에 주어진 용서할 수 있는 권한처럼 강하고 위대한 하나님의 권세가 또 어디 있을까? 용서는 하나님의 마음에서 흘러나오는 사랑의 힘과 용기 없이는 이뤄질 수 없다. 그렇기 때문에 나는 신자와 불신자를 막론하고 사람이 다른 사람을 용서하는 것은 거룩한 사건이고 그곳에는 하나님의 신성이 담겨있다고 믿고 있다. 이는 용서를 통해서 파괴되고 뒤틀린 이 세상의 깨어진 관계들이 회복되기 때문이다. 용서는 평화를 만드는 하나님의 방법이다.

감사

내가 숱한 유혹들과 시험들이 불어 닥치는 벌판에서 때로는 한눈도 팔고 마음을 빼앗기기도 했지만, 그래도 실족하거나 길을 잃지 않고 올 한 해도 주의 발자취를 따라 곤한 발걸음을 한걸음 한걸음 옮길 수 있었던 것은 내 주변에서 나를 지켜보고 계시는 존경스러운 선배님들과 동료들, 그리고 사랑하는 후배들의 따뜻한 눈동자들이 보이기 때문이다. 나는 보이지 않는 하나님 앞에서는 죄를 지을 수도 있을 것 같다. 나는 부끄럽게도 그 정도의 믿음밖에는 없다. 그러나 눈에 보이는 스승들과 선배들 그리고 동료와 후배들 앞에서 그들을 실망시킬만큼의 만용은 없다. 내게는 이들이 하나님의 대리인들이고 이들의 눈동자가 하나님의 불타는 눈망울들이다.

언젠가 공동체의 한 구성원이 내게 "당신은 당신이 연약하기 때문에 공동체를 세웠군요. 당신 때문에 우리가 고생합니다."라는 우스갯소리를 한적이 있다. 그렇다. 나는 나의 연약함을 겸허히 인정했기 때문에 공동체를 세웠다. 혼자로서는 죄의 유혹을 견디기 힘들고 우리 시대의 거센 도전 앞에 응답할만한 용기가 나지 않기 때문에 다른 이들과의 공동연대가 필요했다. 그리고 나는 다른 사람들도 대부분은 나와 다를 바가 없다고 생각한다. 우리 모두는 세찬 바람에 미끄러운 얼음판을 걸으며 휘청거리는 우리들의 몸뚱이들을 서로 붙잡고 지탱해줄 울타리 같은 친구들이 필요하다. 나는 이들에게서 날마다 하나님의 손길과 체온을 느끼고 있다. 한 해가 저물어가는 마당에 내 곁에서 하나님의 현현이 되어주는 선배님들과 공동체의 식구들이 너무나 고맙다. 한사람 한사람에게 솔직하게 말하고 싶다. "당신은 내게 하나님처럼 소중한 분입니다. 당신의 얼굴에서 주님의 광채가 비취고 있습니다. 당신 때문에 제가 길을 잃지 않고 여기까지 올 수 있었습니다. 정말 감사합니다."

9. 버림의 미학

정신분석학자들은 어린 시절 배변훈련이 잘 안 된 사람은 커서도 무엇인가를 버리지 못하는 성향을 보인다고 말한다. 주장의 진위를 떠나 똥처럼 때에 맞춰 버려야 마땅한 것을 불필요하게 배 속에 채우고 만족하는 것은 옳지 않다. 이런 당연한 이야기가 현실에서는 당연하지 않을 때가 많다. 많은 사람이 버려야 할 것을 버리지 않고, 버려서는 안 될 것을 쉽게 버린다. 돈과 권력을 위해 운명과도 같은 부모와의 인연을 버리고, 친구와의 우정도 끊는다. 기호식품을 즐기겠다고 몸을 버린다. 돈을 벌기 위해 인생을, 노후의 안정을 위해 젊음을 버린다.

삶의 소중한 것을 버리게 되는 이유는 잘못된 소유욕 때문이다. 사람은 살면서 획득과 소유의 기술을 익힌다. 그런데 지식과 정보, 재물과 부동산을 소유하면 할수록, 그 소유물이 자기 자신이 되어 버린다는 착각에 빠져서, 삶의 가장 소중한 것들이 있어야 할 자리를 소유물로 채우는 어리석음을 범하는 것이다. 성숙한 사람은 소중한 것, 필요한 것이 무엇인지 구분할 줄 알아서 불필요한 것은 버리며 살아가지만, 미성숙한 사람은 만족할 줄 모르는 소유욕에 집착해 도리어 소중한 것을 버리는 퇴행을 거듭한다. 예수님도 "목숨이 음식보다 중하지 아니하며 몸이 의복보다 중하지 아니하냐"(마 6:25)고 물으셨다. 우리가 이런 당연한 사실조차 잘 구분하지 못하고 잘못과 실수를 저지르기 때문에 이렇게 물으신 게 아닐까?

양평 개척자들의 터전인 샘터에서 얼마 멀지 않은 아신리 새터마을에 살 때 있었던 일이었다. 어느 허름한 시골집에 냉장고를 들여놓는다고 온 식구는 물론 친척과 이웃까지 찾아와 웅성거렸다. 어른들이 새롭고 신기한 물건에 정신을 팔고 있는 사이, 그 집 외동딸은 마을 개울가에서 소꿉놀이를 하다가 웅덩이에 빠져 숨진 채 발견되었다. 잔칫집같이 떠들썩하던 소음이 하늘을 째는 듯한 곡소리로 변했음은 물론이고 마을 전체가 슬픔에 잠겼다. 우리 첫째 한별이와 다정하게 놀아주던 어린 누나는 그렇게 세상을 떠났다. 나는 때로 무엇인가가 내 마음을 홀리듯 사로잡을 때, 이 어린아이의 죽음을 생각하곤 한다.

2004년 인도네시아에 닥친 쓰나미는 어떠했던가. 나는 이듬해 반다아체의 난민들 틈에서 한 해를 보냈다. 반다아체는 쓰나미로 10만 여명의 목숨을 잃었고, 내가 머물렀던 뽕에 블랑쭛 마을에서는 주민의 반이 밀어닥친 바닷물에 휩쓸려 사라졌다. 500여구의 시신을 식별할 겨를도 없이 한 곳에 묻었으며, 이웃 마을에서는 600명의 주민 중 20명만 살아남았을 뿐이다. 신문의 맨 뒷면에는 잃어버린 가족을 찾는 조각 광고들이 전면을 채웠다. 집뿐 아니라 모든 가재도구를 잃어버렸지만, 그것을 찾는 사람은 없었다. 오직 가족만을 찾았다. 아체는 쓰나미로 모든 것을 잃었지만, 그 불행 속에서 그들은 사랑하는 사람들의 소중함을 깨달았다. 나도 그곳에서 지내면서 물질에 대한 소유를 버리고 오직 사랑하는 사람들로만 내 마음을 채웠다. 그들이 당장 내 곁에 없더라도, 지금 이 순간 살아있고 앞으로 만날 수 있다는 희망만 있다면, 그것만으로도 만족하는 법을 배웠다.

인생에서 버려야 할 것을 버릴 줄 아는 사람은 참 지혜를 얻는다. 우리는 무엇을 어떻게 버릴 수 있을까?

끊어 버리자

우린 너나 할 것 없이 탯줄을 끊어 버리면서 삶을 시작했다. 끊어 버림 없이는 독립도 자존도 없다. 우리를 얽어매고 있는 불필요한 관계와 습관을 끊어 버리자. 샘터에서 사시는 나의 아버지는 환갑이 훨씬 지난 나이에 담배를 끊으셨다. 그런가 하면 여든이 넘도록 끊지 못하셨던 '판피린'이라는 내복약도 단번에 끊으셨다. 의사가 몸에 해롭다고 경고한 후, 즉시 내리신 결단이다. 우리 모두 아버지의 굳은 의지에 감복했다. 해롭고 불필요한 것을 끊어 버리는 것은 아름답다.

음주나 흡연처럼 몸을 망치는 습관을 버리지 않는 사람은, 종의 영성에 걸맞지 않은 자기 파멸적 고집을 부리는 사람이다. 이는 단순히 건강의 문제가 아니다. 배우자와 자녀를 버리고 러브호텔을 전전하는 이들은 영혼을 팔아 쾌락을 산 사람들이다. 그들은 평생 맺어온 관계를 파괴하고 주변 사람들에게 고통을 준다. 시간이 더 지나기 전에 파괴적인 습관이나 부정한 관계를 단호히 끊고 건강한 몸과 영혼을 되찾아야 한다.

줘 버리자

내가 가지고 있어서 원성을 살만한 물건이 있다면, 깨끗하게 줘 버리자. 빚도 갚아 버리자. 물질적인 빚이 없다고 떳떳해하는 사람은 인생을 모르는 사람이다. 돈보다 무거운 빚이 사랑의 빚이다. 태어나면서 부모에게 진 빚이나 주위 사람들에게 입은 은택 모두 사랑의 빚이다. 우리는 이 사랑의 빚을 갚아야 한다.

그렇다고 누가 나의 사랑을 받을 자격이 있는지 저울질해서는 안 된다. 사랑받을 자격이 없는 우리를 위해 하나님이 이 땅에 오시지 않았는가. 성경에는 일만 달란트의 빚을 탕감 받은 종이 일백 데나리온 빚진 사람의 빚을 탕감해 주지 않고 감옥에 가두자 주인이 분노했다는 이야기가 나온다.(마 18:21-35) 자신이 탕감받은 빚의 육십만 분의 일밖에 안 되는 빚을 진 사람을 무정하게 감옥에 넣은 것이 괘씸하지 않은가. 우리 또한 하나님께 진 사랑의 빚을 생각하면, 누구라도 사랑하지 못할 일이 없다. 단단하게 걸어 잠긴 우리의 마음을 열어 사랑을 줘 버리자.

보내 버리자

한 해가 가기 전에 빌린 책, 그릇, 연장 등을 찾아 주인에게 보내자. 직접 갈 수 없으면 택배로라도 보내자. 또 떠나보내야 할 사람이 있거든 붙잡아두지 말고 보내 버리자. 사랑하는 사람을 보내면 외롭고 고독한 시간들을 보내야 하지만, 고독 속에서 우리 자신의 참모습을 발견할 수 있다. 2005년 우리 가족은 반다아체로 떠나는 나를 보내 주어야 했다. 첫째 아이는 대학교에 갓 입학했고, 막내는 대학 입시를 준비하고 있었다. 연로한 아버님까지 남겨두고 떠나는 나를 붙잡지 않고 보내준 연약한 아내를 생각할 때마다 마음의 짐이 한껏 나를 짓눌렀다. 그러나 역설적이게도 그때만큼 가족을 그리워하면서 꾸준히 기도한 적이 없다. 하루가 멀다 하고 아내가 보내준 메일을 읽으며 울고 웃었고 피곤한 일과를 마치고 아이들을 하나님께 맡기는 기도를 빠뜨리지 않고 드렸다. 가족을 버리고 왔다는 죄책이 짓누를 때마다 홀어머니와 동생들을 남겨두고 홀연히 십자가의 길을 걸어가신 청년 가장 예수를 묵상했다.

하나님의 길을 가려는 이들의 길을 막지 말고 걸음을 붙잡지 말자. 그들을 고이 보내 주자. 그것이 저 세상으로 넘어가는 고갯길일지라도 다음 세상에 대한 희망을 갖고 보내 주자.

잊어버리자

기억은 과거의 박물관이 아니다. 과거는 기억이라는 에너지를 분출하는 현재의 발전소다. 나쁜 기억은 파괴적인 힘으로 현재를 파괴하고 좋은 기억은 사랑과 우정을 살찌운다. 주변에 관계가 깨진 사람들을 보면 하나같이 좋은 기억은 잊어버리고 나쁜 기억만 간직하고 있다. 보통 관계가 일그러지면 좋은 기억을 망각의 바다에 던져 버리곤 하는데, 의지를 동원해서라도 우리는 좋은 추억으로 기억 상자를 채워야 한다. 그래야 파괴적인 야수가 되지 않을 수 있다.

나는 청년시절에 만난 젊은이들과 함께 지금까지 공동체로 살고 있다. 어떻게 이들과 언제나 의견이 같고 기분 좋은 일만 있었겠는가. 때로 생각과 입장이 달라 대립할 때도 있었지만, 이들과 20년 넘게 우정을 지켜올 수 있었던 이유는 이들에 대한 좋은 기억 때문이라고 생각한다. 이들이 나에게 베푼 은혜와 도움들, 나의 실수와 허물을 덮어 주고 관용으로 감싸준 것을 생각할 때마다, 내 마음은 화롯불처럼 훈훈해진다. 비록 나는 다정다감하지 못하고 타인을 따뜻하게 배려하지도 못하지만, 좋은 기억을 놓치지 않으려는 한편, 나쁜 기억은 잊어버리는 망각 덕분에 한번 맺은 관계를 지속할 수 있는 듯하다.

바른 망각의 습관을 갖자. 누군가 우리에게 상처 준 말과 행동을 잊어버리자. 생각할수록 속상한 손해 본 일, 얼굴을 들 수 없을 것 같은 부끄러웠던 일들, 어리석은 실수에서 비롯한 죄책감도 모두 잊어버리자. 그리고 밝아오는 내일을 새롭게 맞자.

10. 하나님의 배앓이

대학생 시절이었으니 꽤 오래전 일이다. 여자 친구와 멀리 여행을 갔다. 우리가 간 곳은 한센병 환자들이 모여 사는 전남 여수의 '애양원'이라는 곳이었다. 얼굴과 손발이 흉하게 일그러진 환자들만 사는 마을에 신체 성한 청년들이 왔으니, 여러 사람이 기웃거리기도 하고 어떤 이는 말을 걸어오기도 했다. 우리는 애양원을 세운 손양원 목사님의 서재며 두 아들이 묻힌 무덤 등을 둘러보고, 환자들의 고름 묻은 옷을 모아 빨래를 했다. 처음에는 병 때문에 눈도 멀고 한 손이 떨어져 나가기도 한 사람들의 모습을 보는 게 불편했지만, 시간이 지나면서 점차 익숙해졌다.

하지만 유독 한 사람은 나를 긴장시켰다. 그는 겉으로 보기에는 가장 멀쩡했다. 하지만 감염된 지 얼마 안 된 양성 환자로 병을 옮길 수 있는 사람이었다. 그 젊은이는 이방저방 돌며 환자들을 돌보다가 틈이 나면 우리를 찾아왔다. 그는 곧 성한 얼굴이 흉하게 일그러져 사회로부터 영원히 격리될 것을 두려워했고, 정상적인 생활에 대한 미련을 포기해야 한다는 생각에 괴로워했다. 그는 자신이 양성 환자인 것을 의식해서인지, 우리를 찾아올 때 반드시 목장갑을 끼고 와서 먹을 것을 건네주곤 했다. 내키지 않았지만, 그의 정성이 고마워서 음식을 먹었는데, 그 후에 배탈이 났다. 오래전 일이지만 아직도 그 청년이 장갑을 낀 손으로 우리에게 건네주었던 음식이 떠오른다.

아프리카에서도 비슷한 경험을 했다. 에이즈에 감염된 여인이 맨손으로 열심히 버무린 음식을 먹고 마음이 불편해 설사를 했다. 이론적으로 아무 문제가 없었는데도 말이다. 인도네시아에서 지낼 때도 마찬가지였다. 그 나라에서는 대변을 보면 왼손에 물을 묻혀 항문을 닦는데, 화장실에 다녀와서 젖은 손으로 음식을 내 오면, 기분 때문인지 병리적 이유 때문인지 종종 설사를 하곤 했다. 아프가니스탄도 그랬다. 바닥에 펼쳐진 비닐 위를 시커먼 발로 걸어 다니며 '난'이라고 하는 빵을 툭툭 던지면 그걸 집어 먹어야 했다. 물이 귀해 야채도 탁한 물에 두어 번 헹굴 뿐이다. 그곳에서 평화 활동을 했던 개척자들의 형제자매들은 자주 설사와 복통으로 고생을 했다.

이런 경험들을 통해, 나는 하나님이 우리 때문에 설사를 하실지도 모른다는 생각을 하게 됐다. 가식적인 기도, 입에 바른 찬양, 마음 없는 예배, 더러운 예물 때문에 눈에 보이지 않는 질병이 생겨 전염되고 하나님은 그로 인해 배탈을 앓으실지도 모른다.

오늘 한국을 비롯한 인도네시아, 아프가니스탄, 미국 등 어디 할 것 없이 전 세계 교회가 이런 질병을 앓고 있다. 제대로 훈련받지 못한 선교사들은 선교를 빙자해 교회 분열의 씨앗을 뿌리고, 미국의 많은 교회는 빵과 음료 대신 총과 대포로 이슬람권을 대하고 있다. 일본과 인도네시아의 교회들은 자신들이 사회적 소수자라는 피해의식으로 주눅 들어 있다. 아시아나 아프리카 국가들은 대부분 제국주의적 기독교의 씨앗이 심겨져 있어, 의존과 굴종을 통해 생존하려는 경향이 있다. 이렇게 병든 그리스도인들이나 교회를 사람들은 긍휼히 여기거나 동정하지 않는다. 이제 '예수 그리스도가 인류의 희망'이라는 슬로건은 병든 기독교 때문에 웃음거리로 전락하고 말았으며, 기독교는 '악의 축'으로 인식되고 있기까지 하다.

나는 아프가니스탄과 인도네시아에서 무슬림들을 만나면서 그들도 같은 질병을 앓고 있음을 보았다. 그들 나라에서는 무슬림이라면 누구나 매년 한 달 동안 '라마단' 기간을 지킨다. 해가 떠 있는 동안 금식하며 다섯 번씩 기도를 한다. 그런데 그 기간에도 도둑이 들끓었고 그들의 거짓말에 우리 동료들의 고생이 이만저만이 아니었다. 신앙 성숙을 위해 집중하는 특별한 절기임에도 돌아서면 도둑질을 하는 게 신기하기까지 했다. 그러니 새벽 5시, 모스크가 있는 곳이라면 아프가니스탄의 산골짝이나 인도네시아의 주택가에서 주변에 누가 살든 앞 다투어 "알라 아크바! 알라 아크바!"(알라는 위대하다!)라고 외쳐대는 소리가 나에게는 "알라는 무능하다!"라는 외침으로 들릴 수밖에 없었다. 알라는 자신을 믿는 수많은 신도를 거짓말과 도둑질에서 건질 수 없는 무능한 신이기 때문이다.

혹시 이들이 기독교로 개종한다고 해도 큰 기대가 안 된다. 이슬람 국가에도 적잖은 교회와 그리스도인이 있지만, 이들의 도덕성 혹은 사회적 책임감이 무슬림보다 낫다는 이야기를 들어보지 못했기 때문이다. 그리스도인이 90%에 육박하는 아프리카 여러 나라 상황도 다를 바가 없으니, 혹시 누가 성령의 역사를 믿는다고 하더라도, 역사를 도외시하는 그런 주장은 나에게 식상할 따름이다.

하나님의 설사를 막는 방법 즉, 하나님께 영광을 돌리는 길은 결국 우리 삶에 있다. 요란한 소음으로 하나님을 피곤하시게 만들지 말자. 정직하고 진실한 삶, 충성되고 희생적인 삶이면 족하다. 예배 시간에 찬양인도자가 하나님께 박수로 영광을 돌리자는 요청이 부담스러운 것도 같은 이유다. 하나님이 우리의 박수로 영광을 받으실까? 그런 가벼운 박수로 하나님을 가시 방석에 앉게 해 드리지 말자. 우리의 삶이 건강해야 하고 우리의 손이 깨끗해야 한다. 알라를 찬양하는 소리가 나에게는 시끄러운 소음에 불과했듯이, 삶이 뒷받침되지 않는 우리의 찬양 소리는 이웃에게 소음에 불과하다는 사실을 깨닫자. 온 세계 만물이 각자의 모습으로 그들에게 주어진 생명의 풍성함을 드러냄으로써 하나님께 영광을 돌리듯이, 우리 그리스도인들이 각자의 삶 속에서 깨끗하고 아름다운 삶을 실천할 때 비로소 소리 없는 영광의 심포니가 하늘에까지 울려 퍼질 것이다.

11. 청년들아, 천국보다 지옥을 경험하자!

동티모르 평화 캠프에 참여했던 한 청년을 따라서, 은혜롭게 설교를 잘한다는 목사님이 사역하시는 교회에서 예배를 드린 적이 있다. 이 여자 청년은 한 때 온 가정이 이단에 속한 교회를 다니다가 회의를 느껴 기독교와는 담을 쌓고 있었는데, 캠프에 참여하여 인도네시아와 동티모르의 청년들이 함께 화해하는 것을 보면서, 현실을 변화시키는 예수 그리스도를 다시 믿기로 결심한 자매였다.

그 후 캠프에서 돌아와서 같은 대학교의 선배 언니를 따라 나간 교회가 바로 그 교회였다. 강남의 그리 크지 않은 교회였지만, 젊은이들이 매우 많았다. 목사님의 설교는 달변에 유머까지 섞어서 회중들의 주위를 집중시키셨다. 그러나 설교 중간 중간에 김구보다 이승만이 더 중요한 인물로 재평가되어야 한다느니, 또 생활 한복을 입고 다니는 사람들은 고집스런 사람들이어서 싫어한다느니 하는, 강한 자기 확신과 독선적인 주장을 펼치면서 꽤 오랜 시간 동안 설교를 하셨다.

나는 평소에 그런 한복을 즐겨 입었기 때문에, 하마터면 회중들 앞에서 망신을 당할 뻔했다. 설교의 주된 내용은 우리가 사람들에게 예수를 전하지 않으면, 그들이 지옥의 꺼지지 않는 불 속에서 영원한 고통을 받을 것이며 우리는 그들의 멸망으로 인해서 면책을 받을 수 없을 거라는 심판의 메시지였다.

너무나도 틀에 박힌 이야기이지만, 심한 독설과 재미있는 신변잡기를 버무린 그의 메시지를 들으러 많은 청년들이 예배시간을 기다리기 위해, 예배실 문 앞에 줄지어 기다리는 모습을 보면서 안타까운 마음이 들었다.

지금 교회들마다 청년들이 떠나서 걱정들이다. 이런 상황에 그렇게 많은 청년들을 교회로 불러들이는 교회는 대단히 자랑스런 교회라고 스스로 자부하는지도 모르겠다. 해묵은 논쟁을 다시 야기시키는 것처럼 보일는지 모르겠지만, 눈에 보이는 교인들의 수, 특히 청년들의 많고 적음이 결코 한 신앙 공동체의 옳고 그름을 판가름하는 기준이 될 수는 없다. 나는 예수 믿고 천당 가라는 식의 메시지가 지금까지도 경우에 따라서 힘을 가질 수 있음을 알고 있다. 이런 고색창연한 설교가 심지어는 미래를 향해 줄달음쳐 나가야 할 젊은이들에게까지도 특별한 조건들 속에서는 강력한 구심력과 유입력을 갖고 있다.

그 조건들이란 바로 청년들에게 현실에 대하여 무감각하게 만들고 극히 편향된 시각으로 몰고 갈 수 있을 때이다. 예전에 이런 종류의 메시지가 흥왕했던 시절이 있었고, 나는 그런 시대의 설교자들을 폄하하려는 의도는 없다. 우리 민족이 일제의 압제에 억눌려 있을 때, 우리는 현실에 대한 무감각 때문이 아니라, 무기력과 무능력 때문에 죽음 저편에서조차라도 우리를 기다릴 천국을 소망했었다. 그러나 지금은 그런 시대가 아니다. 천국은 오늘날 우리가 이 땅에서 경험해야만 하고 또 그럴 수 있는 나라다. 이 땅에서 천국을 맛보지 못한 사람이 죽음 이후에 천국에서 살 것을 기대한다는 것은 공허한 희망이다.

예수 믿고 천당 가자는 설교는 오늘날 예수를 믿고 천국을 세우자는 메시지로 바뀌어야 한다. 나는 젊은이들을 상상 속의 천국으로 유혹하기 보다, 오히려 지옥 같은 전쟁과 재난, 굶주림의 현실로 보내서, 예수를 믿는다는 것이 얼마나 큰 희생과 수고, 헌신과 자기 부인을 요구하는 것인지 깨닫게 하기를 원한다. 나는 우리 젊은이들의 신앙이 천국의 향기에 도취된 것이 되기 보다는, 지옥의 불 시련 속에서 땀과 눈물과 피로 응결되고 단련되기를 바란다.

12. 천국에 부동산 투기를 하자

천국의 노숙자들

어떤 사람이 하늘 나라에 갔더니 거기에도 동사무소가 있었다. 자기 신원을 알린 후 자기 집이 어디에 있느냐고 물었더니 한 천사가 등기부를 열람해 보고서는 당신에게는 집이 없다고 했다. 분명히 예수님이 맨션을 준비해 놓으실 거라고 약속을 했는데 그럴 리가 없다며 다시 찾아보라고 졸랐다. 그러자 그 동사무소 천사가 대답하는 말이 천국에도 1가구 1주택인 데 당신 집은 하늘 아래 이미 있기 때문에 여기에는 더 이상 배당될 집이 없다고 했다.

그래서 천국에도 역 주변에 노숙자들이 즐비한데 매일 같이 자기가 천국에 오기 전에 살았던 캐슬이다 뭐다 하는 대궐 같은 자기 집 자랑들만 하면서 옛날이 더 좋았다고 푸념들만 하면서 소일한다고 했다.

예수님은 자주 이 땅에서 이미 상급을 다 받은 사람들에 대해서 이야기하곤 하셨다. 이 땅에서 존경과 영예를 이미 얻은 사람은 더 이상 천국에서 영예와 존경을 받을 수 없고 이 땅에 재물과 재산을 쌓아 놓는 사람들도 하늘에서는 아무 보상이 없으리라는 말씀이다. 나는 단순해서 이런 말씀을 곧이곧대로 듣는다. 정말 그러리라고. 그러나 주위를 둘러보면 거의 모든 사람들의 관심은 보다 많은 재산을 모으거나 수입을 올려서 보다 안락한 삶을 누리는 데 집중되어 있고 여기에 그리스도인들도 예외가 아니라고 여겨진다. 항간에는 재산 증식의 ABC도 있는 것 같다. 무주택자일 경우에는 주택 청약을 들고 신도시의 아파트 신청을 해서 추첨에 당선이 되면 갑자기 몇 천만 원의 이익이 생긴다는 사실은 초보자들도 누구나 다 아는 것이리라. 어떤 이들은 운이 좋아서 부모가 물려준 아파트를 갖고 부동산 투기를 해서 재산을 모으는 데 골몰하는 이들도 있다. 이것도 저것도 아니고 의사나 변호사 같은 번듯한 직업을 갖고 안정된 삶을 찾으려는 머리 좋은 젊은이들도 있다. 그러나 나는 주위에서 어떻게 하면 하늘 나라에 더 많은 재산과 재물을 쌓고 그 나라에서 명예와 존경을 받으며 살 수 있을 것인지를 갖고 고민하는 그리스도인들을 거의 만나보지 못했다. 만일 누군가가 이 땅에서의 삶보다 저 하늘에서의 삶을 더 염원한다면 그 사람의 삶과 행동은 분명히 이들과는 다를 수밖에 없고 그 다른 삶은 바로 신앙의 증거로 표현될 수 있기 때문이다.

여름마다 캠프가 끝나고 돌아갈 때마다 희비가 엇갈린다. 한달 동안 캠프를 마치고 돌아가는 캠프 참가자들은 벌레들에게 물려 빨갛게 붓고 상처 난 자신들의 온 몸을 서로 보여주면서 그간의 불편함과 고생을 토로하기도하고 앞으로 한국에 돌아가서 먹고 싶은 삼겹살, 피자 등에 관해서 이야기 꽃을 피우기도 한다. 그러나 그들과 함께 땀과 눈물을 함께 흘리며 우정을 나누었지만, 이들이 다 떠나고도 돌아가지 못하고 남아 있어야 하는 1년 봉사자들(월드 서비스 봉사자들)과 미안함과 아쉬움을 품고 작별을 해야만 한다. 그때마다 돌아가는 이들은 남은이에게 필요한 것은 무엇이든 조금도 아끼지 않고 나눠주고 떠난다. 나는 이 모습을 보면서 자신의 본향으로 돌아가는 넉넉한 마음과 두고 갈 세상에 대한 연민을 함께 느낀다. 우리 그리스도인들의 삶이 바로 이런 삶이 아니겠는가? 이 땅에 사는 그리스도인들이 모두가 하늘나라를 진정으로 소망하고 기대하면서 남겨두고 갈 세상과 그 세상에 남아서 그리스도의 남은 과제를 수행해야 할 믿음의 후배들에 대해 관심과 연민을 품어줄 수만 있다면, 세상의 교회와 그리스도인들의 모습이 얼마나 아름답고 힘있는 증거가 될 수 있을까 자문하게 된다. 이 땅의 재산이 천국에서는 은닉 재산 목록에 오르게 될 터이니, 모두 가능한 한 유용하게 사용될 수 있도록 처분하거나 아름다운 재단이나 적십자와 같은 복지 재단에 위탁 혹은 기증해서 그것들이 보다 가치 있고 보다 더 의미 있게 활용될 수 있게 하자.

500원짜리 수영장

내가 독일 하이델베르그에서 살 때의 일이다. 인근 쉬리스하임 숲 속에는 넓은 잔디밭 한가운데 노천 수영장이 있었다. 나는 매일 아침 자전거를 타고 약 20km를 달려 대학까지 가서 논문을 쓰다가 돌아오는 길에는 땀을 뻘뻘 흘리며 오르막을 올라오면 바로 이 수영장이 있어서 늘 거의 매일 이곳에서 짧게라도 수영을 하고 집을 향해 달려가곤 했다. 그런데 어느 날 수영장은 잠겨 있었고 시 당국이 이 수영장을 1마르크에 팔겠다는 글이 붙어 있었다. 나는 내 눈을 의심했다. 단돈 500원에 이 엄청난 부동산을 팔겠다는 말이 믿겨질 수가 없었기 때문이다. 입장료가 500원으로 인하되었다는 말인가 다시 보아도 여전히 공고문에 쓰인 글은 수영장의 판매가가 500원이었다. 그런데 조건이 있었다. 소유자는 지금까지 시 당국이 시민들을 위해서 늦봄부터 초 가을까지 약 1000원 정도의 입장료를 받고 운영 했었던 것처럼 운영할 의무를 지는 것이었다. 우리는 이 수영장의 운영이 쉽지 않다는 것을 알고 있었다. 봄이나 가을에는 물을 데워야 했고 게다가 손님도 고작 근처에 있는 양로원의 노인 한둘 밖에 안 되는 적도 있었다. 그래서 누구도 이 싼 수영장을 사려는 사람이 없었고 마침내는 폐쇄 직전에 시민 모두가 돈을 모아서 운영을 하게 되었다. 이 작은 해프닝은 땅과 재산에 대해 내게 많은 생각을 하게 했다. 우리의 땅과 집, 재산은 가치 있게 이용될 수 있을 때라야 소중한 것이다. 아무도 이용할 수 없이 너무 오랜 동안 묵혀 두거나 단지 돈을 벌기 위해 있어도 되고 없어도 되는 그런 상가, 점포에 임대해 주어 돈을 버는 것 보다 바른 교회나 귀중한 일을 하는 NGO단체, 고아나 과부, 장애인들을 위한 피난처로 제공해 줄 수 있다면 이것 곧 하늘에 그 집세를 저축하는 것이리라.

신문과 방송에는 매일 같이 화려하고 편리한 고급 아파트나 아름다운 산과 바닷가에 그림같이 지어진 콘도미니엄 광고들이 쏟아져 나온다. 돈과 여유가 있어서 심산 유곡 아름다운 곳마다 방들을 얻어서 즐기는 인생은 이미 천국에서 누릴 복락을 이미 다 받은 사람들이요 천국의 노숙자가 될 인생이다.

이 세상의 땅과 집을 팔아 하나님의 나라에 땅과 집을 사자. 이 땅의 별장을 팔아 하나님 나라에 콘도미니엄을 청약하자. 그리고 이 땅에서는 주기도문을 드릴 때마다 구구절절 '하나님, 이 기도가 나의 삶 그 자체가 아닌가요?' 라고 아버지께 여쭐 수 있는 그런 삶을 살자.

제2부 • 붉은 십자가들

1. 교회의 비밀

　내가 교회에 다니면서 처음 알게 된 비밀은 '주님'이라는 호칭에 숨겨진 것이었다. 교인들은 기도할 때뿐 아니라 일상생활에서도 내겐 낯설기만 한 이 호칭을 시도때도 없이 중얼거렸고, 심지어 버스에서 졸다가 성경책을 떨어트려도 무의식적으로 '주여'가 입에서 튀어 나왔다. 하지만 시간이 지나면서 나는 이들이 '주님'을 습관처럼 부를 뿐, 진정으로 예수 그리스도를 '주님'으로 모시고 살지 않는다는 사실을 알게 되었다.

　그리스도인이라면 자신의 정체성이 예수님을 '주'로 모시는 '종'임을 잊어서는 안 된다. 그리스도인이 된다는 것은 내 뜻대로가 아닌 하나님의 종으로 살겠다고 결단하는 것을 의미하기 때문이다. 그런데도 전도할 때는 왜 이 사실을 알려주지 않는지 모르겠다. 이는 마치 약관을 숨기고 보험 계약을 맺게 하는 것과 다르지 않다. 일반 사회에서도 사기성 다분한 이런 계약은 무효인데, 처음부터 그리스도인의 종 된 삶을 제대로 가르치지 않으니, 교회에서는 갈등과 반목이 생기고, 파벌을 만들어 서로 상처를 주는 게 아닐까.

순종과 겸손

　하나님의 종으로 살겠다고 결단한 그리스도인이라면, 종으로서 어떻게 살아야 하는지 배워야 한다. 먼저 종은 주인에게 순종해야 한다. 그런데 주의 종을 자처하는 목회자들이 스스로 '거룩한 종님'이 되어 만행과 횡포를 부리는 경우가 다반사라는 게 문제다. 그들 때문에 '종'이 곧 '포악한 상전'으로 그 의미가 뒤바뀔까 봐 걱정될 정도다. 이런 상황이니 순종은 몰상식한 권위에 맹종하는 것이 되어 버리고, 교회에는 목회자가 하는 말이면 덮어놓고 따르는 광신자나 앞에서는 순종하는 척하고 돌아서서 비웃는 냉소주의자가 생기는 것이다. 여기서 맹종과 순종을 굳이 구분하자면 맹종은 추종자를 본받아 타인에게는 매우 오만불손한 데 비해, 순종은 타자에게도 겸손하다.

두 번째, 종이라면 겸손해야 한다. 하지만 교회에서 이런 겸손한 이들을 찾아보기가 심히 어렵다. 다른 사람의 의견을 경청하기보다는, 끝까지 자신의 주장을 관철시키기 위해 고집을 부리는 모습이 우리에겐 더 익숙하다. 선을 행하고 남들이 알아주지 않을까 먼저 자랑을 하고, 알아주지 않으면 분통을 터트리거나 가슴앓이를 하는 이들이 얼마나 많은가. 교회에 오래 다녔다는 이유로 교회가 마치 자기 것인 양, 자기 방식대로 일을 처리하려고 고집하는 장로들, 교인들이 자신의 종이라고 착각하는 목회자들, 헌물을 드리고 인정받고 싶어 안달이 난 집사들 때문에 교회는 조용할 날이 없다.

무소유와 단순한 삶

주님의 종 된 그리스도인이 가져야 할 또 다른 특징은 스스로 자유와 함께 소유권을 포기해야 한다는 사실이다. 나에게는 물이 포도주가 되게 하고 죽은 사람을 살려낼 능력이 없다. 그러나 땅이나 재산을 다른 형제자매와 함께 사용할 수는 있다. 나는 그리스도인들이 하나님께 시간과 정열을 바쳐 기적을 구하는 기도를 하기보다는, 내 소유를 포기하고 이웃과 그것을 나누라고 말하고 싶다. 이것이 오병이어의 실천이다. 보리떡 다섯 덩이와 물고기 두 마리를 포기하고 주님께 드렸을 때 주님의 손에서 기적이 일어났다. 내가 아닌 주님의 손에서 말이다.

소유를 포기하면 생활양식이 단순해진다. 값비싼 가구나 옷, 고급 승용차보다는 옷을 보관하는 작은 가구, 계절마다 갈아입을 옷 몇 벌, 기름을 절약하는 경차 등이 종의 삶에 더 적합하다. 이렇게 멋도 재미도 없는 삶이 어디 있느냐고 생각할지도 모르겠다. 하지만 종 된 그리스도인은 인생의 재미를 돈을 쓰는 데서 찾을 게 아니라, 소박한 생활에서 찾아야 한다. 종 된 그리스도인은 아침 해를 받아 부서져 내리는 빛의 폭포를 감상할 줄 알고, 맑은 시냇물과 대화할 줄 알며, 지는 벚꽃이 눈처럼 내리는 길을 여유롭게 걸을 줄 안다. 우리가 탐심을 버리고 소박한 삶을 살 때 하나님은 풀과 나무, 산과 바위가 말을 걸어오는 새로운 삶을 선물로 준다.

자본주의의 압도 속에 살면서 나의 소유를 나눌 때, 사도행전에 나타난 무소유의 공동체들이 점점 늘어날 때, 교회는 세상에 빛과 소금으로 존재할 수 있을 것이다. 바로 그런 그리스도인이, 공동체가, 우리 사회를 변화시키는 견인차 역할을 할 수 있을 것이다.

무임과 면책

종들에게 의무만 있는 것은 아니다. 종들에게는 그들만의 특권이 있다. 바로 그들이 하는 행동의 모든 책임을 주인이 진다는 사실이다. 그런 점에서 종은 어떤 염려나 근심도 할 필요가 없다. 단지 주어진 일만 하면 된다. 나는 종들이 주인의 일을 남의 일 하듯이 하면 된다고 생각한다. 남의 일이니 아무렇게나 해도 된다는 뜻이 아니다. 주의 일을 마치 내 일인 양 하면서 염려와 근심으로 끙끙대서는 안 된다는 의미다. 주님의 일이니 그분을 의지하고 그분이 시키신 일을 다 한 후에는 그분이 이 일을 완성할 거라고 믿고 기다리면 된다. 일의 결과 또한 그분이 책임지실 것이니 논공행상을 기대하는 것은 가당치 않다.

"구하라 그리하면 너희에게 주실 것이요 찾으라 그리하면 찾아낼 것이요 문을 두드리라 그리하면 너희에게 열릴 것이니."(마 7:7) 이 말씀은 내가 평화 활동을 하면서 전가의 보도처럼 활용하는 백지수표다. 이보다 종들에게 안심을 주는 말씀이 또 어디 있겠는가? 하나님의 종은 주님의 능력에 의지해서 무슨 일이든지 다 할 수 있는 진정한 특권을 누리는 자다. 다시 말하지만, 우리는 하나님의 일을 돕는 도우미일 뿐이다. 그러니 과도한 책임감에 눌릴 필요도 없고, 비용 때문에 걱정할 필요도 없다. 하나님이 모든 필요를 채워 주시고 책임도 지실 것이다. 그러니 안식과 평화를 누리며 기꺼이 즐거운 마음으로 하나님편에 서자.

지금까지 헛되이 불러온 주님의 이름을 버리고 진정한 주님의 종이 되자. 우리가 진정한 종이 되지 못하면, 주님은 결코 우리의 주님이 되실 수 없다. 기꺼이 종의 자리로 내려가자. 그 길이 낙담과 절망, 짓눌림과 탈진으로부터 벗어나는 길이다. 또한 그 길은 하나님의 아들 예수 그리스도가 우리보다 앞서 먼저 가신 길이고, 교회와 공동체를 살리고 평화를 가져오는 길이다.

2. 더도 말고 덜도 말고 어린아이만큼만…

어린이의 눈으로 세상을 보라

어린아이처럼 된다는 것은 어린아이의 눈으로 세상을 보고 어린아이의 마음으로 사람을 대함을 뜻한다. 여기에는 진실이 담겨 있다. 어린아이와 같이 힘없고 연약한 자들의 거짓 없는 마음이 바로 진실인 것이다. 그러나 오늘 사람들의 대화에서 진실은 사라져가고 있다. 대신 새로운 유형의 의사소통 방식인 '광고'가 그 자리를 채우고 있다. 광고는 끝없는 반복으로 대화의 질을 떨어트리고 비판적 사고 능력을 마비시켜, 듣는 이의 의지와는 무관하게 말하는 이의 주장을 받아들이도록 강요하는 폭력적인 의사소통이다.

문제는 복음 전파도 진실보다는 광고의 패턴을 따라가고 있다는 사실이다. 자유롭고 솔직한 대화 속에서 옛 사람을 버리고 새 사람이 될 수 있도록 회심의 기회를 주기보다, 교회 성장이라는 목표 아래 예배 참석자를 늘리는 수단이 되어가고 있는 것이다. 전도 집회 현장에 가서 보면 복음의 진실을 전하기보다는 정교하게 고안된 광고 내용을 주입시킨다. 십자가에 힘없이 달려 돌아가신 예수님의 모습을 전하기보다는 강단에 선 목회자에게 스포트라이트를 비춰, 마치 인기 연예인인 것처럼 보이게 만들기도 한다.

장로가 되기 위해서는 큰돈을 헌금하는 게 관례가 되어 버렸고, 심지어 목사직을 자녀에게 세습하는 일도 다반사다. 이 모든 일이 마치 그렇게 하는 것이 옳은 듯 광고되고 전파되니 진실은 설 자리가 없다. 나조차 어느 때인가 부터 현실 교회 비판을 자제해 왔는데, 지방의 어느 목사님을 만나고 나서 나의 침묵이 교회에 대한 애정이나 신중함 때문이 아니라, 평화 활동에 필요한 후원을 받기 위한 비굴함 때문인 것을 깨달았다.

이제 다시 어린아이 눈으로 교회를 바라보아야 할 때다. 부끄러움을 모르는 벌거벗은 목회자들을 향해 벌거벗었다고 웃으며 소리쳐야 한다. 큰 교회 높은 종탑도 어린이의 진실보다 오래가지는 못한다. 진실은 작아 보일지라도, 그 어느 것보다 단단한 보석처럼 오랜 세월 그 빛을 잃지 않는다. 이 세상의 어떤 권세도 위용도 어린이의 진실 앞에서 골리앗처럼 무력하게 침몰하는 장면을 보는 믿음의 눈이 우리에게 필요하다. 미국의 대통령이 북한에게 핵무기 제조 공정을 폐기할 것을 요구하면, 우리는 어린 아이처럼 미국이 먼저 모든 핵 무기를 폐기하고 북한에게 요구하는 것이 공정하다고 말하자. 우리나라 국민이 아시아·아프리카의 가난한 나라에 비자 없이도 자유롭게 3개월을 방문할 수 있는데 비해, 우리나라가 그 나라의 국민들에게는 비자 없이는 단 하루도 머무를 수 없게 하는 것이 공정하지 못하다고 말하자. 돈과 부보다 더 소중한 것은 우리 국민의 자존심이요, 당당한 자세와 의기로 가득 찬 민족의 얼과 정신이다. 세상에서 많이 배워도 이익에 눈이 멀면 시각장애인과 진배 없다. 그래서 미국 최고의 명문 하버드와 예일 출신들이 가득한 미국 정부의 작품들이 월남전·아프간 전·이라크전처럼 적국뿐 아니라 자국의 젊은이들까지 숱하게 잃고 먼지만을 뒤집어쓰고 돌아오는 헛수고들이었다. 나는 우리 나라의 역사책에 기록된 가장 소중한 사상은 홍문관 대제학이나 집현전 학사들도 아닌 "왕후 장상(王侯將相)의 씨앗이 따로 있는가?"고 외쳤던 고려시대의 보잘 것 없는 만적(萬積)이라는 한 노예의 절규였다고 여기고 있다. 조선 시대 최고의 학자들이 벌였던 오랜 성리학 논쟁도 지금에 와 보면 누구도 거들떠 봐 주지 않는 부질없는 말싸움이었지만, 이 노예의 만민평등사상은 어둡고 억눌린 오랜 옛날 이미 오늘날의 민주주의 정신에 여명을 비추는 위대한 사상이 아니었던가? 불의한 이익으로 눈먼 엘리트들의 그럴듯한 논설보다 억눌리고 소외 당하는 가난한 사람들이 세상의 진실을 더 잘 알고 있다. 배움의 많고 적음에 참 지식이 달려있는 것이 결코 아니다. 하나님과 인간 그리고 이 세상을 아는 지식은 우리 마음의 맑음과 깨끗함에 달려 있다.

"마음이 청결한 자는 하나님을 볼 것이다."(마5:8).

바리새인들처럼 하나님께 과잉 충성하느라 하나님의 아들을 죽이는 끔찍한 짓도, 또 십자군처럼 자기 눈에 좋아 보이는 하나님의 영광을 위해 이교도의 피로 하나님의 전을 채우고 하나님께 감사의 기도를 드리는 '거룩한' 잔인성도, 모두 어린아이의 눈을 잃었기 때문이다. 더도 말고 덜도 말고 어린 아이 같은 순수한 마음으로 성경을 읽고 세상을 바라보자.

아이의 눈으로 거짓과 위선으로 포장된 세상을 벗기고 진실을 말하자. 이것이야말로 힘없는 자가 세상을 변화시키는 유일한 길일 것이다. 우리도 어린아이처럼 진실을 증거하는 공동체를 만들어 나가자.

3. 빈손

처음 예수님을 믿었던 십대에, 내 안에는 말할 수 없는 기쁨과 평안이 밀려왔다. 하지만 처음 시작한 교회 생활은 무척 생소하고 낯설었다. 교인들이 '주님, 주님' 할 때마다 주위에 우리 말고 어떤 존재가 있는 건가 싶어 머쓱하게 주위를 둘러보기도 했다. 하지만 신앙의 연차가 오래된 그분들이 외치는 주님이 그들의 삶에서도 보이지 않는다는 사실마저 곧 깨달았다.

새벽기도부터 시작해서 철야기도까지 참석해 자리를 지키며 주님이 오실 날을 대비하라는 설교를 들으면서도 교인들은 천년만년 살 것처럼 행동했다. 그런 설교를 하는 교회도 건물 증축에 열을 올릴 뿐이었다. 우리의 시민권은 하늘에 있다는 설교를 들으면서도 미국으로 이민을 가 영주권을 어떻게 획득할지 관심을 가졌고, 영생을 믿는다고 하면서 노후 대책 세우기에 골몰했다. 예수님이 곧 주님이라고 가르치던 교회의 지도자들은 마치 자신이 주인인 듯 행세하며 고집과 주장을 굽히지 않았고, 결국 교회는 깨지고 성도는 둘로 나뉘어 서로를 반목하는 모습을 지켜봐야만 했다. 문제는 나 또한 그런 교회의 모습을 보며 신앙생활이란 예수님을 믿는 척, 종인 척, 하나님을 섬기는 척하는 것이라고 생각하면서 교회 생활에 적응해 갔다.

후에 교회에서 전도사로 일하며 청년들을 가르칠 때였다. 비로소 그때 나는 내가 십대 때 경험한 것을, 내가 돌보는 청년들도 경험하면서 진실한 신앙이 무엇인가 고민하게 된다는 사실을 깨달았다. 그들 중 내가 그랬던 것처럼 예수님을 믿는 척하며 교인들과 어울리는 청년들은 교회에 남았지만, 그렇지 않은 청년들은 결국 교회를 떠났다. 새로운 프로그램, 새로운 교재 등은 그들에게 전혀 도움을 주지 못했다.

그때 그 경험을 통해 나는 예수님을 진심으로 믿고 그분의 말씀에 순종하고 실천하는 사람으로 이 청년들 앞에서 살아야겠다고 생각했다. 예수님의 가르침에서 핵심은 산상수훈이고 산상수훈의 핵심은 사랑이며, 이 사랑을 실천하기 위해 용서와 화해의 공동체를 꾸려야겠다고 생각했다. 이것이 내가 양평 진개울 샘터에서 청년들과 공동체를 시작하게 된 이유다.

공동체로 살아 보니 그리스도를 증명하는 삶을 살기에 여러 가지 점에서 유리했다. 하지만 많은 그리스도인은 공동체적 삶을 거부한다. 생활 방식이나 사고 방식 등이 다른 사람들과 함께 살아야 하는 게 불편하고, 나의 자유를 스스로 제한하는 게 어렵기 때문이다.

그러나 이런 불편함은 주님의 말씀에 순종하겠다고 결심하면 해결된다. 공동체 생활은 특별한 사람 혹은 광신자들에게나 어울리는 특수한 삶이 아니라, 자기 소유를 포기하고 자기 십자가를 지고 나를 따르라고 하신 예수님의 말씀에 순종하는 보편적이고 일반적인 그리스도인의 삶이다.

우리는 생명이 주님 것이니 주님께 드린다고 고백하면서 우리의 생명은커녕 소유조차 포기하지 못한다. 부자 청년에게 소유를 팔아 가난한 자들에게 나눠 주고 나를 따르라고 하신 예수님의 말씀(마 19:21)을 읽어 알면서도, 실제로는 그렇게 하지 않는다. 초대교회 교인들이 대부분 공동체적인 삶을 살았던 데 비해 지금 교회의 외형은 비대해졌지만 그런 공동체를 찾아보기 어렵게 된 이유가 무엇인지 생각해 볼 문제다.

교회는 왜 밑 빠진 독이 되었나?

한국 교회의 전도 열성이 대단함에도 불구하고 교인들의 숫자가 줄어드는 이유가 다른 데 있다고 생각하지 않는다. 전도하기 위해 고구마처럼 찔러도 보고 진돗개처럼 물고 늘어져도 보지만, 새 신자는 고사하고 기존 교인들도 교회를 떠나고 있다. 그야말로 밑 빠진 독에 물 붓기다. 그 이유는 간단하다. 우리도 예수님을 믿지 않으면서 다른 사람에게 전도를 하니 전도에 무슨 힘이 있겠는가. 우리의 처지가 자신도 못 먹는 약을 파는 약장수나 자신도 가입하지 않는 보험을 파는 보험설계사와 다를 바 없어 보인다.

다시 한 번 우리 모두 예수님 앞에서 솔직하게 생각해 보자. 우리는 정말 예수님을 주님으로 믿고 있는가, 아니면 믿는 척하고 있는가. 정말 자신의 십자가를 지고 예수님을 따르고 있는가, 아니면 따르는 척하고 있는가. 믿는 척하기만 했던 거짓된 신앙을 청산하지 못할 바에는 차라리 겸허하게 교회를 떠날 것을 진지하게 고민해야 한다. 믿는 척하는 신앙생활이 정상적이고 현실적인 신앙이라고 여기는 이상, 우리는 거짓 신앙의 공범이 되어 그리스도의 몸 된 교회를 가증하고 혐오스러운 가면무도회의 장으로 만드는 데 일조하게 될 뿐이다.

이제라도 맹목적인 전도의 병기가 되지 말고, 우리 삶을 변화시키자. 교회 성장이 아니라 교인 성장에 관심을 기울이자. 지금은 '공동체를 사랑하는 사람은 공동체를 죽이고 형제자매를 사랑하는 사람은 공동체를 세운다'는 본회퍼의 말을 기억할 때다.

4. 가장 소중한 것들은 보이지 않는 것들이다

요즘은 주일을 양평 샘터에서 지낸다. 샘터 공동체에서는 매주 일요일 새벽 6시, 아직 먼동이 트기 전, 어둠 속에서 촛불을 켜고 예배를 드린다. 묵상과 기도를 위해 주말을 샘터 공동체에 머무르는 방문객들이나 샘터에서 살고 있는 가족들이 함께 그리스도의 빈 무덤을 찾아, 안식 후 첫날 어둠이 채 가시지 않은 새벽에 주님의 무덤을 찾아가는 그럼 심정으로 그리스도의 부활을 기념하는 예배를 드린다. 그리고 하루 종일 자연 속에서 침묵하며 안식을 즐기거나, 이곳에서 머무르는 사람들과 사귐의 시간을 갖는다. 너무 분주한 주일을 보내다가 주일 하루 온종일을 숲과 자연에 파묻혀 고요와 침묵 속에서 안식하게 된다. 이 시간이 바쁜 삶 속에서 보지 못했던 것들이 마음의 눈으로 보다 선명하게 보이기 시작하고, 내가 하나님의 위대한 창조 질서 안에 속해 있다는 사실에서 고요한 희열을 느끼게 된다. 이 시간이 나에게 유익한 것은 소수의 사람들을 만나 마음으로 깊이 사귈 수 있는 소중한 시간을 얻을 수 있기 때문이다.

주일의 핵심은 안식이고 안식은 진정한 사귐의 공간이다. 원수 된 아버지와 딸이 수년 만의 새로운 만남을 앞두고 마음을 가다듬으며, 서로 용서를 구하기 위한 용기를 소생시키고자 무릎을 꿇는 시간들을 기다리기 위해서, 하나님 앞에서 다시는 추스를 수 없을 것 같은 인생의 좌절과 실망의 나락 맨 밑바닥에서 다시 일어서는 것을 함께 기다려 줄 수 있는 여유를 얻기 위해서, 집을 나간 자식을 기다리며 그리도 더디게 스며드는 희망과 신뢰의 샘물이 텅 빈 가슴을 다 채울 때까지 기다리기 위해서 긴 시간 고요한 공간이 필요하다.

우리는 너무 바쁘게 살고 있다. 주일도 바쁘긴 매 한가지다. 바쁜 시간 속에서, 소위 성도라고 일컫는 교우들 속에서, 우리가 하고 있는 일과 생각이 우리에게 주는 결과는 무엇인가? 진정한 사귐, 마음의 위로, 하나님에 대한 숙고, 삶에 대한 진지한 반성, 죽음에 대한 성실한 준비, 나와 소원해지고 뒤틀린 이웃들과의 화해, 나 자신에 대한 용서와 돌이킴과 같은 것들인가? 아니면 형식적인 인사, 냉소와 외면, 다툼과 갈등, 이기심과 현세적 욕망추구의 정당화, 거짓과 불의에 대한 면죄부, 자기 과시와 권력 다툼, 사업적인 실리추구와 천국의 매수와 같은 것들인가? 바쁘고 분주한 신앙생활 속에서 우리가 얻을 수 있는 것이 있다면 아마도 거대한 교회 부지의 획득과 화려한 교회 건축, 그리고 그 큰 공간을 가득 메우는 허다한 교인들일 것이다.

개척자들은 몸 부칠 공간이 비좁아 쥐들이나 활보하고 다니는 지붕과 천장 사이 낮은 틈도 숙소로 고쳐 써야 하고, 금싸라기 같은 서울 땅에 사무실 하나 구하는 것도 몹시 어렵지만, 확실히 한국 교회의 많은 목회자들은 교회를 크게 짓고 많은 교인들을 불러 모으는 그 힘든 일에는 비상한 능력이 있는 것처럼 보인다. 평일에는 텅 빈 교회의 수많은 공간들을 보면서 같은 그리스도의 몸이라고 일컫는 저들과 우리들은 무슨 상관일까? 한숨을 쉬기도 했었다. 그러나 세월이 흐르며 나의 생각이 달라져 가고 있다. 우리는 지금 잘 못 가고 있다는 반성과 함께.

고요 속에서 눈을 감고

십자가를 향한 순교자적 제자도의 실천을 회복해야 한다. 예수 그리스도의 삶과 죽음이 우리가 따라야 할 유일한 답이다. 다른 해법은 없다. 온갖 프로그램과 이벤트, 세미나, 성회에 짓밟힌 예수 그리스도의 피 묻은 십자가를 다시금 우리 가슴에 품자. 스포트라이트에 환호하는 군중의 그림자가 길게 드리워진 어둠 속 좁고 험한 길을 다시 더듬어 찾아가자. 좁은 문은 그곳에 있다.

당신은 주님이 우리를 부르시는 음성이 들리지 않는가? "네 재산을 모두 팔아 가난한 사람들에게 나눠주고 나를 따라 오너라. (눅18:22)" 당신은 그리스도인들이 모든 물건을 서로 함께 쓰며 한마음과 한 뜻이 되어 재산과 소유를 팔아 각 사람의 필요를 따라 나눠주고 무소유의 공동체로 살아가는 초대교회의 모습이 보이지 않는가?(행 2: 44,45; 4:32) 우리가 이런 음성을 듣고 이런 환상을 보기 위해서는 시끄럽고 분주한 삶을 벗어나 고요 속에 침잠하는 것이 더 나으리라. 어떤 열광도 한 순간의 감동도 한 인간의 원초적인 이기심과 욕망의 사슬을 끊기에는 너무 약한 것들이다. 우리에게는 자기를 부인하고 자기의 소유를 부정하며 자신의 생명을 포기하는 비장한 결단에 이르는 길고 긴 깨달음과 배움의 길이 놓여있다.

지금 우리는 보이지 않는 것들을 마음의 눈으로 보려고 노력하고 그 소중한 가치를 깨달아야 한다. 지금 그리스도인에게 가장 소중한 것은 무엇일까? 나는 그것이 그리스도의 정신 그리고 그 정신을 마음에 함께 품고 살아가는 동료들보다 더 중요할 수는 없다고 생각한다. 그렇다. "삶의 가장 소중한 것들은 보이지 않는 것들이다." 우리의 신앙과 신조, 정신과 원칙들 이 모든 것은 우리의 마음 안에 들어 있는 영적인 것들이다. 우리는 이 보이지 않는 것들을 마음의 눈으로 보려고 노력하고 그 소중한 가치를 깨달아야 한다. 비록 우리가 크고 아름다운 성전을 짓지 못하고 눈에 보이는 거대한 성취들을 이루지는 못한다 하더라도 그리스도의 십자가를 위해 목숨을 바칠 희생적인 제자들을 길러내고 하나님의 나라를 위해 평생 헌신할 열정적인 혁명가들을 훈련시키며 처참한 전쟁과 재난의 현장 속에서 그리스도의 사랑과 평화를 실천하는 무소유의 공동체를 만들자. 보이는 것에 마음을 빼앗기지 말고 오히려 우리 눈에 보이는 것들을 무시한 채 눈을 감고 오직 우리 마음의 눈으로만 볼 수 있는 소중한 가치들을 하나씩 헤아려 보자.

5. 기독교 멸망의 징조들

나는 교회를 살아있게 만드는 요소가 청년, 역사의식, 열정이라고 생각한다. 그러나 오늘 교회에서 이 세 가지 요소는 점점 사라지고 있다. 이대로 가면 미래의 어느 시점에는 이 땅에 기독교라는 종교는 사라져 버리고, 거대한 교회당만 유적으로 남게 되지 않을까 우려된다. 어떻게 하나님이 세우신 교회가 멸망할 수 있을까, 이는 불경스런 언어도단이라고 비난할 사람도 있을 것이다. 그러나 나는 그날이 가까이 오고 있다는 생각을 지울 수가 없다.

멸망의 징조 1: 청년들의 부재

「혹성탈출」이라는 SF영화가 있다. 1968년 처음 개봉한 이 영화는 기독교의 영적 전쟁을 연상시킨다. 주인공 테일러는 우주선을 타고 미확인 행성에 착륙한다. 그곳에서 인간은 유인원처럼 퇴화하고 유인원은 인간처럼 진화해 인간을 지배하며 살고 있다. 죽을 위기에 처한 테일러는 도망을 치다가 도달한 바닷가에서 모래밭에 반쯤 파묻힌 자유의 여신상을 발견하고, 그곳이 지구임을 깨닫게 된다는 게 줄거리다.

오늘 소위 '백 투 예루살렘'(Back to Jerusalem) 운동의 시나리오를 설명하면 다음과 같다. 이스라엘에서 전파된 복음이 그리스와 로마를 거쳐 유럽과 미국을 돌아서진하여, 중동 이슬람 국가들과의 영적 전쟁에서 승리한 후, 마침내 다시 이스라엘에 이르러 유대인 모두 복음을 믿게 되고 그때 주님이 재림하신다는 것이다.

하지만 나는 이 시나리오가 「혹성탈출」에서 느끼는 허무함과 겹쳐서 떠오른다. 선교현장에서 복음을 접한 새로운 그리스도인들이 설레는 가슴으로 선교사들을 파송한 나라와 그 나라의 교회를 보면서 느끼게 될 허무가 그와 같지 않을까? 백 투 예루살렘 운동의 시나리오가 옳다면 먼저 복음이 전파된 서방 국가는 하나님의 주권이 지배하는 축복받은 나라여야 한다. 그러나 오늘 서방 국가의 거대한 교회당에는 백발의 노인들만 드문드문 앉아 있고 청년들은 거의 없다. 그토록 화려했던 교회 건물이 호프집에 팔려 나가는 현실이 '하나님 나라'의 오늘 모습이라니 허무하기 짝이 없다. 오늘 우리 기독교에는 출구가 없다.

멸망의 징조 2: 역사의식의 부재

보스니아 헤르쯔고비나, 아프가니스탄, 파키스탄, 아체 등 이슬람 국가들의 500년이 넘은 오랜 이슬람 사원들을 방문하면서 위대한 이슬람의 유산을 경험하게 된다. 우리가 이들 사원에서 느끼는 경탄은 그 대리석 건물의 화려함과 건축 양식의 뛰어남 때문이 아니다. 500년이 지난 오늘날까지도 그 오래된 거대한 사원을 가득 메우는 이슬람 신앙인들의 열정 때문이다. 오늘날 우리 기독교 교회에 500년이 넘도록 그 교회를 신자들이 가득 메우는 그런 교회가 어디 있는가? 쾰른 성당이 그러한가? 노틀담 성당이 그러한가? 그곳을 메운 사람들은 관광객들일 뿐, 기독교인들은 아니다. 오직 하나 있다면 가톨릭 교황의 집무실이라고나 할 로마의 베드로 성당일 뿐이고, 그나마도 성탄절이나 부활절과 같은 절기 미사에나 교황을 보기 위해 군중들이 모여들 뿐이다. 문화재급의 거대한 교회들마다, 현관 앞에는 허물어진 교회 구석구석을 보수할 돈이 없어서 관광객들에게 적선을 호소하는 구걸함들이 놓여 있지만, 이것을 부끄러워하는 그리스도인들은 아무도 없는 듯해 보인다.

　이런 서구 교회들의 건축 양식을 배워서 비싼 돈을 들여 충현교회 같은 시대 착오적인 교회당들이 우리 땅에 지어졌다. 오늘날 우리 나라에 지어진 고딕식 교회당들은 마치 오래된 서구 교회들의 짝퉁을 보는 것처럼 쓴 웃음을 짓게 한다. 모든 현대 건축술의 발달에도 불구하고 우리 시대에 더 이상 고딕식 교회당은 지어질 수 없다. 왜냐면 그것들은 중세에 온 몸과 마음이 신앙으로 똘똘 뭉친 예술가들이 100년이 넘게 생애를 바쳐야만 지어질 수 있는 예술작품이지, 건축회사에 맡겨서 시공할 수 있는 건물이 아니기 때문이다. 이런 사실조차 모르고 교회를 건축하니 그런 우스꽝스런 유사품 건축물을 만들게 되는 것이다. 더 큰 문제는 이렇게 지어진 교회들이 어느 날엔가는 헐릴 것이라는 사실이고, 그렇게 안될 경우에는 우리 사회의 적선을 기다리는 오히려 더 곤란한 애물단지가 될 것이라는 점이다.

　우리 한국교회는 잘못 가고 있다. 내가 신학생 시절에 수업이 끝난 예배실이나 빈 강의실에서 여의도 순복음교회의 조용기 목사나 당시 영락교회의 박조준 목사의 설교를 성대모사까지 하면서 수없이 반복해서 따라 연습하는 학생들이 있었다. 다른 많은 신학생들도 소망교회의 곽선희 목사와 같은 대형교회 목사의 설교집들을 탐독하곤 했다. 대형교회의 목사가 되겠다는 꿈처럼 신학생들에게 매력적인 희망은 없었던 것 같았다. 안타깝게도 그런 신학생들의 희망은 높은 경쟁률을 뚫고 나서야만 들어갈 수 있는 오늘날의 신학교에서도 변함이 없어 보인다. 지금은 이런 관심이 더 국제화되어서 사랑의교회나 온누리교회 같은 우리 나라의 새로운 현대적인 대형교회를 넘어서서, 하이벨스의 윌로우크릭교회나 릭 워렌의 새들백교회 같은 미국 교회들까지 교회 성장의 모델로 삼고 있어서, 이런 대형교회 목회자들의 세미나는 초만원을 이루는 현실이다.

　그러나 이시대 한국교회의 목회자들이 선망하는 교회들이 500년이 지난 이후에도 오늘날의 영적 생명력을 그대로 유지할 수 있을까? 나는 그렇지 않으리라고 본다. 한 세대도 안되어 쪼개어져 분할 매각될 운명에 처한 여의도 순복음교회처럼, 이들 대형교회들은 스타 플레이어들의 퇴진 이후 서서히 해체될 운명이 될 것이 분명하다고 여겨진다. 우리 한국교회의 모델은 이런 스타목사들의 교회가 아니다. 이 땅의 진지한 목회자들은 인기와 출세의 욕망을 내려놓고, 500년을 지속할 수 있는 신앙공동체로서의 교회 모델이 무엇인지를 찾아내기 위해서 고심해야 한다. 그 규모나 화려함과는 상관없이 역사 속에서 지속 가능한 생명력을 스스로 유지해 나갈 수 있는 강인한 교회의 모델이 우리시대에 요구되는 것이다.

멸망의 징조 3: 열정의 부재

우리에게는 신앙을 위해 목숨조차 아깝지 않다고 여겼던 신앙의 선배들이 있다. 그러나 오늘의 기독교인들은 '생명 다해 주님을 사랑한다'고 찬양하면서 실제로는 그런 신앙을 '현실적이지 않다'고 여기는 듯하다. 이에 반해 소위 이단들이 자신들의 신앙을 지키기 위해 여러 불이익을 감수하는 모습을 종종 볼 수 있다. 황금같은 청년의 때에 군대 징집을 거부하고 1년 6개월을 감옥에 갇혀 지내는 것을 마다하지 않는 여호와의 증인을 보라. 흔히 몰몬교라고 부르는 '예수 그리스도 후기성도교회'의 열정도 대단하다. 한번쯤은 말쑥한 정장 차림에 명찰을 단 두 명의 외국 청년을 본 적이 있을 것이다. 그들은 전 세계에 청년들을 보내 그들의 신앙을 전파하고 있다.

우리 기독교인 부모들 중에 입신양명이나 출세를 위해 자녀들을 유럽이나 미국으로 유학은 보낼지언정 아프리카와 같은 가난하고 위험한 지역에 자녀들을 보내 신앙을 증거하라고 독려할 이들이 얼마나 될까. 이단은 그 수가 적으니 안심해도 되는 걸까? 그러나 세상은 정직하다. 뿌린 만큼 거둔다는 말이 옳다. 신앙에 대한 열정 없음, 게으름과 나태함으로 우리의 하늘 곡간이 바닥나는 날이 곧 닥칠 것이다.

알카에다에게서 배우자

9·11 테러가 일어나고 전 세계는 테러 배후에 있다고 의심을 받은 오사마 빈 라덴과 그가 지휘한다고 알려진 알 카에다(al-Qaeda)라는 테러 조직에 관심을 집중했다. 알 카에다의 본부가 어디에 있는지, 어떤 활동을 하는지 등 구체적인 내용은 알려진 바가 거의 없으나 그들은 전 세계를 무대로 조직을 확산시켜 가며 사람들을 테러의 공포에 빠트렸고 지금도 이들의 테러 위협은 계속되고 있다.

나는 알 카에다에 속한 이들의 태도가 하나님 나라를 위한 그리스도의 선한 군사들이 따라야 할 '역 모델'이라고 생각한다. 알 카에다의 활동을 옹호하거나 미국의 보복 전쟁에 찬성할 마음은 조금도 없다. 우리가 무기와 폭력을 써서 테러에 대항해야 한다는 말도 아니다. 오히려 우리는 무고한 희생자들의 생명을 살리고 평화를 만들기 위해 우리의 몸을 던지는 싸움을 해야 한다. 그러나 그리스도인 중 이들처럼 열악한 피난처에서 생활하고 위험하기 그지없는 전쟁터를 전전하며 헌신하려는 이들이 있는가. 자신의 신념을 위해 몸에 폭탄을 두르고 적진에 뛰어들 용기를 가진 이들이 있는가. 중무기로 무장한 저들에게 사랑의 정신 외에는 아무 것도 가지지 않은 맨 몸으로 대항하기 위해서 우리에게는 그들보다 수십 배의 용기와 희생정신이 필요하다.

하지만 안타깝게도 현실은 그렇지가 못하다. 기독교는 패퇴를 거듭하고 있다. 안정된 삶, 편리한 생활에 안주한 나머지 비겁하고 안일해져 영적 싸움에서 승리할 힘을 잃어 가고만 있다. 앞으로 계속 이렇게 무사안일하게 산다면, 어느 날 모든 십자가와 종탑이 헐리고 기독교 자체가 이 세상에서 자취를 감추는 날이 올지도 모른다. 천오백 년 전 북아프리카의 크고 작은 교회들이 역사 속으로 사라진 것처럼 말이다. 그 교회들은 서구의 어느 교회보다 열정적이었고 테르툴리아누스나 아우구스티누스와 같은 위대한 교부들을 낳았지만, 어느 순간 사라센의 바람과 함께 사라져 버렸다. 지금 한국교회의 랜드마크라고 불릴만한 교회들이 그런 폐허가 되지 않으리라고 누가 장담할 수 있을까. 역사로부터 교훈을 얻는 사람만이 다가올 재앙을 피할 수 있는 법이다.

차라리 전설이 되자

어쩌면 나의 예언이 빗나갈지도 모른다. 하나님의 교회는 영원하리라 말하는 이들의 믿음대로 기독교가 존속할 수도 있다. 사실 지금까지 기독교는 아시아와 아프리카를 식민지화하고 가난한 민중을 강탈하고도 존재해 왔다. 아편을 팔아 먹기 위해 전쟁을 벌이고 건강한 사람들을 마약 중독자로 만들었어도, 가녀린 여인들에게 마녀라는 누명을 씌우고 고통스럽게 죽였어도, 하나님은 이 땅에서 기독교를 멸망시키지 않으셨다.

그러나, 이런 모습으로 기독교가 존재하느니 차라리 역사의 뒤편으로 사라지는 것이 낫지 않을까. 부패하고 추악한 기독교가 사라지면, 예수 그리스도의 가르침을 따라 서로 사랑하고 기꺼이 자신의 목숨을 바쳐 말씀에 순종했던 초대교회 신앙인들의 이야기는 전설처럼 남지 않겠는가. 사람들의 기억 속에라도 진실한 기독교가 남겨질 수 있다면 나는 그 편이 더 낫지 않을까 생각한다.

6. 교회의 생로병사

세상에는 빨리 헤어질수록 좋은 관계들이 많이 있다. 의사와 환자, 선생과 학생이 그러하고, 어쩌면 부모와 자식이나 목사와 평신도 간의 관계도 마찬가지라고 생각된다. 물론 여기에는 전제가 있다. 환자들은 자신의 질병이 치유되고 충분히 건강해져서 더 이상 의사와 병실에 신세를 질 필요가 없어질 때가 떠나야 할 때다. 학생들은 충분히 성숙해야 하고, 도제들은 장인의 기술을 터득해야 하며 구도자들은 도사로부터 '득도'를 한 후에야 스승을 떠날 수 있는 것이다. 이런 아름다운 이별은 우리 교회 공동체에서도 늘 경험되어야 한다. 교회는 길을 잃은 어리고 연약한 지체들을 자기의 본래 자리로 돌아오게 하여 건강하고 성숙한 그리스도인으로 성장시킨 다음 그를 독립시켜서 예전의 자신처럼 역경에 처한 사람들을 돕고 살리는 일에 보내야 한다. 이런 사역을 잘 감당하는 교회가 건강하고 바람직한 교회다. 그러나 오늘날 많은 교회의 목회자들은 출세에 대한 욕망으로 인해 정신적으로 병들었고 그 결과 교회들도 어두운 질병을 앓고 있다.

병원, 학교, 교회

언젠가 어떤 유명한 병원이 여론의 빗발치는 비난을 받은 적이 있다. 이 병원은 환자들이 계속 병원에 입원하거나 치료를 받아야만 하도록 의도적으로 완치를 안 시킨 것이었다. 그러기 위해서 의사들은 환자들이 자신들을 과도할 정도로 신뢰하도록 친절과 서비스를 다했지만, 이런 저런 이유들을 들어 환자들이 계속 병원을 찾아와 치료를 받도록 했다. 그 결과 병실은 넘쳐났고 의사들과 병원 소유주의 소득은 불어났으며 병원의 규모도 계속 확장되어야 했다. 우리는 이렇게 번창하는 병원을 좋은 병원이라고 하지 않는다.

이반 일리치는 오늘날의 학교가 똑 같은 방식으로 자신의 몸을 불리고 있으며 학생들을 학교에 의존하게 만들고 있다고 비판한 적이 있다. 실제 이전 보다 훨씬 많은 사람들이 고학력을 갖고도 예전 사람들보다 무능하고 무기력한 삶을 살아가고 있는 모습을 보게 된다. 그는 이런 병든 교육체제의 원형과 역사적 뿌리가 교회였음을 지적했다. 실로 교회야말로 역사적으로 오랫동안 인간을 요람에서 무덤까지 그 체제와 제도에 예속시키고 의존하게 하는 기관이었다. 그리고 지금도 많은 교회의 지도자들은 그런 절대적인 통제권을 계속 행사하고 싶은 유혹과 충동을 느낀다. 문제는 그런 목사들이 교회를 지극히 현세적이고 자기 중심적으로 이해하는 데 있다.

우리가 평생 몸 담을 수 있고 그 안에서 우리의 역할과 책임을 죽을 때까지 감당해야 할 영원한 교회는 예수 그리스도의 몸을 이루는 하나님의 교회 하나뿐이다. 우리가 주일 날 예배를 드리는 지역의 교회들은 그런 예수 그리스도의 몸의 세포와도 같아서 언제나 새로 태어나고 자라나고 늙고 병들며 마침내 죽어 소멸하는 것이다. 그렇다고 해도 온 우주와 역사 속에 유일한 주님의 몸 된 교회는 영원히 멸망하지 않는다. 오히려 몸이 살기 위해서 체세포들은 죽어야만 한다.

개 교회가 죽어야 주님의 몸 된 교회는 산다.

우리나라에는 100년 넘은 역사를 가진 교회들이 드물다. 유럽의 교회들 보다는 젊은 교회들이 많지만, 이미 교회의 노령화는 유럽 교회를 곧 따라잡을 듯이 빨리 진행되고 있다. 사람이 늙듯이 교회도 늙는 것은 당연하다. 그런 현실을 부정하고 하나님의 교회이기 때문에 영원해야 한다고 믿는 것은 몸의 세포가 죽지 않고 영원하기를 바라는 것처럼 어리석은 것이다. 몸을 이루는 세포들이 자신의 생명을 다하고 죽는 것은 우리 몸이 건강하게 생명을 유지시키기 위함인 것처럼 지역교회들도 세포들처럼 주의 몸 된 교회를 위해서 자신의 생명력과 사명을 다하고 해체되어야 한다. 한 평생 외길 인생을 살며 성실하게 일해온 사람의 황혼이 아름답듯이 크든 작든 오직 목회 일념으로 영혼을 돌보던 교회가 노화하여 힘을 잃어갈 때 젊은 목사를 채용하여 늙은 몸에 젊은 피를 수혈할 것이 아니라 기존의 교회를 해체하고 변화된 세상에 진지하게 응답하는 전혀 새롭고 참신한 교회를 위한 밑거름이 되어 주자는 말이다. 오래된 교회들은 대체로 너른 교회 건물과 수양관, 기도원 등 많은 시설과 토지들을 갖고 있다. 이런 교회가 젊고 활력이 넘치는 교회들에 건물과 토지를 무상으로 제공하여 사역을 지원해 줄 수 있다면 이 땅의 교회들은 큰 활력과 생명력으로 세상에 응답해 나갈 수 있을 텐데, 개 교회들이 자신들의 교회와 재산들을 예수 그리스도의 것으로 여기기 보다는 사유재산처럼 자신들이 마음대로 주무를 수 있는 것으로 착각했고 그 결과 그리스도의 몸이 마비되었다.

나는 남북 통일보다 훨씬 어려운 것이 교회가 하나되는 것임을 믿어 의심하지 않는다. 그 이유는 교회들이 자신들의 재산을 나눌 의사가 결코 없기 때문이다. 교회 연합의 장벽이 신학이나 교리의 차이 때문이라고 믿는 사람은 아직 교회와 교단의 내막을 모르는 순진한 사람들이다. 이 땅에서 가장 많은 부동산을 소유한 집단은 사찰과 교회들이며 이 종교집단들이 자신들의 소유로부터 자유롭지 못한 한 교회와 사찰도 병들고 우리 사회에서 조차도 암적인 존재로 비춰질 것이다.

개 교회는 병든다.

한 때 가톨릭교회는 교황이 무오하다는 독선적인 주장을 오랫동안 포기하지 않은 적이 있었다. 하지만 역사는 교황이 재리와 권력을 탐하고 권모 술수로 무고한 사람들을 살인하는 죄악을 저지르기 조차했음을 가르쳐주었다. 이런 착각 중에 하나가 공중예배 도중에도 자주 언급되는 "교회는 거룩하다."는 믿음이다. 전통적으로 우리는 교회가 거룩하다고 믿어왔다. 그것은 그리스도의 몸으로서의 교회다. 만일 우리가 이 말을 우리가 속한 개교회라고 믿으면 교회가 저지르는 실수나 죄악조차도 "하나님의 뜻", "하나님의 경륜", "예정", "합력하여 선을 이루는 과정"으로 위장되거나 미화될 수밖에 없다. 문제는 그렇게 함으로써 교회는 고삐 풀린 망아지처럼 방종하게 되고 이런 죄과들은 계속 반복되고 확대된다는 점이다. 오늘날 사회적으로 물의를 빚고 있는 대형교회들의 담임 목회자 세습이나, 목회자들의 교회 헌금의 사적인 유용 등에 대해서 당사자들의 교회들이 관대한 이유는 교회는 무슨 짓을 하든 거룩할 수밖에 없다고 스스로를 세뇌시키기 때문인 것으로 보인다.

교회가 언제나 거룩한 것은 아니다. 때로는 유혹과 시험에 들기도 하고 실수를 저지르기도 하며 죄를 짓기도 한다. 그렇기 때문에 스스로 자신을 냉철히 반성해야 하며 자정능력을 갖추기 위한 부단한 노력을 기울여야 한다. 나는 교회 주변의 좋은 비신자들이나 인근에 마음이 통하는 사찰이 있을 경우 그 사찰의 스님이나 불자들에게서도 자기 교회에 관한 그들의 경험과 관점, 비판과 충고를 들을 수 있을 때 교회는 더 건강하고 활력 있는 교회가 될 수 있다고 믿고 있다. 역사적으로도 병들고 죽어가는 교회를 기독교에 대해 비판적인 세력들이 구원해준 경우들을 종종 찾아 볼 수 있기 때문이다.

대형 마트형 교회

　주변의 구멍가게들을 잡아먹는 대형 마트들처럼 적지 않은 교회들이 대형화되어가고 있다. 교회를 하나의 생명체로 이해하는 한, 교회의 대형화는 가족의 대형화처럼 몹시 낯설고 기형적인 것처럼 보인다. 한 가족이 아무리 대가족화된다 해도 그 한계가 있듯이 모든 성도들이 가족처럼 서로를 알고 이해하며 사랑하고 책임지는 공동체의 최대 성장한계가 있을 수밖에 없기 때문이다. 인간도 동물도, 꽃이나 나무도 그 어떤 생명체도 더 이상 자랄 수 없는 분량이 있다. 그것이 더 크게 자라기 위해서는 공학이 필요해지고 그 때부터는 더 이상 자연스러운 성장이 아닌 억지와 무리가 따르게 된다. 주의 몸을 이루는 세포로서의 개교회도 마찬가지다. 세포의 생성, 성장, 죽음이라는 자연의 이치를 따르지 않고 끊임없이 성장하고 커가는 세포는 암세포다. 이런 점에서 대교회는 그리스도의 몸의 암세포와도 같다. 주변의 작은 교회들을 잠식하면서 커가는 대형교회들이 쏟아내는 독소들이 여의도 순복음교회, 금란교회, 광림교회등을 통해서 나타나고 있다. 문제는 이런 암적인 대형교회들이 많은 한국교회 목회자들의 모델이 되고 있어서 그 전이가 빠르게 확산된다는 점이다.

　우리는 한때 줄기가 새끼 손가락만치나 통통한 콩나물, 송이가 복숭아만치 굵은 딸기를 흐뭇한 마음으로 사 먹었던 적이 있었다. 그러나 지금은 이런 유전자 조작으로 만들어진 식품을 더 이상 원하지 않고 있다. 교회도 마찬가지다. 우리는 그리스도의 몸 된 교회의 한 세포로서의 지역교회가 어떤 생명 현상과 성장 질서를 따라 성장하는지에 주목해야 한다. 새로운 혈관들을 무수히 만들어 체내의 양분을 고갈시키고 다른 세포들을 죽여가는 암세포처럼 대형교회들은 하나님의 나라의 인적 물적 자원 들을 독식하면서 작은 교회들의 문을 닫게 만들고 있다. 교회가 다시금 주목해야 할 모델은 작은 유기체로서의 가족이다. 가족은 오랜 세월 유지되어온 생존력이 강한 생명체다. 젊은이가 성장하면 부모로부터 독립하여 새로운 가정을 만든다. 교회도 가족과 같이 대형화의 광기로부터 빨리 벗어나야 한다. 우리 시대의 대형교회에 대한 열망은 오늘날 유전자 조작을 통해 슈퍼 벼나 슈퍼 아기, 슈퍼 돼지, 슈퍼 송아지와 같이 자연의 내적 질서를 무시한 괴물을 만들어내고 싶어하는 인간의 출세욕에 다름이 아니다. 여의도순복음교회도, 영락교회도, 금란교회도 사랑의교회도 모두 어느 날엔가는 분할 매각되는 운명에 처해질 것이다. 이러한 대교회들은 지속가능한 교회의 미래가 아니기 때문이다. 이런 공룡들은 머지않아 멸망할 것이며 대신 작고도 단단한 더 탄력적이고 유연한 공동체적인 교회들이 이들의 자리를 대신할 것이다. 우리는 이런 작고 따뜻한 공동체들이 풀뿌리처럼 퍼져 나가는 기독교의 미래를 내다보며 이를 위한 교회 모델을 찾아야 할 것이다.

개척자들을 해체할 날

나는 우리 개척자들이 자신들의 소임을 다 마치고 해체하는 날이 오기를 바란다. 그 날이란 이 땅에서 전쟁이 그치고 군인들도 사라지는 날이다. 더 이상 지구상에 출입을 금지하거나 통제하는 국경도 없어지고 비자나 통행증 같은 비인도적인 종이쪽지들은 모두 쓰레기통에 버리고 자유롭게 여행할 수 있는 날 우리가 땀과 눈물을 흘리며 일구어 온 개척자들을 해산하고 새로운 시대에 새롭게 응답하는 더 젊고 새로운 공동체들에게 우리의 모든 유산들을 기증하자. 나는 그 날이 하루 빨리 오기를 기대하며 개인에게 죽음이 찾아오듯 우리 공동체도 죽어야 할 날이 온다는 것을 염두에 두고 있다. 그러나 전쟁을 그치고 국경을 허무는 우리의 과제를 마치기까지는 강하고 끈질긴 생명력으로 살아가는 공동체가 되기를 바란다. 잘 죽기 위해서는 먼저 잘 살아야 하는 법이다. 그리고 죽는 것보다 더무서운 것은 병드는 것이라고 하는 데 이것은 비단 개인들의 문제일 뿐 아니라단체도 마찬가지다. 우리 개척자들도 병들 수 있음을 늘 유념하고 우리가 병들거나 시험에 들지 않도록 우리에게 냉철한 비판과 따뜻한 충고를 해 줄 수 있는 이웃들과 자매단체들과의 관계를 소중히 여기고 더욱 발전시켜 나가야 한다.

7. '쇼'를 하지 말라

평화 없는 예배

예전에 예배가 뭔지도 모르고 무턱대고 열심히 예배를 참석하던 시절이 있었다. 그저 예배를 드릴 때면 마음이 따뜻하고 편안했던 느낌이 들었던 것이 기억난다. 그 때도 지금처럼 주일날만 되면 교인들은 여러 차례의 예배, 주일학교, 안내위원 봉사, 차량주차 봉사, 식당봉사, 각종 회의들로 정신없이 바빴다. 70년대 우리 청소년들은 학생의 교복을 벗어버린 채 예비군 복 비슷한 교련복을 입고 등교를 했고 학생들의 꿈과 이상을 논해야 할 학생회는 전쟁과 살상을 명령하는 학도호국단으로 바뀌었다. 체육시간에 맨손체조 대신 총을 들고 총검술이나 국군 도수체조를 했다. 공 던지기는 수류탄 던지기로 바뀌었다. 성경에는 '맹세하지 말라 단지 여호와 하나님께만 경배하고 다만 그를 섬기라'고 기록되어있건만 학교에서는 독재자가 불법적으로 다스리는 조국과 민족을 위해 충성을 바치라고 국기에 대한 맹세를 강요받았다. 그러나 교회에서 수없이 예배 설교를 들었고 성경공부, 주일학교 교육을 받았건만 누구도 이런 현실이 하나님 보시기기에 옳지 않다고 가르치는 사람이 하나도 없었다. 뜨겁게 예배를 드렸지만 이 예배들이 내 삶에는 아무런 변화를 주지 못했다. 예배는 오로지 내 삶과 단절된 내면의 심리 상태만을 위로해 줄 뿐 내가 딛고 선 현실 세상과는 유리되어 있었다.

교회를 다닌 지 오래지 않아 담임 목사님이 강단에서 설교를 하다 돌아가셨다. 그 당시에 나는 나이가 지긋하셨던 부목사님이 돌아가신 목사님의 뒤를 이어 담임 목사가 될 것이라고 공표한 것이 왜 장로님들을 분노케 했는지 이해하지 못했었다. 결국 교회는 조금은 부유한 교우들이 중심이 되어 새로운 유능한 젊은 목사를 새 담임목사로 초빙하겠다는 장로님파와 그 동안 전 담임목사님의 관심과 사랑을 충분히 받지 못했던 가난한 교우들이 중심이 된 부 목사님 지지파가 둘로 나뉘어 한 패는 교회 본당에서 다른 패는 교회 마당에서 따로 예배를 드리게 되었다. 나는 어느 패인지도 모르고 교회 본당에 들어가지도 못한 채 마당에 붙들려 마당패와 더불어 예배를 드리곤 했다. 그 당시에 나는 그것도 예배라고 여겼던 어리석은 소년이었다.

어느덧 신학생이 되어 말단 전도사로 교회를 섬기면서부터는 예배를 드린다기 보다 예배를 관리했다는 표현이 나을 것 같다. 무엇보다 내가 맡은 부서의 예배 참석자들의 숫자가 적었던 주일은 담임목사를 볼 면목이 안 섰다. 나에게 주일은 결코 안식일이 아니었다. 교역자들의 안식일은 월요일이다. 존경스럽지 않은 어른에게도 외견상 존중하는 척 했어야 했고 친하지도 친하고 싶지도 않은 분들에게 친근한 척해야 했다. 이 모든 외식과 위선으로 몸과 마음이 지쳤었다. 낙이 있었다면 아직 현실의 쓴 맛을 몰랐던 겸손하고 순진했던 청년들과 만나 밤을 새워 미래를 꿈꾸었던 시간들, 파괴된 가정에서 고단한 삶을 살아가던 여인들과 함께 눈물로 슬픔을 나누던 시간들, 교회 문턱을 힘겹게 넘나드는 가난하고 모자란 바보 성도들과 나누었던 천진난만한 웃음들이었다. 그리고 형님처럼 우리 어린 전도사들을 봉고차에 태워 함께 놀러 다니시던 우리 목사님의 젊은 시절이 흐뭇한 기억으로 남아있다.

독일로 유학을 간 후에도 습관을 따라 우리 동네에 사는 독일 경건주의자들의 후손들이 우리를 자기편으로 여길 정도로 예배를 매주 꼬박꼬박 출석했다. 그러나 예배라고 주일 오전 한 번 밖에 없고 공동식사도 없는 독일 교회의 예배 후에는 너무 허전할 정도로 많은 시간이 남는 것 같았다. 돌아와 점심 식사를 간단히 하고는 낮잠을 잘 정도였으니 얼마나 한가한 주일이었겠는가? 낮잠을 자고 난 이후에는 오후 햇살을 받으며 아이들과 자전거를 함께 타고 오덴발트라는 깊은 숲 속의 오솔길을 달려 '자연의 친구들' 이라는 작은 산장으로 가서 준비해간 빵과 음료를 함께 먹고 해질녘에야 되어서 돌아오곤 했다. 나는 이 여유롭고 한가했던 독일에서의 주일을 그림동화처럼 기억하고 있다.

한국으로 돌아와 이제는 더 이상 교회에서 전도사를 하지 않는다. 일년에 거의 반 이상은 해외 현장을 돌 수밖에 없는 처지에 교회의 직분을 맡는다는 게 적절하지 않기 때문이다. 때로는 교회의 초빙을 받아 설교하기도 하지만, 대체로 샘터 공동체에서 방문객들과 조용히 주일을 지낸다. 이런 고요와 침묵, 자연 속에서 공동체 식구들과 구도자들과 함께 여유롭고 한가하게 주일을 지내며 주일과 예배의 의미를 더 깊이 숙고하게 되었다. 그리고 점차 예배의 목적은 하나님과 인간, 인간과 인간, 더 나아가 인간과 우리를 둘러싼 모든 피조 세계와의 평화로운 관계를 회복하는 것이고, 예배의 핵심은 이 총체적인 회복을 위한 진실한 사귐이며 주일의 안식은 이 사귐을 펼치기 위한 텅 빈 공간임을 깨닫게 되었다.

예배의 목적: 회복

지나온 시절 나는 내가 예배를 율법적으로 드렸던 것을 잘 모르고 있었다. 주일은 성수해야 했고 예배는 당연히 드려야 하는 것이었다. 예배가 하나님과 우리 사이의 관계의 회복이어야 한다는 사실을 몰랐었다. 하나님을 향한 내 삶의 변화 없이 드리는 예배는 성전 마당만을 밟고 지나가는 허탄한 짓임을 깨닫지 못했었다. 단지 하나님과 우리 사이의 관계회복만이 문제가 아니다. 우리가 우리 형제

자매들과 평화를 만들지 못한다면 우리 하나님 아버지와 평화로울 수는 없는 법이다. 그러나 안타깝게도 한국의 그리스도인들은 대부분 하나님과의 수직적 관계에만 관심을 기울인 나머지 주일 성수를 하는 여집사님들이 남편과는 원수가 되어있고 새벽기도회까지 일년 내내 빠뜨리지 않고 출석하는 권사님이 며느리와 불화하는 시어머니일 경우들이 종종 있다. 교회에서는 예배당의 앞자리에 자애로운 모습으로 앉아 계신 장로님이 직장에서는 폭군이고 예배 시간마다 예배위원으로 봉사하는 충성스런 안수 집사들이 아내를 비참하게 만드는 바람둥이 남편인 경우도 적지 않다. 우리는 예배에 앞서 이런 모든 비뚤어진 관계들을 만든 자신의 잘못과 허물을 참회하고 이런 삶을 중단하겠다는 결심이 선행되어야 하며 결심에 그치지 않고 이를 실천하여 회개에 합당한 열매를 맺을 때 비로소 우리가 예배를 드리는 삶을 살아가게 되는 것이다.

예배는 이처럼 하나님이 인간과 그리고 인간이 다른 인간들과 평화로운 관계로 회복시키는 제도적 장치다. 문제는 대부분의 대교회들의 예배가 이런 관계의 회복, 병들고 일그러진 세상을 평화로운 세상으로 재창조하는 힘을 상실한 채 사람들의 인기를 모으는 쇼와 이벤트와 퍼포먼스로 변질되어가고 있고 많은 교회들이 원칙이나 철학 없이 이런 세태의 흐름에 편승하려 든다는 사실이다. 하나님이 보시기에 좋고 아름다운 예배는 우리를 새로운 존재로 변화시켜 우리와 관련된 사람들과 평화로운 관계를 만들게 하며 나아가 우리를 둘러싼 세상을 새롭게 만드는 하나님의 재창조의 과정이다.

그러므로 주일을 지키기 위해서는 매일 매시 부지런히 할 수 있는 한 모든 이와 평화를 누려야 하고 특별히 갈등과 다툰 일이 생기면 주중에 화해하기 위해 최선을 다해야 한다. 만일 갈등이 해결되지 않을 경우 우리가 하나님께 제물을 드리려고 하다가 누군가 내게 원한을 품고 있다는 생각이 들면 제물을 제단 앞에 놔두고 먼저 가서 그와 화해해야 한다고 하신 예수님의 말씀처럼 예배를 포기하고라도 원한 진 형제나 자매를 찾아가 그와 화해하기 위한 특별한 시간을 갖는 것이 주일을 의미 있게 지내는 것이다.

예배의 핵심: 사귐

예배는 이와 같이 관계의 회복을 위한 사귐의 시간이다. 예배를 통해 우리는 하나님과 사귐을 갖고 또 다른 성도들과 사귐을 갖는다. 그러나 문제는 우리가 실제 예배를 통해 진실한 사귐을 갖지 못하고 있다는 데 있다. 많은 목회자들이 하나님의 말씀을 진실하게 설교할 것인가를 놓고 고민하기 보다는 어떻게 해야 더 많은 사람들이 예배에 모여들도록 예배와 설교를 디자인할 것인가를 고민한다. 그러니 하나님과의 진실한 사귐은 목사님의 인기몰이 속에서 실종되어버린다. 성도들 간에도 친밀한 사귐은 기대하기가 어렵다. 교회는 대형 극장화되고 예배는 고도의 연출된 프로그램이 되어 성도들은 얼굴 없는 군중 속에 숨어 예배를 감상하고 사라진다. 강단은 더욱더 현란한 조명과 충동적인 음악과 율동으로 예배 참여자들의 감각을 자극하는 퍼포먼스가 연출되는 무대가 되어가고 있다. 하나님의 나라는 이제 '감각의 제국' 으로 탈바꿈을 하고 있다.

하나님과의 진실한 만남과 사귐은 성도들의 거짓과 위선 없는 진실한 삶과 언행을 통해서 가능하다. 우리는 자기 자신도 경험적으로 잘 알지 못하는 예수를 과대 선전하고 허위 광고하는 것을 전도라고 여겨왔다. 하나님이 위기에 처한 양 하나님을 변명하는 변호인을 자처해왔고 몰상식한 교회의 행태에 대한 비신자들의 비난에 대해서 하나님의 나라가 수세에 처한 양 방어적인 태도를 취해왔다. 나는 이 모든 우리의 인간적인 충절이 하나님에게는 거추장스럽고 불필요한 과잉충성으로 비춰질 것이라고 생각된다. 하나님이 스스로 해결하시도록 자제하고 삼가자. 진실은 변론과 보호를 필요로 하지 않는다. 우리의 역할은 단지 우리가 경험한 하나님, 예수그리스도, 그분의 나라를 진실하게 아는 만큼만, 겪은 만큼만 증거하는 것이다. 여기서 더 나아가는 것은 오히려 우리 주님의 길을 가로막는 것이다. 우리의 부적절한 변호로 인해 하나님이 더 곤궁에 빠지지 않도록 겸허히 주님을 주목하자.

예배는 하나님과의 사귐만을 의미하지는 않는다. 우리는 예배를 통해 진실한 성도의 교제를 나누어야 한다. 교회 안에서 더 이상 위선과 거짓, 외식과 냉소주의로 스스로를 지치게 만들지 말아야 한다. 그러기 위해서 형식적인 만남, 의무적인 사귐으로부터 과감하게 탈출하자. 주일이야말로 진실을 찾는 구도자들과의 만남과 대화, 사귐과 나눔을 통해 우리 자신이 신선하게 재충전되어야 할 소중한 시간이기 때문이다. 누구보다도 당신에게 소중한 사람들, 사랑하고 사랑해야 할 사람들, 감동을 주는 사람들, 기쁨을 주는 사람들, 함께 있다는 사실만으로도 희망과 용기를 주는 사람들과 사귐을 갖기 위해서 주일이 존재한다. 우리는 그들을 우리에 앞서 십자가를 지고 가시는 그리스도의 발자취를 따라 가는 길에서 만난다. 자기 희생과 손해를 감수하면서도 자신의 신앙과 양심을 지키는 사람들과 인류와 세계의 미래를 함께 꿈꾸는 가슴 벅찬 시간이 주일이다.

안식: 사귐을 위한 시공간

우리는 주일을 안식일로 여겨 거룩하게 지키라고 배워왔다. 그러나 나는 오랫동안 안식의 참뜻을 모른 채, 단지 교회에서 예배를 드리기 위해서 주일 날에는 모든 일을 그만 두어야 하는 줄로 알았었다. 그러나 안식의 참뜻은 참된 사귐을 위한 공간 할애다. 만일 참된 사귐이 없다면 안식은 무의미하고 공허한 시간 낭비인 것이다. 안타깝게도 나는 오랜 세월 예배의 핵심이 무엇인지, 주일의 의미가 무엇인지도 모른 채 전혀 평화롭지 않은 심지어 불화 속에서 조차도 아무런 문제의식 없이 예배드릴 수 있었고 주일을 무의미하고 형식적인 만남과 사귐으로 허비했었다. 도올의 고백처럼 차라리 교회에 가서 예배를 드리느니 산에 올라가서 맑은 공기를 마시는 것이 차라리 나았었을 것 같다.

고르반을 내려 놓으라

하나님께 드릴 예물(고르반)을 드리고 나면 아버지나 어머니에게 드려야 할 것은 안 드려도 그만이라고 믿었던 사람들을(막7: 11) 예수님이 책망하셨던 것을 기억하자. 하나님과의 평화와 똑 같이 중요한 것이 우리 이웃, 다른 사람과의 평화다. 눈에 보이는 이 사람들과 평화를 만들 수 없다면, 또 불화와 원한을 진 이들과의 평화로운 관계를 만들려는 책임을 성실히 수행하지 않는 한 하나님과의 평화는 거짓평화에 불과한 것이다. 마치 탕자의 형이 자신은 동생과는 달리 아버지와 평화로운 관계라고 착각하고 있었듯이.

주님은 우리에게 화평케하는 직책을 맡겼다. 일을 맡긴 그 분이 또한 그 일을 수행할 능력을 주지 않으시겠는가? 예배는 이 세상에 하나님의 평화(샬롬)를 회복시키는 힘을 나타낼 때 비로소 진정한 예배가 될 수 있다. 오늘날 만물을 새롭게 하시는 능력을 경험하는 예배 대신 멋진 쇼와 연출로 예배를 위한 예배로 변질되어가는 한국교회의 현실을 염려스럽게 지켜보고 있다. 이제 사람들을 조금이라도 더 끌어 모으기 위한 화려한 쇼와 현란한 이벤트, 인기를 끄는 프로그램과 자극적인 퍼포먼스를 그치자. 다시 우리 신앙의 근본으로 돌아가자. 골고다를 향한 십자가의 길을 따라가자. 제자의 삶을 살아가자. 성경 말씀을 문자 그대로 실천하자. 이런 삶이 없는 예배는 공허한 공연일 뿐이고 평화로운 삶을 회복시키지 못하는 신앙인들의 교회는 사교클럽에 불과한 것이다. 더 이상 예배당에 나와 반복해서 하나님께 값싼 은혜를 구걸하지 말자. 불화한 사람이 있으면 그 사람과 화해하기 전에는 주일 예배 출석을 포기하고서라도 우선적으로 그와 화해하기 위해 노력하자. 가족 중에 가정 불화로 인해 이혼 위기에 놓인 형제나 자매가 있다면, 생업을 잠시 접고라도 화해를 시키기 위해 결사적으로 노력하자. 교회 안에서도 성도들 간에 갈등과 불화가 생기면 공중예배를 무기한 연기하고 먼저 공동체의 평화를 만들고 나서 다시 모두 함께 기쁨으로 예배를 드리자. 예배를 무시해서가 아니다. 우리가 무엇 때문에 예배를 드리는 지를 잊지 않기 위해서다. 예배를 드린다는 것은 우리가 평화를 살아가고 있음을 고백하는 것이요 또한 교회는 평화의 공동체임을 세상에 증거하는 것이기 때문이다. 아무리 열정적이고 보기에 아름다운 예배라고 할 지라도 이 세상을 평화롭게 변화시키지 못하는 예배는 죽은 예배다. 그러나 소수의 무리가 드리는 예배라고 할 지라도 그 안에서 불화와 갈등을 겪고 있는 형제나 자매가 화해를 하고 또 예배를 통해 세상이 겪고 있는 분쟁현장에서 구체적으로 평화를 만드는 사람들이 세워질 수 있을 때 이 예배는 살아있는 예배다. 자기의 몸을 찢어서 모든 담을 허물고 평화를 만드신 예수 그리스도가 지금도 우리가 겪고 있는 모든 갈등과 분쟁 속에서도 평화를 만드시는 살아 계신 하나님이심을 경험하는 감동적인 예배를 드리자.

8. 붉은 십자가들

독일 유학을 마치고 한국에 돌아온 날 밤, 내부순환도로를 따라 집으로 가면서 보니 거리에 빨간 십자가 첨탑이 참 많았다. 아마 유학을 가기 전에도 교회 첨탑은 많았을 텐데, 그때는 무심코 지나쳤던 풍경이 그날은 불현듯 거대하고 어두운 공동묘지처럼 느껴졌다. 이른 새벽 찬 공기를 가르며 기도처를 찾는 사람들을 인도하는 거룩한 이정표가 무기력한 죽음의 공동묘지처럼 보이다니…. 그토록 많은 십자가는 유럽의 공동묘지에서나 볼 수 있기 때문이기도 했겠지만, 세상의 빛과 소금이라는 교회가 도시를 뒤덮을 만큼 많음에도 정작 암울하고 추하기 그지없는 우리 사회의 단면이 떠올라서였을지도 모르겠다.

교회는 많은데 왜 사회는 부정과 부패로 썩어 갈까? 왜 교회는 한국 사회의 양심과 정직의 표상이 되지 못할까? 그것은 거룩한 척만 하고 진실함은 없는 우리 교회와 그리스도인의 삶 때문 아니겠는가. 외식하는 신앙인들을 향해 회칠한 무덤(마 23:27)이라고 책망하셨던 예수님이 오늘 우리 시대 그리스도인들의 삶을 보면 똑같이 책망을 하실 것만 같다. 심지어 교회는 안 믿는 자들이나 타 종교인들로부터도 비난을 받고 있다. 이것이 예수님을 믿기 때문에 받을 수밖에 없는 핍박이 아닌, 우리의 일그러진 삶과 신앙에 대한 정당한 질타라고 생각하면 얼굴이 뜨거워진다.

바벨탑을 쌓는 교회

교회의 일그러진 신앙은 교회 성장을 욕망하는 건축 붐으로 나타나고 있다. 강남에 있는 사랑의교회를 보라. 그 교회가 2천억 원이 넘는 천문학적인 헌금으로 새로 건물을 지어 올린 이유가 무엇일까? 내 마음이 불경해서인지 알 수 없으나, 나는 그 옛날 바벨탑을 쌓았던 이들과 그 동기가 같다고 생각한다. "자, 성과 탑을 쌓아 탑의 꼭대기를 하늘에 닿게 하여 우리의 이름을 내고 여러 곳으로 흩어지지 않도록 모두 함께 모이게 하자."(창 11:4, 사역)

이런 마음이 욕심을 부채질해서, 일부 교인뿐 아니라 수많은 반대 여론에도 아랑곳하지 않고 '내 돈 들여 내 교회를 내가 짓는데 무슨 참견이냐'고 말하며 건축을 밀어부쳤다. 그러나 우리는 근본적으로 교회가 무엇이고 누구를 위해 존재해야 하는지부터 숙고해야 한다. 교회가 한낱 교세 확장을 목적으로 개교회의 영광을 구한다면 그 교회는 바벨탑과 같이 파멸의 길로 접어들게 된다. 하나님은 "말을 뒤섞어서 그들이 서로 알아듣지 못하게 하"여 바벨탑 쌓는 일을 실패하게 하셨다. 사람들이 서로를 이해할 수 없게 하고 결국 갈등과 분열로 파멸하게 하신 것이다. 탐욕을 채우려는 대형교회의 미래도 이와 같을 것이다.

분열하는 교회

교회가 화해의 직분을 망각하고 이웃 간에 분열과 갈등 앞에 무력한 것도 큰 문제다. 비근한 예가 재개발 사업이다. 용산 참사를 불러온 용산 지역 재개발 사업을 기억하는가? 재개발을 추진한 조합과 재개발로 쫓겨날 위기에 처한 세입자들의 갈등은 급기야 세입자들이 시위 도중 불에 타 사망하는 비극을 불러왔다. 그런데 알고 보니 재개발조합의 조합장과 사망한 세입자 중 한 명이 같은 교회를 다니고 있었다. 그 참사가 일어날 때 교회는 무엇을 했는가?

참사를 불러온 재개발 붐은 지금도 전국 도처로 불길처럼 확산되고 있다. 기본적으로 부자는 더 부유해지고 빈자는 더 가난해지는 게 재개발 사업이다. 이는 한 마을에서 정 붙이고 살던 주민들이 분열과 갈등의 상황에 빠져들 수밖에 없음을 뜻한다. 그런데도 재개발 지역의 교회들은 교회 부지를 얻기 위한 협상에 골몰할 뿐, 어려움에 처한 가난한 교인들을 돌보지 않고 있다. 돈의 유혹에 맥없이 허물어져가는 이웃들의 관계가 교회 안에서도 고스란히 반복되고 있는 것이다.

교회의 나아갈 길

이제라도 교회는 누구를 위해 이 땅에 존재해야 하는지를 다시 자각해야 한다. 예수님은 가난한 사람들에게 복음을 전파하기 위해 이 땅에 왔다고 말씀하셨다.(눅 4:18) 이들은 포로 된 사람, 빚쟁이, 눈먼 사람, 억눌린 사람, 다리 저는 사람, 한센병 환자, 청각장애인, 시각장애인, 굶주린 사람, 목마른 사람, 외국인 노동자, 헐벗은 사람, 옥에 갇힌 사람, 세리, 창기와 같은 사람들이었다.(마 11, 25장) 그러나 오늘 한국 교회는 자신들의 존재 이유와 근거를 만들어 주는 '그들'을 잃어버린 채, 누구를 위해 벌이는 잔치인지도 모르고 잔칫상의 음식을 자기 마음대로 휘젓고 있다.

이제 다시 교회는 자기의 본래 모습으로 돌아가야 한다. 교회의 주인은 우리가 아니다. 타자들이 교회의 주인이다. 그 타자의 중심에 예수 그리스도가 계시다. 그렇기 때문에 "내 돈 갖고도 내 마음대로 내 교회를 짓지 못하는" 것이다.

교회를 바라보는 시각도 달라져야 한다. 타자들의 입장에서 우리 자신을 보다 객관적으로 바라볼 수 있어야 한다. 그래야만 우리 자신에 대해서 더 사실적으로 이해할 수 있을 뿐 아니라, 사회가 왜 교회를 따돌리고 있는지 알 수 있다. 그때에야 비로소 안 믿는 자들과 이웃 종교인을 이해하는 길이 열릴 것이다.

그러다 보면 자연스레 교회의 역할이 무엇인지 깨닫게 될 것이다. 우리가 믿는 하나님은 우리만의 신이 아니다. 하나님은 모든 사람에게 고루 햇빛을 비춰

주시고 비도 내려 주신다. 그와 같이 모든 사람을 사랑하신 그리스도를 따라 우리도 모든 사람을 사랑해야 한다.(마 5:43-48) 이것이 그리스도인들의 책무이고 과제다.

교회 본연의 역할을 감당하기 위해 교회의 역량을 키우자. 교회가 세상을 위한 피스메이커라는 분명한 자기 정체성을 우선 확립하고, 이웃을 섬기기 위한 종으로서의 역할이 무엇일지 구체적으로 숙고하자. 이때 교회는 이 나라와 세계를 위해 손해와 희생을 감수할 자세도 갖춰야 한다. 그렇게 될 때 비로소 교회는 자기 배를 채우려는 욕심에서 벗어나서 더 낮아지고 겸손해질 수 있을 것이다. 교회가 하는 일에 비판을 받아도 의인을 향한 부당한 핍박이라고 정당화하거나, 자기 확신에 가득 차서 다른 의견을 무시하지 않고 그 이야기에 귀 기울일 수 있을 것이다. 순식간에 생존권을 빼앗긴 채 좌절의 더미에 앉게 된 이들을 교회가 돌보게 될 것이다. 이것이 교회에 대한 희망을 포기할 수 없는 나의 간절한 바람이다.

9. 하나님께 구걸하지 말자

하나님 나라의 거지와 강도들

"헤이 브랑! 기브 미 원 달라!"(브랑은 프랑스어로 백인이라는 뜻이다) 2010년 아이티에서 지진이 발생했을 때, 구호활동을 하면서 현지인들에게 흔하게 들은 구걸하는 소리다. 그중에는 정말 배가 고파 외치는 아이들이나 여인들도 있었지만, 대개 자신보다 부유한 외국인에게 무조건 뭔가를 달라고 졸라대는 어린이 혹은 청소년이 대부분이었다. 그들은 집요하게 돈을 달라고 했지만, 나는 그들 대부분이 누구인지 그들에게 정말 필요한 게 무엇인지 알 수 없었다. 그러니 그들이 열심히 구하면 구할수록 그 집념에 분노가 일곤 했다.

그러다 어느 순간 나는 그 구걸 소리가 우리의 기도 행태와 매우 비슷하다는 생각을 했다. 우리도 필요한 게 무엇인지 깊이 숙고하지 않고 성급하게 떼를 쓰며 하나님께 매달리지는 않는가. 성경은 우리에게 있어야 할 것을 하나님이 미리 아신다고 일러준다.(마 6:8) 그렇다면 우리가 원하는 목록을 귀 따갑게 나열하기보다, 왜 그것이 필요한지 하나님의 동의와 공감을 얻는 게 더 중요하지 않을까? 그런데도 우리의 필요와 상관없이 그저 욕심을 채우기 위해 하나님을 괴롭히는 것을 기도라고 착각할 때가 있다.

하나님께 구한다고 모두 받을 수 있는 것도 아니고, 하나님의 이름으로 구해서 얻었다고 해서 모두 하나님께로부터 온 것도 아니다. 하나님은 무엇이든지 원하는 대로 구하라고 하셨지만, 우리의 욕망을 충족시키기 위해 구하는 것은 주시지 않는다. 그럼에도 악한 거짓 목자들이 거짓과 불법으로 구한 자금을, 하나님 나라에서 인출한 거룩한 자금인 양 선전해서 우둔한 신자들을 혼란에 **빠트린다**. 16세기 유럽의 그리스도인들이 그러했다. 그들은 중남미의 보물과 땅을 불법으로 차지하고서는 그 모든 것을 하나님이 주셨다며 하나님께 영광을 돌렸다. 이 악한 믿음은 유럽 사회를 집단 최면에 빠트렸다. 결국 유럽인들은 아시아, 아프리카 그리고 남아메리카의 선량한 민중의 피를 빨아 십자가로 가득 찬 그리스도의 제국을 세웠다.

욕망을 채우기 위해 가난하고 힘없는 이들의 재산을 강탈하는 행위는 하나님 나라를 강탈하는 것과 같다. 기도하면서 도둑질을 서슴지 않고, 강탈해서 얻은 재물을 하나님이 주신 선물이라고 강변했던 이들을 역사가 고스란히 보여 주고 있음에도, 우리는 같은 잘못을 반복하고 있다. 멀쩡한 교회를 부수고 수백억 원을 들여 건축을 하고, 기도하고 건축 자금을 모으면, 그 돈이 모두 하나님으로부터 왔다고 말하는 목사나 그 말을 믿는 그리스도인이 교회에 가득하니 말이다.

구걸하지 말고 기도하자

하나님께 뭔가 구하기 전에 하나님이 어떤 분인지 알아야 한다. 하나님은 광대한 세상을 창조하신 분이면서 지금도 자연을 다스리고 역사를 주관하고 계시는 분이다. 그분이야말로 이 땅에 하나님 나라가 임하려면 무엇이 필요한지 가장 잘 알고 계신다. 하나님은 사적 욕망에 대해서는 바위처럼 인색하시고, 하나님 나라에 필요한 것에는 바다처럼 넓고 후한 분이시다.

하나님의 도움이나 능력과는 다른 '적극적인 사고'의 능력이나 '긍정의 힘'으로 '잘되는 나'가 되려는 세속적인 욕심은 기도가 될 수가 없다. 큰 집, 고급 승용차, 더 높은 자리, 좋은 대학을 위한 기도는 구걸이다. 그런 기도는 수치다. 하나님께 염치를 차리자.

그렇다면 무엇이 진정한 기도이겠는가. 우리의 삶이 바로 우리의 기도가 되어야 한다. 하나님께 용서를 구하기 전에 우리에게 잘못한 사람을 용서하자. 일용할 양식을 구하기 전에 영양실조로 허덕이는 아이들에게 양식을 나누자. 옆에 있는 이들의 필요를 채워 주면 하나님도 우리의 필요를 채워 주신다. 억울하게 갇혀 있는 사람들의 호소를 들어주고 그들의 자유를 찾아 주는 일에 우리 삶을 드리자. 불의와 부정으로 고통과 상처를 입은 가난하고 힘없는 사람들을 위해 정의를 세우고 평화를 만들자. 이것이 기도다. 그리고 이 모든 일에 필요한 것을 하나님께 구하자.

수년 전부터 내가 하나님께 구하고 있는 것이 있다. 헬리콥터와 배다. 사람들은 무슨 뚱딴지같은 소리냐고 하지만, 헬리콥터를 타고 별장에나 가려는 게 아니다. 지진이나 쓰나미가 난 재난 지역에서는 분초를 다투는 응급환자들이 발생한다. 그들의 생명을 구하고 팔다리를 절단하지 않기 위해 헬리콥터가 필요하다. 남태평양을 관광하기 위해 배가 필요한 게 아니다. 이스라엘과 팔레스타인, 인도와 파키스탄, 남한과 북한의 청년들을 한 배에 태우고 거친 파도와 싸우며 원수 관계를 넘어서서 하나 된 미래를 함께 개척해 가는 친구가 될 수 있도록 훈련하기 위해서 배가 필요하다.

우리 모두 거지가 되지 말고 자녀가 되자. 거지는 사적 욕망을 위해 구걸을 일삼지만, 자녀는 하나님 나라의 가업을 이을 책임을 질 각오로, 생명을 구하고 정의를 세우며 평화를 만드는 일을 위해 하나님의 은행 문을 두드린다.

10. 한국 교회를 맴도는 그릇된 환상들

한때 나는 민족 복음화를 꿈꾸는 젊은이로서 성경이 가정의 준칙, 대한민국의 헌법이 되기를 희망했다. 그 시절 나는 우리나라 대통령이 미국 대통령처럼 성경에 손을 얹고 취임 선서를 하는 나라가 되기를 바라며 젊음을 불살랐다. 모든 국민이 예수를 믿는 나라, 술집도, 창녀도, 러브호텔도 없는 나라, 그리고 절도 없고 우상도 없는 나라…. 상상만 해도 가슴 벅찬 꿈 아닌가! 지금도 우리나라 곳곳에서 진행되고 있는 성시화 운동은 민족 복음화를 향한 발걸음일 것이다.

민족 복음화의 꿈

성시화 운동은 한국대학생선교회(CCC)를 설립한 고 김준곤 목사가 '2000년이 오기 전 민족을 복음화하자'는 정신으로 1972년 춘천 성시화운동 전도대회를 개최하면서 시작됐다. 지금도 이 운동은 교계 지도자를 망라하는 인사들이 참여해 여러 도시로 확산되고 있다. 하지만 안타깝게도 어느 한 도시도 성시화가 이루어진 곳은 없다. 그리고 지금 나는 이 운동이 이루어질 수 없는 망상이자 잘못된 운동이라고 생각한다.

물론 술과 몸을 팔아 가정을 파탄내고 자기 몸까지 병들게 하는 사회를 고치는 일을 반대할 사람은 아무도 없다. 그러나 흔히 그러하듯 사회에서 손가락질을 받는 사람들이 사회악인 듯 매도해서는 안 된다. 1980년 5·18 광주민주화운동이 일어났을 때, 공수부대의 무자비한 진압에 놀라 도망치던 학생들이 금남로에서 가까운 광주 중앙교회로 피하려던 순간, 교인들은 그들을 가로막고 문을 걸어 잠갔고 학생들은 그 자리에서 군인들에게 붙잡혀 끌려갔다. 그러나 여기서 다시 도망친 학생들이 황금동의 술집과 창녀촌으로 몸을 피했을 때, 몸을 파는 여인들은 그들을 숨겨 주었다.

성시화는 그리스도인이 다른 사람들보다 더 윤리적일 거라는 잘못된 편견에서 시작된 운동일 뿐, 이런 착한 여인들이 가족의 품으로 돌아가도록 돕는 일은 성시화 운동이 아니더라도 비그리스도인, 타 종교인과 함께 할 수 있다. 오히려 그들이 우리보다 더 열심을 낼 수도 있다.

보다 근본적으로 나는 하나님이 창기보다 부패한 성직자를 더 혐오한다고 생각한다. 역사를 보면 알 수 있다. 우리가 암흑기라고 일컫는 유럽의 중세 시대에 모든 것을 지배했던 기독교는 가장 타락했고, 무고한 여인들을 마녀로 몰아 죽이기를 일삼았다. 멀리 가지 않더라도 기독교 국가를 자처하는 미국의 폭력성은 언제나 전쟁의 암운을 느끼게 하지 않는가.

교회는 민족 복음화보다 교회의 자정(自淨)이 더 시급한 시대적 요구임을 알아야 한다. 비성경적인 우리의 삶을 교정하는 것이 전도의 초석을 쌓는 길임을 알아야 한다. 이를 망각하고 '기독교 국가'를 건설해 모든 사람이 교회에 출석하게 된다면, 우리는 또 다시 중세처럼 저질적이고 세속적인 교회를 경험하게 될 것이다.

평양에서 예루살렘으로

오늘 청년들을 열광시키는 또 하나의 망상은 소위 '평양에서 예루살렘으로'라는 슬로건을 앞세우는 복음 전파의 흐름에 대한 환상이다. 복음이 유럽과 미국을 거쳐 한국으로 넘어왔다는 설은 하루아침에 생기지 않았다. 소위 세계적인 석학이라고 하는 선교학자들도 그런 이야기를 하니, 사람들은 의심의 여지없이 그것이 교회사의 흐름이라고 여기는 듯하다. 이 복음이 미전도 종족이 많이 몰려 있는 10/40창(북위 10-40도 사이에 있는 지역)을 돌아 이슬람 세계를 격파하고, 마지막으로 예루살렘으로 진격하여 예루살렘의 모든 이방 신전을 무너뜨리게 되는 날, 예수께서 재림하실 것이라는 환상이 젊은이들을 열광케 하고 있다. 이런 환상은 여러 버전으로 재구성되어 폭력과 전쟁까지도 가미시키는 아마겟돈 전쟁판, 새로운 십자군 전쟁을 정당화하는 미국의 강경한 복음주의판도 생겨났다. 미국 교회의 이런 분위기 속에서 네오콘(Neo-con)들이 성장하고 부시와 같은 군사적인 그리스도인(Military Christian)까지 등장했다.

예루살렘을 복음화하자는 뜨거운 환상이 문제인 이유는 그 지역 종교인 이슬람을 뿌리 뽑아야 할 악으로 간주하는 배타적인 편향성 때문이다. 이런 생각을 하는 이들은 이슬람이 복음 전파의 가장 큰 장애물이기 때문에 영적 전쟁이 필요하다는 주장을 하고, '기독교=선, 이슬람=악'이라는 이원론을 청년들에게 주입시킨다. 그래서 이스라엘과 팔레스타인 사이의 갈등에 대해서도 기독교는 이스라엘을 옹호하는 입장을 견지함으로써, 나라를 잃고 고통과 설움을 겪고 있는 팔레스타인의 어려움을 외면해 버리는 잘못을 범하고 있다.

그러나 우리 자신을 먼저 돌아보자. 우리는 모두 미성숙한 구도자들이다. 우리는 우리 안에 있는 악, 이기심, 위선과 싸우는 것이 진정한 영적 전쟁임을 깨달아야 한다. 기독교만 옳다는 생각은 극히 편협한 아집이다. 기독교가 절대 진리라고 내가 믿는 것과 그것을 타인에게 무리하게 강요하는 것은 완전히 다르다. 우리의 신앙이 진리일지라도, 그 진리를 믿는 우리는 미성숙하며 평생을 바쳐도 온전한 성숙에 이르기 힘들다. 이는 2000년 교회 역사를 통해서도 확인되었다.

오히려 진실한 타자가 존재한다는 것은 하나님의 축복이다. 그러니 그들을 궤멸시킬 것이 아니라, 그들이 하나님 앞에서 더 진실하고 성숙한 친구들이 되도록 우리가 도와야 한다. 진정한 친구는 서로의 연약함과 허물을 감싸주며 때로 사랑으로 비판하고 잘못을 고쳐 줄 수 있다. 또한 그들의 아픔과 슬픔 속에 한 걸음 가깝게 다가설 수 있다. 우리가 그들을 진정으로 사랑하고 존중하고 섬김을 통해 그들의 친구가 될 때, 전도 또한 가능해진다. 드러내 전도하지 않고 그럴 수도 없었던 초대교회에서도, 복음은 전파되었던 사실을 기억하자.

청년들아! 사람들을 흥분과 열광에 빠지게 하는 빛바랜 꿈들을 이제는 버리자. 탐욕스런 비전가(Visionary)들이 선동하는 거짓 꿈을 버리고 우리의 생명을 바쳐 이웃을 살리는 평화의 꿈을 꾸자. 전쟁과 기아로 죽어 가는 어린이들을 살리는 꿈을 꾸자. 지뢰밭 한가운데 무너져 내린 학교를 재건해 아이들에게 학교를 돌려주는 꿈을 꾸자. 전장으로 나간 젊은이들을 연인의 품으로 돌려보내는 꿈을 꾸자. 전쟁터에서 잃어버린 아이들을 찾아 잠 못 이루는 어머니의 가슴에 잃어버린 아이를 다시 품게 하는 꿈을 꾸자. 이 땅의 어린이들과 어머니들에게, 그리고 연약한 모든 이들에게 큰 기쁨의 평화를 선물하자.

"평화를 이루는 사는 사람은 복이 있다. 그들이 하나님의 자녀라고 불릴 것이다."(마 5:9)

11. 정신을 차리자

성공인가 죽음인가?

사회가 점점 더 양극화 되어 가는 것 같다. 더 첨예화된 부익부 빈익빈 현상은 경쟁을 더 강렬하게 부추겨서 성공하는 사람은 살아남고 실패하는 사람은 죽음으로 막을 내리는 두 가지의 길만 보이는 듯 하다. 교회도 날로 비만해지는 대형교회와 갈수록 빈곤해지는 삐삐한 개척교회들 두 종류로 나눠지는 것 같다. 비만한 교회는 교인들은 많지만, 마치 잎사귀만 무성한 무화과 나무처럼 엄청난 재정 수입의 많은 부분을 자기 교회를 다시 짓거나 치장하고 유지 보수 관리하는데 거의 다 소진해버린다. 이러니 이웃 사람들에게 유익을 주고 세상을 변화 시킬 능력은 아예 없거나, 있다고 하더라도 그 덩치에 비해 아주 미미한 정도 밖에 없는 대형교회들이다. 이 반대 편에는 교회 교인들의 숫자가 너무 적고 헌금 액수도 지나치게 적어서 자립할 수 없는 교회들이다. 이런 영양실조를 견디다 못해 결국 망해서 교회를 팔아 넘기거나, 아니면 대형교회에 빌붙어 연명을 하는 비참한 교회들도 적지 않다. 이들 이외에 날씬하고 건강한 튼튼한 교회를 찾아보기는 매우 어렵다.

제3의 교회

우리 시대가 찾는 교회는 자기 몸 추스르기도 벅찬 비대한 교회도 아니고 그렇다고 힘없고 연약해서 남에게 의지하지 않고는 스스로는 생존할 수 없는 작은 교회도 아니다. 비록 크지는 않을지라도 강하고 활력이 넘치는 교회를 원한다. 암 조직처럼 스스로 수많은 혈관을 만들어가며 주변의 건강한 세포들의 양분을 착취해 자기 배만을 불리는 경쟁력 있는 교회가 아니다. 건강한 교회는 건강한 세포처럼 새로 생겨나서 자라나다가 적당한 때에 새로 태어나는 다른 후배 교회들에게 예수그리스도의 신앙과 정신을 유산으로 물려주고 사라진다. 교회들도 생로병사가 있는 법이다. 자연의 이치를 따라 자연스러운 성장을 하고 그 결실을 나누어주다가 나이 들어 더 이상 새로운 시대에 응답할 기운을 잃게 되면, 후배 교회들에게 못 다한 역사의 소명을 남겨주고 역사의 무대에서 영예롭게 퇴장하는 교회는 우리에게 석양의 아름다움처럼 고상한 여운을 남기며 소멸하는 것이다. 대형교회들을 창립했던 카리스마적인 지도자들이 나이 들게 되어 은퇴하면서 자기 자식을 후임자로 세워 그 막대한 종교 권력을 세습시키는 것이나, 재정난에 허덕이다가 더 이상 교회를 운영할 수가 없어 돈을 받고 교회를 파는 것이나, 다 철학과 원칙을 상실한 우리 시대 교회들의 추잡스런 군상이다.

건강한 교회로 돌아서기 위해서는 열매를 맺지 못하는 가지를 제해버리라는 주님의 말씀처럼, 세월이 흘러도 바른 신앙과 삶을 살아가지 않는 말로만 성도인 교인들을 교회에서 명퇴시켜야 한다. 물론 이것은 어려운 일이다. 누가 다른 사람의 신앙을 감히 옳다 그르다 판단할 수 있으며, 하나님의 교회를 나와라 말라 할 권한이 있겠는가? 그러나 이런 복잡한 선별 퇴출을 쉽게 시행할 수 있는 단순한 방법이 있다. 지금처럼 성경 말씀을 듣고 배우는 데 열심을 두는 교회에서 성경 말씀을 가능한한 문자 그대로 실천하도록 강조하면 주님을 믿는 척하는 신앙에 익숙해져 있는 많은 묵은 신자들은 스스로 이 "과격하고 광신적인 이단" 교회를 떠나 안락하고 편한 "정상적인" 사이비 공동체를 찾아 나서게 되어 있다. 나는 이런 껍데기 신자들을 붙잡아두기 위해 교회를 세속화하거나 천박하고 유치한 프로그램들로 이들을 달래는 그런 쇼를 그치고, 제자들의 길이요 사도적인 전통인 십자가와 부활의 신앙을 실천하는 교회를 회복하자는 것이다. 이것이 바로 성공 신화와 고지론으로 무장한 부유하고 윤택한 신자들을 끌어 모으는 대형교회도 아니고 불확실한 비전과 이해와 납득이 안가는 불충분한 설교로 신자들을 실망시키는 작고 연약한 교회도 아닌 건강하고 비전과 철학이 분명한 성경적인 제3의 교회다.

내가 바라는 이런 제3의 교회는 자기 소유를 팔아 가난한 사람들에게 나누어 주고 빈털터리가 되어 맨몸으로 주를 따르는 제자들의 공동체다. 자기의 땅도 집도 다 하늘 나라에 저당 잡힌 채 하늘 나라의 시민권을 갖고 이 땅에서는 마치 객처럼 어디에도 붙박임이 없이 주께서 부르시는 곳이라면 어디든지 달려가서 일하고 살아가는 나그네들의 공동체다. 자기를 부인하고 무슨 일이든지 하인처럼 묵묵히 수행하는 종들의 공동체다. 누구도 이런 삶과 신앙을 즐거이 따르기는 어렵다. 그러니 제3의 교회는 하나님을 쉽게 믿고 그 분의 은혜를 값싸게 얻으려는 사람들에게는 불편한 교회다. 우리에게는 쉽게 발을 들여 놓을 수 있는 교회보다 심각한 고민 후에 단호한 결단을 내려야만 신앙생활을 시작할 수 있는 문턱 높은 교회들이 필요하다. 여러 대형교회들처럼 가난한 자들에게 문턱 높은 교회가 아니라, 가난한 자들에게는 문턱이 아예 없고 부자들에게는 문턱도 높고 출입문도 좁은 교회다. 그럼에도 불구하고 누구나 자기를 부인하고 부활의 영광에 참예할 것을 기대하며, 주님의 고난과 배신당함과 죽음을 감수하고서라도 주를 따르겠다는 사람에게는 부자든 가난한 사람이든, 노인이든 소년이든, 남자든 여자든 구분과 차별 없이 동참할 수 있는 열린 교회다.

정신 나간 대한민국

왜 우리는 정신이 나갔을까? 왜 우리를 둘러싼 허위와 우상들에 둘러싸여 죽음의 춤을 추기를 그치지 않는 것일까? 왜 우리는 미국과 소련이 만든 이데올로기에 포로가 되어 피를 나눈 가족들이 남과 북으로 나뉘어 반세기가 넘도록 총뿌리를 겨누며 살아야 하나? 왜 우리는 미국 주도의 국방체제에 세뇌 당해서 핵으로 중무장한 핵 제국 중국과 러시아를 우리의 재래식 총과 대포로 막을 수 있다고 오판하고 있는 것일까? 왜 우리는 스스로 핵 무장을 하거나 아니면 스위스처럼 전쟁이 아닌 제3의 길을 가야 한다는 온전한 판단을 하지 못하는 것일까? 왜 우리는 가난한 이웃집 똥개 같이 배고픔과 두려움으로 가랑이 사이로 꼬리를 감춘 채 먹을 것을 달라고 으르렁거리는 힘없는 북한의 핵무장만을 탓할 뿐, 자기들만이 핵을 보유할 고상한 품격을 갖고 있다고 오만을 부리는 미국 너희부터 비핵화하라고 말할 수 있는 최소한의 용기도 내지 못하는 걸까? 이 비굴함이 결코 온전한 정신에서 나오는 것은 아닐 것이다.

왜 우리 국민들은 배고픈 인간이 되기보다, 배부른 돼지가 될 것을 선뜻 결단하는 것일까? 도덕도 윤리도 진실도 모두 경제를 위해서는 한낱 검불처럼 가볍게 여기더니, 우리 한국 경제는 수렁으로 빠져들고 있고 위정자들은 미국 경기 위축만 탓하면서 오늘날의 경제 위기에 대한 책임 회피에만 급급해있다. 이명박 대통령은 좌우를 함께 아우를 도량이 없어서 자기 측근들만 품에 안고 정치를 하려다 보니 국론은 사납게 분열하고 온 나라에 갈등과 불화가 그칠 날이 없어졌다. 이에 대한 폭력적인 진압과 그에 따른 희생들이 경제 불황으로 암울해진 우리 사회를 더욱 어둡고 우울하게 만든다. 우리 국민들은 스스로 개들이 되어 목에 쇠고랑을 차고 개 집에 앉아 배고픔을 참으며 기다리고 있건만, 주인이 약속한 뼈다귀 국밥은 오지 않고 있다.

나는 우리 한국사회의 퇴행 현상을 히틀러 시대의 독일 나찌즘과의 연관성 속에서 다시 조명할 수 있다고 생각한다. 무엇보다 히틀러는 국민들에게 배부르려면 자유와 인권을 유보할 것을 요구했고, 국민은 그를 따랐다. 히틀러 집단은 자신들과 견해를 달리하는 정적이나 집단들에 대해 대화와 설득보다는, 법과 공권력이라 일컫는 폭력으로 다스렸다. 이에 따른 국민들이 느끼는 공포감이 주는 정신적인 위축과 불안에 대해 무시하거나 아주 가볍게 여겼다. 그들은 이 모든 희생을 기꺼이 치렀다. 히틀러와 나찌가 주겠다고 약속한 넉넉한 살코기와 따스한 국밥을 상상하며, 자신들의 인간적인 존엄성과 권리들을 송두리째 포기하고 스스로 개와 돼지가 되었다. 그러나 이들의 기대와 희망은 빵과 음료는커녕 마지막까지 남아 있던 가정과 가족까지 모두 불구덩이 속에서 잃어버리는 비참한 종말로 끝나고 말았다. 나는 2만불 소득에도 만족할 줄 모르고 진실과 정의, 평화와 자유조차 포기할 터이니 "애굽에서 먹었던" 기름진 살코기를 더 달라고 아우성치는 한국 국민들에게, 하나님이 저주와 준엄한 책망을 내리시기를 바란다. 이것이 우리 민족이 살길이기 때문이다.

나는 부모님이 주류합동상사를 경영하며 경기 북부 지역의 술 전매권을 갖고 비교적 여유로운 수입을 보장받고 있을 때, 우리 가문의 사업이 망하기를 간절히 기도한 적이 있었다. 술이란 호경기에는 사람들이 기분이 좋아서 마시고, 불경기에는 기분이 나빠서 마시는 사시 사철 장사인데다 전매까지 하니 도저히 망할 것 같지 않은 사업이었다. 그러나 그 술로 인해 얼마나 많은 가정들이 불화에 빠지고 그 가족들이 고통을 당할 것인가를 생각하니, 우리가 안 한들 누군가는 이 술장사를 하지 않겠는가 하는 부모님의 설득을 나는 수용할 수 없었다. 이 사업 때문에 아버님과 형이 밤 늦게까지 만취되어 귀가하는 일이 잦아졌다. 게다가 이 악한 술 사업이 바빠서 주일날 교회를 나가실 수도 없다는 말씀을 듣고, 우리의 술 사업이 망하는 것이 하나님의 뜻이라고 확신하고 기도하니까 하나님이 도저히 망할 수 없어 보이던 이 술 전매사업을 기적적인 방법으로 완전히 망하게 하셨다.(할렐루야!) 우리는 한 도시에서 가장 아름답고 훌륭한 집을 잃었고, 주민들의 손가락질을 받으며 그 도시를 떠날 수밖에 없었다. 거처가 없어 소양강 호숫가에서 천막을 치고 살기도 했다. 그러나 그 결과는 무엇보다 소중했는데, 우리 가족들이 잃어버렸던 정신을 차리게 되었다는 점이다. 우리는 다시 가족을 찾았고 우리에게 소중한 것이 부가 아니라 사랑이며, 술 사업으로 뒷전에 놓였던 신앙생활을 다시 시작하게 되었다. 돈을 빼앗기고 하나님을 찾았다.

나는 우리 나라의 국가 경제가 망하기를 바란다. 경제를 살리겠다는 대통령의 장밋빛 환상이 가난과 배고픔의 잿빛 절망으로 변하기를 바란다. 더 이상 맘몬 우상에게 바치는 제사로 분주한 삶을 그치고 안식 속에서 다시금 하나님을 찾고 잃어버린 국가와 교회의 품격을 회복하기 위한 여유를 얻기 바란다.

우리는 한국인이기 이전에 지구인이다. 나는 한국 땅에서 국적이 다르다는 이유로 불이익과 차별을 당하는 다른 지구인들의 슬픔과 아픔에 대해 통감하고 있다. 나는 국익 우선 주의라는 모국의 추악한 집단 이기주의를 혐오한다. 그리고 이런 집단적인 악을 애국이라는 허울로 치장하여 시민들의 양심에 최면을 거는 국가주의의 주술에 정신을 잃지 말고, 공의와 진실의 힘으로 우리의 조국과 싸우자. 더 정의롭고 더 평화로운 우리 나라를 만들기 위해서.

정신 나간 한국 교회

전국민적인 정신 나감의 현상은 한국 그리스도인들에게도 예외가 아니다. 오히려 이 정신이 나가고 영혼이 텅 빈 육체에 더러운 일곱 귀신이 들린 형국이다. 우리 한국의 개신교는 역사적으로 볼 때 처음부터 가톨릭 교회와 한번도 대치하거나 분쟁을 치른 적도 없으면서도, 서양 교회가 물려준 칼빈파와 웨슬레파에 속해서 지금까지도 그 서양인들의 교파주의 감옥을 마치 귀족들의 궁전인양 착각하며 자랑스러워하고 있다. 거기에다 신학 논쟁을 가장한 온갖 권력투쟁과 이해

다툼 때문에, 수백 수천으로 교단이 분열되어 정말 기독교가 "하나"님을 믿는 것인지 또 교회가 하나 뿐인 그리스도의 몸이라고 주장할 수 있는지 의심스러울 지경에 이르렀다. 교회들은 이런 교회의 실효성이나 진정성, 정통성과 같은 본질적인 문제들에 대한 고민이나 천착보다는, 아직 그 정체성조차 확인되지 않은 개 교회들의 수적 부흥과 예배 장소의 치장과 같이 부차적이고 지엽적인 부분에 집착하면서, 여기에 온갖 열정을 쏟아 붓고 있다. 교회는 누구를 위한 교회인지, 무엇을 위한 예배인지, 깊이 숙고할 겨를도 없이 정신없이 예배와 의식을 치르기 바쁘다. 이런 정신 나간 신앙생활을 하니, 교회 안에서 허상과 우상들이 하나님을 대신하고 있고 한국교회는 물신주의와 세속화의 파도 위에서 표류하고 있다. 성공신화는 일반 사회에서뿐 아니라 교회 안에서도 인기다. 교회는 목회 성공을 위한 전략과 프로그램들을 경쟁적으로 수입한다. 그 프로그램이 외제면 더 환영 받는다. '목적이 이끄는 삶', '알파', 'G12'와 같은 해외 유명 프로그램을 수입하여 시행하거나, 릭 워렌의 새들백교회, 빌 하이벨스의 윌로우크릭교회, YM, CCC, 떼제 공동체, 헨리 나우엔의 라르쉬 공동체 등 해외 유명 단체들의 지점이 되거나 후광을 입는 것이 확실한 생존과 고속 성장의 담보가 되고 있다. 죽느냐 사느냐의 기로에 선 단체들에게 외국의 유명 브랜드를 선점하는 것은 필사적인 자구책일 것이다. 그러나 한국 그리스도인들의 사대주의나 해외 의존도는, 결국 우리 한국 사회 안에 해외의 모든 교파들의 지점을 차리게 하여 역사성도 당위성도 없는 무한한 교파 분열을 일으키게 했고, 오늘 날에는 선교를 한다는 명목으로 지금 중국과 아시아 아프리카 여러 나라에까지 진출해서 교파 분열에 기여하고 있다.

　미사여구로 공교롭게 꾸며낸 환상과 화려한 프로그램으로 가로막힌 허위의 장막을 거두고, 마침내는 피할 수 없이 가야만 하는 예수 그리스도의 십자가의 길로 다시금 돌이키자. 나는 칼빈을 믿는 사람이 아니라, 예수를 믿는 사람이다. 나는 모든 교단주의와 교파주의를 거부한다. 그래서 목사가 될 수가 없었다. 베드로파나 아볼로파 바울파처럼 칼빈파나 웨슬레파에 속하면 장로교나 감리교의 목사가 될 수도 있었겠지만, 그 어느 분파에도 속하지 않고 오로지 예수의 가르침만을 따르는 예수파가 되겠다고 하면 기독교계 안에서 목사가 될 수 없는 아이러니한 현실 때문이다. 나는 목사가 되지 못하는 것으로 인한 불이익 보다, 내 신앙과 양심의 자유가 더 중요했고, 지금도 이러한 나의 선택이 깨어있는 정신으로 내린 옳은 판단이었다고 믿고 있다.

정신 나간 인생

요즈음 불경기 때문에 예전보다 실직자들이 훨씬 많아졌다. 이럴 때에 반듯한 직장에 나가거나 안정된 자영업을 하는 것은 인생보장 보험에 든 것처럼 든든해 보인다. 그러나 돈 버는 재미에 정신이 팔려 더 큰 아파트 장만하고 노후 대책을 염려하고 준비하는 동안, 우리의 인생은 속절없이 소멸되어 젊음이 다 가버린다. 우리가 왜 사는지 무엇 때문에 돈을 벌어야 하는지에 대해 생각할 겨를도 없이 바쁘게 살다가 문득 이미 머리는 희끗희끗 해지고 무릎 관절이 시려지는 초로의 시절로 접어든다. 그리고 한 평생 젊음을 팔아 돈을 벌고 영혼을 팔아 쾌락을 사 온 덧없는 세월에 회한을 느끼기 마련이다. 정신을 차리지 않으면 결코 우리의 젊은 시절에 먼저 하나님의 나라와 그 공의를 위해 살아갈 수 없다. 한 번 밖에 없는 우리의 생애를 장렬하게 살아내고 우리가 정말 살아가고 싶은 인생을 살기 위해서는 돈의 유혹에 뇌쇄(惱殺) 당하거나 돈의 위협에 굴복 당하지 않도록 깨어 있어야 한다. 이렇게 깨어있기 위해 내가 권하고 싶은 삶은 무소유다. 무소유의 공동체가 내가 발견한 최선이다. 빈손으로 새처럼 자유롭게 하나님 나라 건설에 전념하기 위해 돈 맛을 잃어버리자. 그 강렬한 맛에서 벗어나지 않고서는 우정과 사랑처럼 은은하고 고상한 맛을 느낄 수 없다. 자본이 중심이 되고 신이 되어 버린 자본주의 사회의 한 복판에서 돈의 혜택에 인이 박이고 돈의 위력에 벌벌 떠는 자본의 노예가 된 삶에서 탈출하여 자유인이 되자. 이미 돈으로 환산되어 획일적으로 순위가 매겨져 있는 모든 살아있는 것들의 본래 모습을 바라보자. 땅도 나무도 동물도 사람도 심지어는 우정과 사랑과 결혼조차도 가격이 매겨져 있는 돈에 정신 팔린 시대에 생명과 자유의 소중함과 공의와 평화에 대한 간절함을 깨닫고 느낄 수 있도록 정신을 차리자.

자신으로 돌아오는 회심

이제 우리 자신으로 돌아오자. 성공을 위해 유명세에 무임 승차하지도 말고 너무 빨리 앞서가려고 남의 수고를 도둑질하지도 말자. 타인의 찬사와 존경을 받기 위해 거짓된 성과를 꾸미지도 말자. 이 모든 몰상식이 우리 사회의 관행이 되어 우리도 모르는 사이에 이런 시류에 편승하기가 쉽다. 다시금 우리 존재의 근원 우리 신앙의 뿌리로 돌아오자. 하나님의 형상 이외의 모든 치장과 가식들을 벗어버리고 벌거벗은 어린아이처럼 순수하고 겸손해지자. 성공하는 타자를 흉내 내며 열등의식 속에서 살아가지도 말고 실패와 좌절의 늪으로 빠져드는 오만과 편견, 어리석고 게으른 삶을 살아가지도 말자. 우리 자신의 희망과 꿈, 자기 자신의 신앙과 양심, 자기 자신의 확신과 철학을 찾아내고 그것을 용기 있게 실천하자. 불이익을 당할 것이다. 경쟁에서 밀려날 것이다. 가족들과 사랑하는 사람들이 당신을 비난할 것이다. 그것보다 더 가슴 아픈 것은 당신이 사랑하는 사람들의 희망과 기대를 저버릴 수밖에 없는 자기 자신의 신념 때문에 괴로울 것이다. 감옥을 갈 수도 있다. 어쩌면 당신의 사랑 때문에 신체의 일부를 잃을 지도 모른다. 그리고 마침내는 눈물로 적셔진 어머니의 가슴에 묻힐 수도 있다. 그러나 우리는 이 모든 슬픔과 괴로움을 넘어서는 새 하늘과 새 땅을 믿는다. 그리고 우리는 영광스러운 부활과 영생을 믿는다. 다시 정신을 차리고 생각해보자. 적어도 우리는 이것을 믿고 있지 않았었던가?

12. 한국 교회는 어떻게 괴물을 낳았는가?

예전부터 한국교회는 괴물들을 낳아 길렀다. 그 괴물들은 교회 울타리 안에서 패악질을 하다가 사라졌다. 그러나 이번 괴물은 교회 안팎을 넘나들며 온 나라를 망가뜨리고 있다. 한국교회의 괴물들은 어떻게 잉태되고 자라난 것일까.

아집과 독선에 빠져 있던 일부 보수교회는 오래전부터 신랑이신 예수 그리스도를 저버리고 세속 권력자들과의 밀애에 빠져 있었다. 그 둘 사이에서 출생한 이 괴물의 기원은 꽤 오랜 역사를 거슬러 올라간다.

해방 이후, 북한 공산 정권 아래서 박해받은 평안도 그리스도인의 자녀들이 월남하여 구성한 서북청년단이 바로 이 전광훈이라는 괴물의 전설적 전형(prototype)이라고 생각한다. 그들은 해방 직후 제주도에 내려와 빨갱이를 색출한다며 여러 악행을 저질렀다. 그들의 배후에는 기독교인 대통령 이승만이 있었고, 한경직 같은 평안도 출신의 보수적인 교회 지도자들이 이들을 도왔다. 이들은 '원수를 사랑하고, 박해하는 자들을 위해 기도하라'는 예수님 말씀(마 5:44)을 '증오와 복수의 복음'으로 바꾸었다.

독재자 이승만이 몰락한 이후 그 자리를 메운 이는 5·16 쿠데타로 정권을 강탈한 군인 박정희였다. 세속 권력에 야합해 특권을 누린 보수 교회 지도자들은, 독재자 박정희를 하나님께서 도와주시길 비는 국가조찬기도회를 열기 시작했다. 한국대학생선교회(CCC) 같은 보수 선교 단체들은 여기에 앞장섰다. 이 단체들은 사회참여를 반대하고, 민주화 운동에 동참하지 않았다. '순수한 복음'을 위해 유신 독재 정권의 전횡을 방관했고, 불의한 독재 정권에 소극적으로 협조했다. 여기서 한 걸음 더 나아가 독재 권력을 지원한 기독교 단체들도 있었다.

전광훈이라는 유사종교적(Pseudo-Religious) 정치인의 태동은 서북청년단에서 시작한 기형적 집단들에 닿아 있는 것으로 보인다. 반공주의와 권력 지향 보수 기독교 지도자들이 주도하는 한국기독교총연합회(한기총)도 이런 괴물들이 성장할 어두운 생태계를 만드는 일을 도왔다.

그 가운데 전광훈의 앞길을 열어 준 탁월한 지도자는 금란교회 김홍도 목사였다. 그는 금전적 부정과 부도덕한 추문에 따른 법적 징벌을 종교적 박해라 항변하면서, 자신을 향한 공적 비판자들을 빨갱이로 몰아세웠다. 한기총은 이런 유의 보수 교회 지도자들이 형성한 집단이었다. 외견상 여러 교단으로 구성돼 있었지만, 그 교단들은 들러리였을 뿐이다. 실상은 전광훈과 같이 사회를 어지럽히는 이들의 거처였다.

이 같은 상황에서 한국교회가 교회의 참모습을 회복하려면 어떻게 해야 할까. 교회가 다시 상식이 통하는 공간으로 돌아와야 한다. 기독교는 다시 자기 부인과 희생의 종교로 내려와야 한다. 기득권을 지키기 위해 정치 세력화를 꾀하는 교단 연합회들은 문을 닫아야 한다. 이익집단으로 전락한 각종 연합회는 언제든지 전광훈 유의 변종들을 길러 내는 위험한 환경을 만들 수밖에 없다.

기독교가 순수성을 회복하려면 국가와 사회가 교회를 감시하고 비판해야 한다. 교회에 특권을 주는 것은 탄압하는 것보다 더 해롭고 위험하다. 종교 집단은 언제나 위협보다 유혹에 약하다. 역사를 보면, 국가와 교회의 관계가 더 돈독해질수록 교회는 더 타락하고 부패했다. 종교가 교인의 숫자로 정치 세력화할 소지가 적지 않다. 정치인들이 표를 구하면서 그 대가로 온갖 청탁과 이권을 뒷거래

하는 것은 너무도 당연한 일이다.

대형 교회들은 한기총과 같은 이익 대변 조직을 통해 정치 권력과 결탁하고, 그 사이에서 선동가들이 탄생하는 것을 본다. 이들이 교회를 세력화해서 국가를 혼란에 빠뜨리곤 했다. 이것이 우리가 전광훈을 통해 보는 현재 한국교회 모습이다.

이제 두 가지 과제가 남아 있다.

첫 번째는, 일단 괴물을 잡아들여 난동을 부리지 못하도록 결박해야 한다. 아직도 전광훈 이단 판정을 우물쭈물하는 교단들은 하루 속히 그를 정죄하고 치리해야 한다. 어떻게 교회가 하나님을 향해 까불지 말라고 하는 등의 경거망동을 비롯해 그의 온갖 선을 넘은 저질적인 발언들을 용납할 수 있나. 교회가 이런 자를 치리하지 못한다면, 교회 스스로 자정 능력을 상실했다고 말하는 것이나 다름없다. 그렇게 할 수 없다면 결국 교회는, 사회에서 지탄받고 외면당할 것이다.

두 번째는 더 어려운 작업이다. 괴물들을 낳고 기르는 한국교회의 불결한 생태계를 바꿔야 한다. 먼저 성직자들을 향한 모든 사회적 특혜와 특권을 폐지해야 한다고 본다.

우선 목사들이 국민과 다른 기준으로 세금을 내는 것은 공정하지 않다. 그리고 교회가 일정 규모 이상의 부동산을 소유할 경우, 토지세를 확실히 부과하기 바란다. 지나치게 넓고 비싼 토지를 소유한 교회들에게 적지 않은 토지세를 내게 해 공적 토지를 하나의 종교 집단이 사유화하는 일을 막아야 한다. 그것이 교회의 균형 발전을 위해, 또 사회의 공공적 이익을 위해 필요한 일이다.

난립해 있는 숱한 무허가 신학교들도 정비해야 한다. 공적 신뢰와 자격을 갖춘 학교만 신학교로 허가해야 한다. 물론 무허가 신학교에도 소명을 깨달아 어려운 여건 가운데서도 순수한 열정으로 신학을 공부하는 학생들이 있다. 그러나 그

곳에서 끊임없이 배출되는 사이비 목사들이 부정과 불법으로 교계를 어지럽히는 경우가 적지 않다는 사실을 잊지 말아야 한다.

마지막으로, 정치인들은 더 이상 정치적 득실을 계산하면서 한기총 같은 교계의 이익 단체들을 상대하여 기독교 정치 브로커들을 만드는 데 기여해 왔던 과거의 실수를 반복해서는 안 된다. 정부는 종교계의 각종 이익 단체를 규제해야 한다. 한국기독교교회협의회 등, 국내외 교회와 기독교인들에게 신뢰를 받는 역사적이고 상식적인 교회 협의체를 통로로 삼아 전국 교회와 소통하는 게 옳다고 생각한다.

작금의 어지러운 세태를 탄식만 할 수 없어 교회를 새롭게 갱신하고자 뜻있는 기독교 지도자들이 나서는 모습에 응원의 뜻을 전한다. 제발 교회가 우리 사회의 민폐와 진상 집단으로 비난받고 있음을 부끄러워하자. 돌이켜 교회와 그리스도인들이 다시금 세상의 빛과 소금으로 거듭날 수 있도록 깊이 반성하자. 교회가 진정한 교회로 세워질 때에야 비로소 괴물들은 사라질 것이다.

뉴조의 편집진께

안녕하세요. 전광훈 사태를 지켜보면서 너무 화도 나고 부끄럽기도 하고 무력하기도 했습니다. 8월 15일날에 국가 전체를 위협하는 코로나 19 전염을 확산시키는 대형 집회를 강행하는 것을 보고 감옥 안에서라도 무언가 하지 않을 수 없다고 생각되어 기고문을 쓰게 되었습니다. 한 인간을 게다가 교회의 목사를 괴물이라고 지칭해도 되는지 제게 묻고 또 물었습니다. 달리는 이 자의 만행과 패악질을 규정할 더 적당한 단어를 찾지 못했습니다. 어쩌면 거칠고 험한 죄수들과 함께 살며 부대끼다 보니 제 성정이 거칠어진 탓도 있는지 모르겠습니다. 제 글이 뉴스 앤 조이의 신문 윤리규정이나 도덕적 기준에서 벗어나는 것이라면 신문에 싣지 않으셔도 됩니다. 단지 그런 결정만은 알려주십시오. 좁은 감옥에서 10명이 함께 부대끼며 지내다 보니 조용히 독서하고 묵상하고 글쓰기가 어려운 여건이지만 다들 잠든 새벽과 심야에 편지를 씁니다. 구속된 상태에서도 세상과 소통하는 통로를 열어 주셔서 감사합니다. 평화를 빕니다.

2020년 11. 1. 주일
제주교도소에서 송강호 올림

제3부 • 군대 귀신 들린 나라

1. 예수님이 들어올 수 없는 나라

어렸을 때 친구들과 했던 '오징어'라는 놀이가 있다. 땅에 오징어 모양을 그려 놓고 팀을 나눠 한 편이 다른 편의 방해를 피해 오징어의 몸통을 지나 머리로 가면 이기는 게임인데, 머리로 가기 위해서는 좁은 목을 통과해야 하고, 그곳에서 상대편의 방해가 가장 심하다. 운이 좋으면 오징어 머리까지 갈 수 있지만, 목을 건너다 붙잡히면 지고 만다.

중국에서는 십수 년 전부터 탈북자들의 생명을 건 오징어 놀이가 벌어지고 있다. 종종 텔레비전이나 신문에서 외국 대사관으로 들어가기 위해 안간힘을 다하는 탈북자들과 이들을 막무가내로 끌어내는 경비원들의 모습을 보는데, 그 모습이 바로 오징어 놀이처럼 보이는 것이다. 이 힘없고 가련한 망명자들이 결국은 끌려 나갈 때 소 닭 보듯 구경하는 대사관 직원들의 냉담한 모습이 흐릿하게 배경을 채운다.

그들 중 운 좋게 대사관 진입에 성공한 남편은 잘 사는 나라로 가서 살게 되지만, 실패한 부인과 자녀들은 북한으로 끌려가 처형을 당할 수도 있다. 누가 '러시안 룰렛'보다 더 위험한 이런 게임을 만들었는가. 북한? 중국? 아니다. 사람들의 자유로운 이동과 이민의 자유를 인정하지 않는 나라 모두가 함께 만들었다. 탈북자들에게 난민 지위를 부여해 달라고 중국 정부에 요구하고 있는 우리나라 또한 이 게임에 동참하고 있다. 우리나라도 타국에서 생명을 걸고 온 난민들에게 난민 지위를 부여하는 것을 극도로 제한하고 있기 때문이다.

만약 한 국가 안에서 이동의 자유를 속박하면 이는 엄청난 저항을 불러올 것이다. 하지만 이런 부당한 차별이 국가와 국가 사이에서는 당연시되어 특권을 누리는 자나 불이익을 당하는 자 모두 여기에 길들여져 있다. 즉, 미국이나 유럽의 잘 사는 나라 국민은 본인이 원하면 간소한 행정 절차를 밟고 세계 어느 곳으로든 이동할 수 있지만 아시아나 아프리카의 못 사는 나라 국민이 소위 선진국 비자를 받으려고 하면, 잠재적 범죄자 혹은 불법 노동자라는 혐의를 받는다. 우리나라도 불평등한 특권을 누리고 있다. 아시아나 아프리카의 가난한 나라 국민은 우리나라에 자유롭게 들어올 수 없을 뿐 아니라 감시의 대상이 되지만, 우리는 자유롭게 이동할 수 있지 않은가.

문제는 이런 부당한 특권에 대해 대부분의 그리스도인이 아무런 문제의식을 갖지 못한다는 사실이다. 가난한 이들이 우리나라에 자유롭게 들어올 수 없다면, 누구보다 연약한 모습으로 우리를 찾아오시는 주님 또한 비자를 받기 위해 늘어선 줄 어딘가에서 범죄자를 대하는 눈총을 받아가며 초라하게 서 계실 수밖에 없다. 이 땅에 발을 딛지 못한 채 결국엔 돌아서야 하실지도 모른다. 자유롭게 여행할 자유가 없는 곳, 이민의 자유가 없는 곳에 임마누엘의 주님은 함께하실 수 없다. 난민이 살 수 없는 곳이라면 그곳 또한 주님이 거하실 수 없다. 주님이 태어나 얼마 되지 않았을 때 헤롯을 피해 이집트로 피신해 난민으로 지낸 적이 있다는 사실(마 2:13-15)을 우리는 기억해야 한다.

이제라도 나는 우리나라가 모든 나라에 이렇게 선포하기를 바란다.

"이 세상 어떤 사람도 남에게 해를 미칠 만한 범죄를 저질렀거나 전염병을 앓고 있지 않은 이상 누구나 우리나라에 자유롭게 와서 살 수 있다. 그리고 우리 국민도 너희 나라에 자유롭게 가서 살 권리가 있다."

이익을 누리는 자들은 변화를 혼란으로 인식하고, 지배하고 억압하는 자들은 자유를 무질서로 인식하기에 그들은 이런 선포를 불편해하겠지만 이 혼란은 자유로운 미래를 열어나가기 위해 불가피하게 치러야 할 대가다.

그리스도인들이 복음 전파 못지않게 복음에 합당한 삶을 살기 위해 이 일에 앞장서야 한다. "너희는 너희에게 몸 붙여 사는 나그네를 억압해서는 안 된다. 너희도 이집트 땅에서 나그네로 몸 붙여 살았으니, 나그네의 서러움을 잘 알 것이다"(출 23:9). 성경 말씀이 우리를 인도하여 주시기를 기도한다.

2. 자기 부인을 넘어 국가 부인으로

그리스도인들이 자기 자신을 부인해야 한다는 사실에 대해서는 의문의 여지가 없을 것이다. 그러나 이러한 자기 부인이 개인을 넘어서서 자기가 속한 집단이나 국가로 그 범위가 확대되면 혼란을 빚게 된다. 라인홀드 니버는 "도덕적 인간과 비도덕적 사회" 라는 책에서 개인의 도덕성을 집단에 까지 기대하는 것이 비현실적인 것임을 지적하고 있다. 그의 지적처럼 성경에 나타난 예수 그리스도의 가르침이 개인에게는 유효하지만 사회나 국가와 같은 집단에서는 무의미한 종이 쪽지가 되어 버리고 있다.

죠지 부시 대통령은 그 유명한 부흥사 빌리 그레함을 통해 예수를 믿게 되었고 역대 어느 대통령보다도 더 열심히 성경을 공부하고 기도에 열심이라고 하지만 미국의 이익을 위해서 수많은 사람이 무죄한 피를 흘릴 수밖에 없었던 이라크 전쟁도 불사했다. 예수는 산상수훈에서 눈에는 눈 이에는 이로 갚으라는 모세의 가르침을 폐하시고 원수를 갚지 말고 도리어 원수를 사랑하라고 가르쳤지만 부시는 가난한 아프가니스탄과 이라크를 연이어 파괴시켰다. 이들 전쟁에 소요된 비용은 그 나라의 굶주린 백성들이 먹을 충분한 양식과 몸담아 살아갈 주택들을 충분히 제공할 수 있을 만치 어마어마한 금액이었다.

한국의 그리스도인 정치인들도 마찬가지다. 나는 한번도 우리나라의 크리스천 정치가가 자신의 신앙과 양심에 입각해서 우리의 국익에 정면으로 맞서는 감동적인 모습을 본 적이 없다. 국회의원의 50% 이상이 그리스도인이라고 하지만 그들은 국익을 위해서 선량한 월남 사람들의 무죄한 피를 흘렸던 베트남 전쟁에 우리 군인들을 파병했다. 우리는 그 피의 대가로 경제를 일으켰고 경부고속도로를 개통했다. 이제 또 미국의 압력에 떠밀려 이라크에 군인들을 파견한다. 비록 공병대와 의무대라고는 하지만 굳이 군복을 입은 군인이 이라크를 도울 이유는 없다. 우리에게는 재건을 위한 민간 기업이나 치료를 위한 의료 NGO들이 많이 있다. 군인이 아닌 민간인들이 그 일을 해야 한다. 이제 더 이상 국익을 위한 전쟁이나 전쟁 들러리를 그쳐야 한다.

나는 성경이 우리 그리스도인들에게 삶의 유일무이한 표준이라고 믿고 있다. 그 말씀을 지키기 위해서 우리 개인의 목숨도 아깝게 여기지 않듯이 우리 나라가 망하는 한이 있더라도 하나님의 말씀은 반드시 지켜야만 할 가치가 있다고 믿는다. 우리의 어른들은 나라를 잃은 설움과 내전의 뼈아픈 경험을 갖고 있기 때문에 국가를 지키고 안보를 유지하는 것보다 더 중요한 것은 없다고들 이야기 한다. 그러나 엄밀히 말하면 한 사람 한 사람의 생명보다 더 소중한 것은 없다. 자신의 목숨이 사라지면 그의 세계도 사라진다. 만일 우리 자신이 자신의 목숨을 바칠 만큼 중요하고 가치 있는 일이 있다면 그 일을 위해서는 가정도 국가도 부인하는 것은 당연한 것이다.

독일의 신학자 본 회퍼가 미국 유니언 신학교의 객원 교수로 있을 때 2차대전이 발발했다. 본 회퍼는 자기나라가 일으킨 침략 전쟁을 바라보며 국민의 일원으로 자기 나라의 승리를 기원해야 할 것인지 아니면 그리스도인의 일원으로 자기 나라가 패망하도록 기도해야 할 것인지 고민했고 결국 그는 독일 국민이기 보다는 그리스도인이 되는 길을 선택했다. 그리스도인은 한 나라의 국민이기 이전에 세계인이다. 국익을 앞세우는 그리스도인은 개인의 이익을 챙기는 탐욕스러운 사람과도 같다. 이 부끄러운 행태를 부끄러운 줄 모르는 것이 안타깝다.

나는 노무현 대통령 재임시절에 이라크에 군인들을 파병하면서 국익을 위해서 고심 끝에 내린 결정이라는 말을 들으며 깊이 실망했었다. 첫째로 나는 우리나라의 대통령이 국민 앞에서 고작 한다는 말이 우리 민족의 이익을 위해서 수많은 양심적인 시민들의 반대에도 불구하고 젊은이들을 위험한 전장으로 보낸다는 말에 한숨이 나오고 그의 말이 미덥지 않고 거짓된 말처럼 들리기 때문이었다. 왜냐하면 나는 한번도 나의 이익을 위해서 고심해 본적이 없다. 이익은 탐욕과 관련된 것이고 개인적으로든 집단적으로든 본능적으로 우리의 마음과 손이 뻗치는 것이다. "이익"과 "고심"은 어울리는 말의 쌍이 아니라 오히려 "욕심"이나 "탐심"과 더 잘 어울린다. 나는 노무현 대통령이 "인류의 정의와 평화를 위해서 우리 나라에 좀 손해가 되는 일이지만, 고심 끝에 결정한 것입니다."라는 이야기를 들려주기를 원했었다.

나는 내가 사랑하는 대한민국, 우리나라가 부유한 나라가 되기를 원치 않는다. 군사적으로 부강한 나라가 되기를 원하지도 않는다. 나는 우리나라가 정의롭고 평화를 사랑하는 나라가 되기를 원한다. 또 국익을 희생해서라도 민족의 자존심과 양심을 지키기를 원한다. 우리 국민은 배부른 돼지보다는 배고프더라도 인간이기를 원한다. 다른 민족의 피와 눈물을 흘리게 하여 얻은 부를 누리기 보다는 차라리 하늘을 우러러 부끄러움이 없는 가난하고 검소한 삶을 살기를 원한다. 우리에게는 국가의 부 보다 올 곧은 민족의 정신과 얼이 더 필요하다. 나는 모든 유권자들의 반대에도 불구하고 그들이 내면에 진심으로 원하는 바른 민족, 바른 나라에 대한 염원을 실현시키기 위해 민족을 깨우치는 진정한 지도자들이 세워지기를 간절히 바란다. 이런 나라를 만들기 위해서 우리 그리스도인들이 국익에 반대된다 하더라고 정의와 평화를 위한 각종 정책을 지지하고 국민들을 설득하는 데 열심을 내기를 바란다.

한국 교회는 지금까지 맹목적일 정도로 애국을 강조해왔다. 우리나라가 남의 나라의 침략과 압제를 받았던 지난 과거에 애국심과 신앙은 함께 걷는 동반자일 수 있었다. 그러나 이제 우리 대한민국은 어제와는 다른 모습과 위치에 이르러 있음을 알아야 한다. 우리는 이제 여러 나라에 공장과 기업을 세우고 현지인들을 고용하고 있다. 수십만의 외국인 노동자들이 불법노동자의 신분으로 일하고 있다. 세계 여러 나라에 군대를 파견하고 있다. 수출과 수입을 합한 교역량의 규모가 세계 10위 권에 이르고 있다. 이제는 우리나라가 다른 나라의 국민들에게 약소한 피해 국가 라기 보다는 가해국으로 비춰지고 있음을 알아야 한다. 가난하고 연약한 나라들과 그 국민들에게는 큰소리치는 거만한 나라가 되었지만, 다른 한편 미국에 대해서는 그들의 무기의 그늘에 안주하는 비굴한 똘만이가 되어있는 우리 나라의 초상을 바라보며 비애를 느낀다. 국가가 하나님 보다 우선 할 수는 없다. 나는 우리의 딸 미순이 효순이의 영정 앞에서 미국의 도도하고 오만한 태도에도 불구하고 그의 비위를 맞추며 연명하는 우리나라의 운명을 부끄럽게 생각한다. 나는 미국을 진심으로 사랑한다. 그렇기 때문에 이제 우리는 진정으로 동등한 친구가 되기를 바란다. 서로의 이익 때문에 서로를 이용하기 위해 어쩔 수 없이 떨어질 수 없는 관계가 되어버린 지금의 한미 관계는 이제 끝내야 한다. 국가의 위기 속에서 당시 미국처럼 힘센 국가였던 애굽을 의지하려고 했던 이스라엘의 위정자들에게 이사야는 이렇게 경고했다.

도움을 구하러 애굽으로 내려가는 자들은 화 있을진저 그들은 말을 의뢰하며 병거의 많음과 마병의 심히 강함을 의지하고 이스라엘의 거룩하신 자를 앙모치 아니하며 여호와를 구하지 아니하거니와 여호와께서도 지혜로우신즉 재앙을 내리실 것이라 그 말을 변치 아니하시고 일어나사 악행 하는 자의 집을 치시며 행악을 돕는 자의 집을 치시리니 애굽은 사람이요 신이 아니며 그 말들은 육체요 영이 아니라 여호와께서 그 손을 드시면 돕는 자도 넘어지며 도움을 받는 자도 엎드러져서 다 함께 멸망하리라.(이사야 31:1-3)

미국을 믿거나 의지하지 말고 또 이용하려고 들지도 말고 오직 하나님 한 분만을 믿고 의지하자. 나는 내가 사랑하는 대한민국이 망하고 우리가 또 다시 나라를 잃고 유리하는 백성이 될지라도 하나님 한 분만을 믿으며 그 분의 말씀을 따르려고 한다. 그러면 설령 나라를 잃더라도 다시 찾을 수 있을 것이다.

어떤 이들은 내가 비현실적인 성경주의를 늘어놓고 있다고 비난할 것이다. 그러나 그리스도인들은 한 때 자기 자신 뿐 아니라 국가의 이익도 부인했었다. 그들이 바로 초대교회의 그리스도인들이었다. 그들은 국익을 위해 전쟁을 하지도 않았고 국경을 세우지도 않았다. 그들은 오직 사랑의 힘으로 자신들을 탄압하고 핍박했던 로마제국을 굴복시켰다. 이러한 전통은 모든 손해를 감수하면서도 전쟁을 피하고 평화주의를 고수했던 재세례파에게서도 발견된다. 그들은 하나님을 위해서 국익과 국가를 부인한 그리스도인의 표상으로 지금도 온 세계에서 평화를 실천하고 있다. 자기를 부인하는 것은 살고자 하는 본능에 반하는 것이다. 그러나 우리는 성령의 능력에 의지해서 우리 자신을 부인할 수 있는 힘을 공급 받고 있다. 우리는 이제 사회는 비도덕적일 수밖에 없다는 체념을 사회도 하나님 안에서 도덕적이 될 수 있다는 신념으로 바꾸어야 한다. 이 땅의 신앙과 양심을 구하는 많은 사람들이 국익을 포기하고 자기 나라조차 부인할 수 있는 힘을 얻을 수 있도록 성령 안에서 새로워 질 수 있음을 믿어야만 한다. 우리가 비현실이 현실로 바뀔 것을 꿈꿀 수 있는 이유는 바로 우리가 하나님을 믿기 때문이다.

3. "눈에는 눈, 이에는 이"로는 안 된다

개척자들은 테러를 반대하며 그를 근절하자는 미국과 서방 국가들의 요청에 전적으로 동의한다. 그러나 지금 미국이 세계 무역 센터 건물 두 동을 붕괴시키고 6천 여명의 사상자를 낸 '9.11자살 테러' 이후에 그 배후로 지목되는 빈 라덴 체포 명분으로 진행하는 아프가니스탄 무력 제재에 대해서는 유감을 표하지 않을 수 없다. 왜냐하면 테러가 민간인을 볼모로 하여 자기 의지를 실현시키려고 한다는 점 때문에 사악하다고 한다면 수많은 어린이들과 무고한 민간인을 희생시켜서라도 빈 라덴 한 사람을 잡아내겠다는 미국의 태도도 테러리스트들과 차이가 없기 때문이다. 집 같지도 않은 허술한 흙 벽돌 집들을 부수기 위해서 수많은 대량 살상 무기들이 투하되고 있다. 이는 "빈대 하나 잡기 위해 초가삼간 태운다"는 옛 속담을 무색하게 한다. 일부에서 제기하는 것처럼 이 전쟁에 재래식 무기들을 폐기처분하고 군수산업을 활성화하기 위한 미국의 음모가 깔려 있다는 혐의를 벗어나기도 쉽지 않다. 지난 6일 부시 미대통령은 대 테러 국제연대에 참여한 동맹 우방국가들에 "단순한 지지가 아닌 행동을 보여달라."고 요청하면서 "테러와의 싸움에는 중립이 있을 수 없다." 어느 한 쪽을 선택하라고 강요했다. 또 한국에 대해 산악전을 대비한 한국군 전투부대의 파병을 요청하고 있는 것으로 알려지고 있다. 나는 다른 사람들의 입장이나 견해에 대해서는 귀를 막고 자기의 주장과 논리만을 강요하는 미국의 오만스런 태도에 대해 깊은 우려를 느낀다.

1. 먼저 미국의 그리스도인들이 성경으로 돌아가서 비폭력과 평화를 요구하시는 예수 그리스도의 가르침에 순종하기를 바란다.

부시 대통령 자신이 거듭난 그리스도인이라는 자기 확신을 갖고 있음에도 불구하고 성경의 기본원리를 국가 통치의 원칙으로 삼지 않는 것에 대해서는 논의하지 않겠다. 그러나 적어도 미국의 그리스도인들을 성경으로 가르치고 인도하는 목사와 신부들 그리고 교계의 지도자들은 지금 미국이 "이에는 이 눈에는 눈으로"식으로 대응해서는 안 된다고 국민을 엄중히 설득 해야 할 의무가 있다. 그러나 대통령의 연설에서나 크고 작은 공식 장소에서 "하나님 미국을 축복하소서!(God bless America!)"라는 말로 끝을 맺는 것이 조금도 어색하지 않은 소위 기독교 국가 미국에서 대다수의 국민이 아프가니스탄을 폭력으로 제재하는 것을 지지하고 있다는 사실은 교계의 지도자들이 폭력 근절과 평화를 요구하시는 예수님의 가르침을 교인들이 따르도록 적극적으로 설득하는데 실패하고 있음을 보여준다.

전쟁을 거부하는 가장 적극적인 방식은 미국의 그리스도인들이 아프가니스탄 안으로 들어가 두려움에 떨고 있는 그 나라의 시민들과 함께 운명을 같이하겠다는 의지를 표하는 것이다. 자국민의 머리 위에 폭탄을 떨어뜨릴 나라는 없기 때문이다. 이것은 비현실적인 같지만, 사실은 전쟁을 가장 효과적으로 제지하는 과격한 방법이다. 미국은 또한 무조건 아랍권의 테러만을 추궁할 것이 아니라 왜 이런 테러가 자국을 겨냥하고 있는지 반성해야 한다. 테러를 당한 나라로서의 분노는 말할 수 없겠지만 왜 이들이 자기 목숨까지 버리면서 이런 짓을 할 수밖에 없었는지를 사랑으로 이해하려고 노력해야 한다.

미국은 북한과 이라크를 포함한 몇 나라를 테러를 지원하는 깡패국가로 분류하고 국제 사회에서 고립시키고 있다. 그러나 문제 부모 없는 문제아가 없고, 범죄자에게는 반드시 그가 그렇게 자라나게 한 환경이 있듯이 국제 관계도 마찬가지다. 아랍의 테러는 미국이 주장하는 것처럼 그들이 미국의 민주주의와 자유를 미워해서가 아니라 미국이 국익을 위해 아랍의 불의한 정권을 편파적으로 도와 이슬람권의 통일을 가로막을 뿐 아니라 팔레스타인에 무력으로 군림하고 있는 이스라엘을 편파적으로 지원하기 때문이라는 이슬람권의 주장에 귀를 기울여야 한다. 미국은 아프간 전쟁을 "무제한의 정의(infinite justice)"라고 일컬으며 악에 대항하는 십자군 전쟁으로 미화시킬 것이 아니라 모든 분노와 증오를 삼키고 아랍국민들을 찾아가 "당신들 그렇게도 우리에게 서운했습니까?"라고 묻는 데서부터 시작했어야 했다. 미국은 악수를 두고 있다. 아프간 전쟁은 오히려 빈 라덴을 영웅으로 만들고 있으며 그가 체포되어 처형된다고 해도 그는 아랍인들에게 순교자로 기억될 것이다. 그것은 곧 수 많은 빈 라덴[1]을 부활시키는 것을 의미한다. 탈레반 정권은 자신의 부패로 인해서 국민적인 지지가 취약해 무너질 것으로 보인다. 그렇다고 미국이 예전처럼 자신의 구미에 맞는 인물을 내세워 괴뢰정권을 조작해내서는 안 된다. 결국 미국은 자신의 손으로 반미 정권을 세워야 함을 의미하는 데, 문제는 미국이 그렇게 아량이 많은 나라가 못 된다는데 있다. 그렇기 때문에 미국은 이 전쟁에서 아무런 실질적인 소득을 얻을 수 없다. 지난 4일 파키스탄의 일간지 '새벽(Dawn)'이 전하는 것처럼 "미국은 지금 이미 폐허가 된 아프가니스탄에서 보이지도 않는 목표물을 찾아 어둠 속을 헤매고 있다."는 기사는 단지 공격 목표물만을 의미하는 것이 아니다. 미국은 진정으로 이 전쟁을 통해 도달할 수 있는 목표가 무엇인지를 알지 못하고 있는 것이다. 미국의 적은 아프간에 있는 것이 아니라 미국 안에 있다. 그것은 빈 라덴이 아니라 미국의 이기주의이며 그것이 가져오는 오만과 풍요 그리고 국제사회에서 누리는 무소부

---

1) 오사마 빈 라덴은 2011년 5월 2일 파키스탄의 아보타바드에서 미 해군에 의해서 사살되었다.

위의 특권이다. 미국이 이것을 포기하지 않는 한 제2, 제3의 빈 라덴과 테러들이 계속될 것이다. 이 싸움은 한편으로는 미국의 그리스도인들이 벌여야 할 자기 자신 안에 있는 악에 대한 영적 전쟁이다. 또한 부시를 비롯한 미국의 정치인들은 이 문제를 더 이상 군사력으로 풀려고 하지 말고 외교와 정치로 풀어나가야 할 것이다.

2. 한국 정부는 이라크 전쟁에 참전 결정을 내려서는 안 된다.

우리는 월남전의 악몽을 다시 상기해야 한다. 따이한 용사회 지도인사들은 월남전을 통해서 한국경제는 월남 특수를 맞았고 경부고속도로도 건설하게 되었다고 주장한다. 그러나 지금 동작동 국립묘지에 안장된 월남전 참전 용사들의 전몰묘역을 가득히 메운 5천 여명의 묘비들이 외치는 소리 없는 비명과 신음 소리들을 듣기를 바란다. 그리고 멀리 이국 베트남에서 우리 군인들로 인해 죽은 우리 전몰 장병들과 비교할 수조차 없이 많은 무고한 민간인들의 피가 땅에서 하나님께 울부짖고 있다. 하나님은 무고한 피를 흘린 자에게 "이제 네가 땅에서 저주를 받을 것이다."(창4:11)라고 말씀하신다. 우리 민족이 월남전의 핏값으로 얻은 경제적인 이익은 축복이 아니라 저주였다. 우리에게는 부유한 삶보다 올바른 삶이 요구된다. 우리는 불가피한 민간인 피해를 당연시하는 미국의 불의한 파병 요구를 거부했어야 했다. 그 점에 있어서 우리는 전체를 내다보는 자주적인 외교를 해야 한다.

개척자들은 폭력을 금하신 예수님의 가르침과 초대교회의 전통을 존중하여 무고한 민간인을 희생시킬 수도 있는 전쟁의 참여를 반대한다. 우리는 인간이 스스로 인간이기를 저버리고 반 인류적인 대량학살, 유아 살해, 강간 등을 자행하는 한 전쟁참여를 거부해야 한다. 설령 정의로운 전쟁에 참여한다 하더라도 자신의 신앙과 양심에 비추어 분명한 확신과 내적 동의가 전제되어야만 한다. 2차 대전에 나찌 독일군이 "하나님이 우리와 함께 하신다.(Gott mit uns!)"라는 현수막을 들고 행진했으나 하나님은 그들을 지켜주지 않았다. 마찬가지로 "하나님 우리를 축복하소서!"라는 기도가 무고한 자의 피를 흘리는 전장으로 나가는 자의 기도라고 한다면 그는 자신의 소망과는 달리 저주를 받게 될 것이다. 이것이 현재 아프간 전쟁에 임하는 미국의 운명이며 우리가 만일 이 전쟁에 참여한다면 우리도 동일한 운명에 처할 것이다. 혹 무력의 우세로 전쟁에 승리한다고 해도 역사는 불의한 전쟁의 승자들을 아메리카 인디언들을 정복한 청교도들처럼 또 잉카와 마야 문명을 정복한 스페인 정복자들처럼 불의한 패권주의자로 낙인 찍을 것이다.

개척자들은 아프가니스탄의 어린이들과 청년들이 미국의 젊은이들과 함께 사랑과 평화를 누리게 될 그 날을 꿈꾸고 있다. 종교가 달라도 또 전쟁의 쓰라린 기억과 상처가 아직 아물지 못한 상태라고 할지라도 멀지 않은 훗날 우리는 이 두 나라의 젊은이들이 함께 그리스도의 평화를 맛볼 날을 준비하고 있다. 우리는 쏟아져 나오는 아프간 난민들의 발에 채이고 밟히면서도 난민들의 흐름을 거슬러 올라가시는 주님의 모습을 본다. "주님, 어디로 가십니까?(Quo Vadis, Domine!)" 주께서 말씀하신다. "너희들이 다 떠난 아프가니스탄에는 아직도 자기 자리를 떠나지 못하는 어린이들과 노약자들, 병자들과 장애인들이 많이 있다. 그들은 두려워 떨고 있다." 우리 중에 두 사람이 이 환상을 가슴에 품고 주님의 손과 발이 되기 위해 먼저 아프가니스탄으로 간다. 멀지 않은 미래에 하나님께서 아프가니스탄의 무너진 집들을 다시 수축하고 다치고 상처받은 사람들을 치료할 미국의 젊은이들을 보내주시기를 기도한다. 무기가 아니라 사랑이 테러와 전쟁을 막는 그리스도의 길이라는 사실을 믿는 세계의 젊은이들이 손에 손을 잡고 아프가니스탄의 3천 미터가 넘는 고지의 지평선을 넘어 오는 환상을 여러분과 함께 꿈꾸기를 원한다.

4. 돈과 칼

아직까지도 한국 교회는 진보와 보수를 구분하고 있고 대다수의 대형교회들은 소위 보수주의적인 신앙 노선을 가고 있다. 그러나 내가 보기에 이 둘 사이에 별 차이가 없는 공통된 부분이 있다. 그것은 바로 이 두 그룹이 서로 다른 입장 차이에도 불구하고, 대부분 공통적으로 자신의 신앙에 대한 진정성이 없거나 매우 부족하다는 점이다. 진정성이라 함은 바로 언행의 일치요, 가르치는 것과 살아가는 것의 일치다. 이 두 그룹 모두 자신들이 믿는다고 고백하는 신조대로 살아가지 않는다. 살생을 하지 말라고 가르치는 스님께서 고기를 드시거나 군승(軍僧)이 되어 승전을 기원하는 것처럼, 그리스도인들도 일치를 가르치지만 교회들은 분열하고 있고, 원수 사랑과 평화를 가르치지만 청년들을 전쟁터로 보내고 있다. 하나님을 위해 십자가를 지겠다고 찬송 부르지만, 가난한 형제 자매들을 위해 자기 재산을 선뜻 내 놓을만한 용기는 없다. 많은 보수적인 그리스도인들은 자신들만이 참 진리를 갖고 있다고 믿고 그렇게 주장하지만, 나는 이들의 진정성을 의심하지 않을 수가 없다.

그리스도인들 보다 나은 공산주의자들

지리산에 다녀 왔다. 이번은 단순한 등산이 아니라 해방 이후 6.25 사변을 전후해서 활동하던 빨치산들의 활동 지역을 둘러보고 싶어서였다. 가난과 압제, 불의와 불평등에 깊이 실망하고 좌절했던 수천의 젊은이들이 빈부의 격차도 없고 양반 상놈처럼 높은 사람 낮은 사람도 없는 평등한 사회주의의 이상을 실현하겠다는 결심으로 일본 제국 주의자들과 싸웠고, 해방 이후에는 또 다시 이 땅을 점령한 미군정과 이승만 정권에 대항하는 빨치산이 되어 태백산맥을 무대로 무장 투쟁을 했다. 나는 이들이 새로운 이상적인 세상을 만들기 위해 의심 없이 신봉했던 폭력의 힘을 혐오한다. 그러나 이 공산주의자들을 칭송할만한 이유는 이들이 자신들의 신념과 이상을 위해 진정으로 자신을 희생하고 헌신했다는 점이고, 바로 이것이 오늘날 하나님의 나라를 위해서 살겠다는 우리 그리스도인들과 너무나도 대조되는 부분이다.

우리 대한민국의 역사에서 공산주의자들은 그들의 신념과 가치관이 얼마나 순수하고 고상했던지 간에 모두 그늘 아래 감추어져 있다. 그들의 항일 독립을 위한 투쟁의 공헌도 공산주의자였다는 이유로 모두 백지화되어 버렸다. 수백만의 사상자를 낸 6.25의 상처는 우리 민족의 가슴 속에 그렇게도 깊은 흉터를 남겨주었다. 그러나 그런 감정주의를 넘어서지 못하기 때문에, 우리 나라는 반 세기가 넘도록 남북이 서로 원수가 되어 아직도 통일을 이루지 못하고 있다. 원수를 사랑하라는 예수 그리스도의 가르침도 공산주의자들에 대해서는 예외인 것처럼 보인다. 그러나 우리가 분명히 대면해야 할 진실이 있다. 적어도 이 땅을 살아간 수많은 공산주의자들이 오늘을 사는 그리스도인들보다 더 진실했고, 자신의 가치와 믿음을 실천하는 데 더 충실하고 철저했다는 점이다. 그들은 수년 동안을 집도 없는 산중에서 광목 쪼가리 천막을 치거나, 때로는 아무런 지붕도 걸치지 않고 별을 보며 노숙을 했어야 했고, 추운 겨울에도 불 한번 제대로 피워보지 못한 채 추위와 싸우며 눈 속에서 동상으로 손가락 발가락을 잃어가면서도, 자신의 꿈을 포기하지 않았다. 며칠씩 아무것도 먹지 못한 채 첩첩 산중을 뛰어 다녀야 했고, 그나마 요리를 할 수 없어 벼알을 손 안에서 빻아서 겨를 불어내고 생 쌀을 씹어 먹어야 하는 경우도 종종 있었다. 반찬이라고는 소금조차도 제대로 없는 핍절했던 삶이었다. 그들이 얼마나 배가 고팠는지 겨울에 죽은 동료의 입가에 얼어 붙은 밥풀떼기까지 떼어 먹을 정도였다. 무엇보다도 그들은 그 피곤하고 배고픈 삶의 종말이 총탄에 의한 죽음이라는 사실을 매일 같이 처참하게 보고 겪으면서도, 자신의 신념을 변절하지 않았다. 그리고 그렇게도 구원의 손길을 기다렸던 북조선 인민 공화국에 의해 배신당했음에도 불구하고, 자신들이 선택했던 삶을 위해 장렬하게 산화하여 지금은 지리산 골짜기 마다 이들의 죽은 넋들이 잠들어 있다.

나는 이들이 존경스럽다. 그리고 그리스도인으로서 이렇게 치열한 삶을 살아오지 못한 것이 부끄럽다. 우리에게는 이들의 정신과 열정이 필요하다. 그러나 그리스도인들이 원래 그렇게 유약하고 무기력했던 것은 아니다. 초대교회의 그리스도인들은 자신의 신앙과 신념을 지키기 위해 무서운 고문과 학살 앞에서도 의연하고 당당했었다. 그들은 순교 당하는 것을 원하기조차 했다. 빨치산들의 투철한 삶과 죽음을 돌아보면서 나의 내면으로부터, 우리가 이 잃어버린 초대교회의 신앙과 정신을 다시금 회복해야 한다는 강한 경책과 질타를 느끼게 되었다. 우리는 하나님 보다 재물을 더 사랑하고 하나님 보다 공권력을 더 두려워하고 있다. 돈의 유혹과 국가의 폭력 앞에서 타협하고 굴복하는 비참한 그리스도인들이 되어 세상에 끌려가고 있다, 우리가 이 굴레로부터 벗어 나지 못하는 한 하나님의 자녀다운 당당함도 인간으로서의 행복도 모두 빼앗기고 말 것이다.

돈의 유혹

딸이 전교생 백 명이 채 안 되는 시골 초등학교를 다닐 때니까, 꽤 오래 전 일이다. 학교에 갔다가 딸이 공부하는 교실에 들어갔더니, 칠판 오른쪽에 '내가 사랑하는 것들'이라는 제목 아래 14명의 학급 학생들이 그린 그림이 걸려 있었다. 시골 초등학교 아이들이 사랑하는 게 무엇일지 궁금해 들여다보니 가지각색이었다. 어머니를 그린 그림도 있고, 검둥이를 그려 놓고 '강아지를 사랑한다'라고 적은 그림도 있었다. 딸아이는 도화지 가득 푸른 산을 그리고 너무 커서 일부만 그려진 태양 아래 '나는 자연이 좋다'고 큼지막하게 써 놓았다.

아이들은 사람과 동물, 자연을 좋아하는구나! 입가에 미소 가득 머금고 그림들을 보고 있는데 나의 초등학교 시절이 떠올랐다. 4학년 음악 시간이었는데 선생님이 뜬금없이 학생들에게 '세상에서 가장 소중한 것이 무엇인지 칠판에 써 보라'고 하셨다. 나는 당당히 걸어 나가 백묵으로 '어머니'라고 썼다. 내 뒤로 아무도 따라 나오지 않았는데 아마 우리 반 친구들 모두 다른 말이 떠오르지 않았으리라.

그런데 한참 침묵을 지키던 선생님이 칠판 앞으로 뚜벅뚜벅 걸어 나오시더니 '돈'이라는 글자를 크게 썼다. 나는 어머니와 돈 사이에 놓인 바닥조차 보이지 않는 심연의 간격이 선생님과 나 사이에 존재한다고 느끼며 '나이 들면 다 저렇게 이상해지나?'라는 생각을 했다.

역시 나이가 들어 보니, 세상에는 돈에 중독된 사람이 너무나 많았다. 중요한 사실은 돈과 하나님 모두 인간을 지배하는 힘을 갖고 있다는 것이다. 그래서 우리가 돈이나 하나님을 찾고 구하면 구할수록, 그 힘은 커져서 우리를 변화시키는 힘의 원천으로 작용한다. 그래서 돈에 마음을 빼앗기지 않고 살 수 있는 법을 찾아야 진정한 삶의 희열과 의미를 찾아갈 수 있다. 그 이유는 간단하다.

인간에게 가장 소중한 능력 중의 하나가 바로 판단력이다. 비록 판 검사 같이 판단력으로 먹고 사는 사람이 아니라 하더라도, 인간은 누구나 판단을 내리며 살아갈 수밖에 없다. 그러나 그런 판단을 마비시키는 장애들이 몇 가지 있다. 두려움과 유혹이 대표적인 것들이다. 두려움은 주로 폭력에 의해서 유발되고 유혹은 어떤 혜택을 주는 방식인데 그 중에 가장 흔하고 강력한 것이 바로 돈이다. 이런 외부적인 조건들 때문에 사람들은 바른 분별과 판단을 내리지 못하고 어리석은 결정을 내린다. 사람이 자신의 이성에 의한 판단을 내리지 못하고 외부의 자극에 반응하는 것을 본능적 반응이라고 한다. 돈은 우리 인간을 판단력을 가진 인간이 아닌, 돈이 가져오는 물질적인 쾌락에 본능적으로 반응하는 동물로 전락시킨다. 인간이 돈을 사랑하기 시작하면 더 이상 도덕도 윤리도 다른 인간들의 고민과 슬픔도 다 보이지 않게 된다. 거짓말도 사기도 약탈과 살인도 저지를 만용이 생긴다. 고상한 인간의 피부로 덮여있는 괴물이 되어 버리는 것이다.

그렇기 때문에 주님은 영생의 길을 묻는 부자 청년에게 가진 모든 소유를 다 팔아 가난한 사람들에게 나누어 주고 주님을 따르라고 하셨다. 당신이 구원과 영생을 진정으로 갈망하고 있다면, 이 주님의 명령이 당신 귀에도 들렸을 것이다. 만일 그렇지 않다면 당신의 영생에 대한 믿음과 구원에 대한 확신은 진정성이 없는 것이다. 이 세상에서 부귀와 영화를 누리고 다가올 천국에서도 영생 복락을 얻겠다는 탐욕스러운 인간들을 향해, 성경은 지옥에 떨어진 부자 이야기를 들려주고 있다. 어떤 부자가 뜨거운 지옥 불 속에서 고통을 겪고 있을 때, 천국에서 그를 바라보던 아브라함이 '얘야, 되돌아보아라. 네가 살아 있을 동안에 너는 온갖 호사를 다 누렸지만, 나사로는 온갖 괴로움을 다 겪었다. 그래서 그는 지금 여기서 위로를 받고, 너는 고통을 받는다.'고 말해주고 있다(눅 16:25). 기독교 베스트셀러들이나 부흥집회 설교나 방송 설교들 거의 대부분이 예수 잘 믿어 부자가 되었다는 이야기 일색이니 왜 우리는 성경 곳곳에 들어있는 부자들에 대한 엄중한 경고들에도 불구하고, 이 위태롭고 모험적인 부자의 길을 가기를 두려워하지 않는지 모르겠다. 부자가 되어 천국에 들어가는 것은 낙타가 바늘 귀를 들어가는 것처럼, 어려운 길이라는 예수 그리스도의 말씀을 잊지 말자. 이 짧은 생애에 누릴 부귀와 영화를 위해 영원한 생명과 천국을 담보로 삼아 굳이 위험한 줄타기를 하는 자들의 미래를 지켜볼 일이다.

돈에 관한 한 젊은 시절에 먼저 배워야 할 더 소중한 지혜는 돈을 벌고 모으는 방법이 아니라, 돈을 버리고 나누어 주는 방법이다. 우리는 움켜쥐고 안 놓는 본능이 있어서 여간 한 노력과 용기가 없이는 자기 소유를 손에서 놓을 수가 없다. 소유의 포기는 기적을 경험하는 것이다. 자기 부모로부터 물려 받은 유산이나 부동산이 있으면 모두 팔아서 가난한 사람들에게 나누어 주고 빈손이 되어라. 그 모든 옛 것들을 다 버리고 빈털터리가 되어 하나님께 그 빈손을 내밀어 필요한 것을 구하라. 하나님께서는 자신에게 구하는 자녀들의 기도를 들으시고 새로운 것으로 채워주신다. 젊은 시절 배워야 할 것이 바로 하나님의 도우심을 받고 하나님이 우리의 필요를 채워 주시는 분이심을 믿는 믿음이다. 우리가 옛 것을 움켜쥔 채로 새것을 받지는 못한다. 주고 버리지 않는 자는 받지도 못한다. 일제 시대 적지 않은 지사들이 잃어버린 조국의 독립을 위해 독립투사들에게 재산을 헌납했듯이, 여러분도 거저 받은 유산이 있거나 두 채 이상 되는 집이나 아파트나 경작하지 못할 땅이 있다면, 다 팔아서 하나님 나라의 공의와 평화를 위해 사용하라. 독립 운동 자금을 대준 사람들이 해방이 되었을 때, 그 영광을 받았듯이 자기 소유와 재산을 팔아 하나님의 나라를 위해 기꺼이 헌납한 사람들에게 영원한 생명이 주어질 것이다. "복음을 위하여, 집이나 … 논밭을 버린 사람은, 지금 이 세상에서는 박해도 받겠지만 집과 … 논밭을 백 배나 받을 것이고, 오는 세상에서는 영원한 생명을 받을 것"(막10:29,30)이라는 성경 말씀을 진정으로 믿자. 나는 이 하나님의 말씀을 나의 삶 속에서 경험하고 있다. 나는 내가 갖고 있었던 나의 작은 땅과 집을 포기했지만, 그 결과 지금 하나님의 도움으로 인도네시아 동티모르 아프가니스탄 파키스탄 등지에 학교들과 집들을 지을 수 있었다. "너희가 내 안에 머물러 있고 나의 말이 너희 안에 머물러 있으면, 너희가 무엇을 구하든지

다 그대로 이루어질 것"(요15:7)이라는 말씀은 사랑의 실천과 나눔을 위해 무소유의 자유를 누리는 사람들만이 알 수 있는 비밀이 담겨 있다. 세상에는 가진 사람들만이 알 수 있는 세계도 있고 아무것도 갖고 있지 않은 사람들만이 알 수 있는 세계도 있다. 가진 자들은 돈이 주는 위력과 쾌락을 알고 있겠지만, 무소유자는 하늘을 나는 새와 같이 자유로운 삶을 맛볼 수 있다.

칼의 위협

보수와 진보를 막론하고 모두에게 있어서 신앙의 진정성을 의심하게 하는 또 하나의 이유는 이들 모두가 폭력에 관하여 애매모호한 타협적인 태도를 취하기 때문이다. 돈이 달콤한 유혹으로 우리를 뇌쇄(惱殺)시키는 데 반해, 폭력은 무서운 협박으로 우리를 비겁하게 만들고 군중 속으로 숨어버리게 하거나, 그 두려움을 피해 도망치게 만든다. 그리고 이 무시무시한 폭력 허가를 받은 집단이 국가들이기 때문에, 그리스도인들이 경계해야 할 가장 무서운 적 중의 하나가 바로 국가다. 늘 그러한 것은 아니지만 전쟁을 준비하고 훈련하고 수행하는 폭력적인 상황에서 국가는 인간들 안에 숨어있는 야수들을 방출하여 악마들의 왕국을 만든다. 이럴 경우 우리가 싸워야 할 영적 전쟁의 대상은 저 멀리 이슬람과 같은 타종교인들이 아니라, 바로 우리의 조국인 것이다. 그러나 더 엄밀히 들여다 보면 바로 우리 자신 안에 풀려나길 기다리는 야수가 배회하고 있다. 그러므로 우리 자신이야말로 우리가 대적해서 싸워야 할 진정한 영적 싸움의 대상이다. 악마에 대항하여 싸우기 전에 먼저 우리 자신과 우리들의 조국에 대항하여 싸울 용기를 갖추자. 애국심이나 공권력과 같은 허울을 벗겨버리고, 그 안에 담긴 집단 이기주의와 잔혹한 폭력성을 직시하자.

나는 모든 위협적인 폭력 앞에서 신앙과 양심을 지키고 나의 자유를 실천하기 위해 결심한 것이 있다. 내가 동의하거나 공감하지도 않는 것을 강요당할 때는 이를 거부하기로 마음 먹었다. 또한 아무리 선하고 좋은 일처럼 보일지라도, 그 명령이나 요구를 듣지 않을 경우 처벌까지 한다면, 더더욱 이를 반드시 거부하고 그 처벌을 감수하겠다고 결심했다. 내 결심의 주된 표적은 국가와 공권력이다. 불의가 지배하고 평화가 깨어진 세상에서 자유로운 삶이란 자유를 위한 고단한 투쟁이다.

오늘의 역사를 기록할 가리워진 소수

아직도 그리고 앞으로도 대부분의 열심 있는 청년들은 부흥 집회나 선교 대회 혹은 보수적이고 복음주의적인 교회의 청년 대학부에서나 보게 될 것이다. 그러나 그들이 함께 모이는 복음주의 진영의 교회들은 대부분 자본주의에 농락당하고 국가의 폭력적인 군사문화에 굴복 당한 군중들의 교회들이다. 청년들이 모여 뜨겁게 찬양하고 눈물로 기도하는 대규모 집회들 속에서도 오로지 영혼의 구원과 신령한 은사들 이외에는 바라는 것도 또 바라보는 것도 없다. 이번에 제주도를 방문해서 놀란 것이 있다. 그렇게 많은 청년들이 예수전도단 훈련을 받기 위해 제주도의 열방대학을 방문하지만, 해군기지 건설 문제로 분쟁을 겪으면서 마을이 파괴된 강정 마을이 지척인데도 누구도 관심이 없다는 점이었다. 그리스도인들이 어떻게 그렇게도 군사주의와 폭력으로 희생 당한 이웃에 대해 무관심할 수 있는지 의문스러웠다. 불의한 현실과 역사를 외면하는 선교단체들일수록 그 단체에 참여하는 청년들이 많다는 사실은 아이러니해 보인다. 진정한 부흥과 건강한 성장은 우리의 신앙이 현실과 역사를 정직하게 대면하여 공의와 평화와 사랑을 구체적으로 실천할 때 일어나는 것이다. 우리는 표준을 상실한 시대를 살고 있다. 영생뿐 아니라 이 땅에서의 부와 성공까지 거머쥘 수 있는 비법을 설교하는 탐욕스런 부흥사들이나, 정의와 평화는 안중에도 없는 얼빠진 선동가들의 망상을 더 이상 바라보고 따르지 말라. 우리 시대에 자신의 소유를 팔아 가난한 사람들을 구제하고, 모든 국가 공권력에 맞서 의연하고 당당하게 자신의 신앙과 양심을 묵묵히 실천하는 소수의 그리스도인들의 삶이 바로 우리가 이 시대에 바라보아야 할 표본들이다. 그리고 그리 많지는 않지만 자신의 신앙과 양심에 따라 자본주의의 맘몬과 폭력에 대항하여 싸우는 삶의 길을 선택하는 젊은이들이 꾸준히 나타나고 있다. 나는 미래에 지금 거품과 비만에 가리워진 이 소수에 의해 한국 기독교의 새로운 역사가 기록될 것이라고 믿고 있다.

5. 역풍(逆風)

당신은 삶 속에서 당신의 정면에서 불어오는 거센 역풍을 맞고 있는가? 그것은 불행이 아니라 당신이 살아있음을 반증하는 행복한 지표다. 죽은 물고기에게는 역류가 없다. 인생의 거센 역풍 중에는 천국에서 불어오는 바람이 있다. 누가 감히 이기적인 우리 조국과 대항해 싸울 수 있으며, 자본주의 제국의 황제 같은 우상인 돈 앞에 무릎 꿇지 않을 수 있겠는가? 누가 감히 출세와 성공을 향한 통과의례가 되어버린 학교와 더불어 싸울 수 있으며, 천국의 열쇠를 팔아먹는 거짓되고 간악한 성직자들의 감언이설을 거부할 수 있겠는가? 누가 자기 미래에 붉은 줄을 긋고 차디 찬 감옥에서 1년 반의 꽃다운 청춘을 짓밟혀가면서까지도 무기를 드는 것에 불복할 수 있겠는가? 누가 감히 수만 년을 도도히 내려온 전쟁을 반대하고 무기를 폐기시키며 마침내 이 세상의 모든 군인들의 군복을 벗기겠다는 대담한 꿈을 꿀 수 있겠는가? 이런 사람들이야 말로 새로운 하늘과 새로운 땅의 진정한 주인들이 될 자격이 있는 사람들이다. 두려움 때문에 국익이라는 이름으로 국민의 집단적인 욕심을 미화시키는 부끄러운 조국의 부당한 요구들에 맹목적으로 길들여져 가는 사람은 죽어서도 두려움 속에 갇힌 채 영원히 살아가리라. 이들은 두려움이 익숙해진 나머지 자유가 낯 설을 테니 불행한 자유인보다 행복한 노예가 이들의 미래가 될 것이다.

돛이 달린 배를 타본 사람은 누구나 다 안다. 조금만 돛의 각도를 조절해도 역풍에서조차 배는 신기하리만치 잘 달린다는 사실을. 역풍으로 인해 좌절하고 실망하는 사람은 아직 천국의 주유소에서 기름을 넣어본 경험이 없는 무국적의 인생 운전자다. 역풍은 하나님이 우리에게 보내시는 천국의 에너지다. 진정으로 불안한 상태는 바로 우리 생애에 아무런 바람이 불지 않을 때다. 이 때 우리는 안주하고 표류한다.

나는 보수적인 교회에서 청년시절에 금연과 금주, 순결과 순종, 주일 성수와 십일조, 교회 봉사를 배웠다. 그러나 나는 나의 젊은이들에게 더 이상 이런 개인적이고 소시민적인 윤리를 강조하고 싶지 않다. 우리에게는 더 크고 무서운 적이 있기 때문이다. 그것은 우리의 탐욕스런 조국과 자본에 노예가 되어 버린 세계다. 외국인을 차별하고 박대하는 나라, 동족을 자기 나라에서 살지 못하게 쫓아내는 나라, 피난처를 찾아 떠밀려 오는 난민들을 공해 상으로 추방하는 나라, 강대국의 오만과 파렴치에 대해서 국민에게 침묵과 굴종을 강요하는 나라, 가난한 나라의 국민들에게 정당한 이유 없이 입국을 거부하고 쫓아 내는 거만한 나라, 군대와 무기의 힘만으로 평화를 지킬 수 있다고 믿는 어리석은 나라, 공공의 바다를 사고 팔 수 있는 부동산으로 만들기 위해 산을 깎아 바다를 메워, 주민등록증이 없는 동물과 물고기들은 모두 생매장을 해버리는 무식한 나라, 바로 우리 대한민국이 우리의 공적이다. 우리는 몰염치한 우리나라에 공의와 평화, 자유와 생명이 넘치는 하나님의 나라의 주권이 행사되도록 변혁시킬 그리스도의 군사가 되어야 한다.

나는 대한 민국이 세계 최초로 무비자 입국, 자유 여행 및 체류를 보장해주는 나라가 되기를 바란다. 그러기 위해 이민국을 폐지하고 모든 외국인 노동자들에게 붙은 불법이라는 딱지를 떼어주고, 이들 모두를 불법 노동이라는 굴레로부터 해방시키기를 바란다. 컨테이너 박스에서 라면으로 연명하면서도 가난한 가족들의 생계비를 보내주는 것에 희망을 갖고, 이 땅에서 나그네 되어 고단한 삶을 살아가는 외국인 노동자들을, 더 이상 범죄자로 취급해 단속하거나 감금하지 말자. 이민국의 감옥에서 탈출하려다 추락하여 목숨을 잃는 이들의 가족들이 접할 슬픈 소식에 대해, 타지에 일하러 간 우리 아버지와 아들의 비보인 것처럼 아프고 쓰린 마음으로 접하자.

　군대를 폐지하고 국가 방위와 치안의 업무를 헌법뿐 아니라 국제법에 통제를 받는 정의로운 경찰로 이관시키자. 입국자들의 범죄사실과 전염병력을 면밀히 점검하는 일 이외에 누구도 피부색이나 돈의 많고 적음으로 차별하지 말자. 국방비를 반액 이상 삭감하여 교육과 보건 등 복지를 위해 사용하고, 나머지를 경찰력의 현대화와 첨단화에 사용하여 세계 최상의 정보력과 조직력을 갖춘 경찰로 거듭나게 할 수 있다. 나는 우리 대한민국이 비자제도와 전쟁과 군대를 폐지하여 새 천년 벽두에 세계가 나가야 할 새로운 국가의 모델을 제시하는, 작지만 자랑스런 선구자적인 국가가 되기를 바란다. 나는 이를 위해 싸울 것이다. 조국을 대항해 싸울 벌판에서 불어오는 시원한 역풍이 가슴을 설레게 한다.

6. 폭력의 신화를 넘어서

1. 평화는 폭력을 통해서 지켜진다?

우리 나라 어디를 가나 전쟁 영웅들의 동상들이 그 도시의 가장 중요한 심장부에 세워져 있다. 유서 깊은 유럽의 도시들에도 차이가 없고 파키스탄처럼 좀더 후진한 나라에는 아예 대포나 미사일처럼 무기자체가 복잡한 거리 한복판에 영웅처럼 모셔져 있어 실소를 자아내게 한다. 이런 환경에서 자라나는 어린이들이 총과 무기를 숭상하며 자라나는 것은 지극히 당연한 귀결처럼 보인다. 폭력은 어떤 일을 성취하기 위해 가장 게으르고 불성실하며 비인격적인 사람들이 내리는 결정과 선택이다. 폭력이 강압적이긴 하지만, 경우에 따라 혼란스런 투쟁과정을 그치게 하는 효과가 있음도 부정하지는 않겠다. 그러나 그것만으로는 평화라 할 수 없다. 폭력은 타자의 행동을 정지시키는 강제력이지 그 자체가 평화가 될 수는 결코 없다. 평화는 우리들과 타자 모두가 스스로 내면적으로 설득되고 자발적으로 동의될 때만 이루어질 수 있는 것인데 그것이 어찌 서슬 퍼런 칼과 총구 앞에서 이뤄질 수 있겠는가? 두려움과 평화는 친구가 될 수 없다. 오히려 평화는 자유와 정의와 생명과 어울릴 때만이 진정한 자신의 모습을 나타낼 수 있기 때문이다. 우리들은 모든 일을 쉽고 빠르게 그리고 자기 자신을 변화시키지 않으면서 문제를 해결하려는 경향이 있다. 이런 우리의 게으르고 독선적인 태도 때문에 폭력을 선택하게 된다. 만일 우리가 더 성실하게 인내심을 갖고 타인들을 더 배려할 수 있다면 폭력 이전에 선택할 수 있는 더 많은 옵션들을 발견할 수 있을 것이다. 평화는 절대로 군인들의 폭력을 통해서는 만들어질 수 없다. 오직 평화의 실천 만이 평화의 길이 될 수 있다.

2. 폭력은 애국심에서 나온다?

우리는 어려서부터 학교에서 애국심을 학습해 왔고 교회에서도 하나님 사랑은 곧 나라사랑이라고 배웠다. 애국심은 우리의 눈을 멀게 해서 "나라를 위해서라면" 이북에 살고 있는 형제들의 가슴에 총을 겨눌 수도 있고 심지어는 우리 국민들까지도 죽일 수 있다. 80년 광주에서 "애국심"으로 무장한 젊은이들이 자기와 같은 또래의 젊은이들을 피로 물들였다. 진정한 애국심은 국가라는 허울 안에 숨어있는 집단 이기주의와는 구별되어야 한다. 국익을 위한 폭력에 참여하는 것은 결코 진정한 의미의 애국이 될 수 없다. 우리가 진정으로 우리 나라를 사랑한다면, 우리 국민 모두가 반대한다고 할 지라도 또 매국노 라고 비난한다고 할지라도 자신의 신앙과 양심을 따라 고독한 길을 갈 수 있어야 한다. 우리의 적에 대해 분노와 증오로 가득 차 있을 때 조차도 원수를 사랑하자고 외롭게 주장할 수 있는 사람만이 참된 애국자가 될 수 있다. 나라 사랑은 하나님 사랑보다 앞설 수 없다. 너무 쉽게 애국심이 독재자들의 야욕을 위한 도구로 전락했었고 비겁한 군중들의 도피심리로 악용되었었다는 사실을 잊지 말아야 한다.

3. 폭력을 위해서 일하는 사람이 아니면 국립묘지에 안장될 수 없다?

국립묘지는 국가유공자들의 묘지요 상징적으로 중요한 의미를 갖고 있다. 이는 한 국가가 가장 소중히 여기는 죽음이 무엇인지를 가르치는 것이고 또한 가치 있는 죽음에 대한 설교는 가치 있는 삶이 무엇인지를 가르치는 것이다. 그러나 국립묘지는 극소수의 독립운동가들과 전직 대통령 등의 묘를 제외하고는 모두가 군인들의 묘지다. 우리 시대의 대통령들이 어떤 사람들이었던가? 한 두 사람을 제외하고는 모두가 군사독재로 수많은 무고한 국민들을 살해한 사람들이거나 자기의 목숨만을 부지하기 위해서 불의 앞에 굴복한 채 강도의 무리들에게 나라를 팔아먹은 비겁한 사람들이 아닌가? 결국 군인들과 군사 독재자들의 국립묘지가 우리 사회 속에서 존재한다는 사실은 온 국민에게 폭력과 살인이 정당하다는 것을 주장하는 국립학교가 존재한다는 것을 의미한다. 그럴 바에는 차라리 국립묘지를 없애고 평화공원을 만드는 것이 훨씬 더 건설적이리라.

4.거대한 전쟁 기념관과 전세 든 평화 박물관

용산에 거대한 전쟁기념관이 세워져 있다. 그 큰 규모에 비교도 할 수 없는 작은 평화 박물관이 종로2가에 세 들어 있다. 주차장 조차도 없는 초라한 공간이지만 그 안에는 평화에 대한 꿈과 사랑이 자라나는 산실 같은 훈훈한 느낌이 있다. 실제로 오늘날 우리 사회는 전쟁과 폭력에 대하여는 확고 부동한 믿음과 관대함을 갖고 있는데 반해 평화에 대한 관심은 지극히 소극적이고 피상적인 수준에 머물러 있다. 전쟁과 폭력의 논리는 우리의 삶을 간단명료하게 만들어 준다. 적은 악하고 파멸시켜야 할 증오와 복수의 대상이다. 싸움의 승리를 위해서는 힘을 길러야 하며 그 힘으로 적을 제압하고 정복할 때 평화가 온다는 힘의 논리는 매우 구태 의연하지만 여전히 우리 시대를 압도하고 있는 강력한 사상이다. 누군가 이런 강고한 틀을 깨는 예언자가 되어 총을 쳐서 파종기를 만들고 탱크를 쳐서 탈곡 트랙터를 만들자는 꿈을 전파해야 한다. 나는 이 시대를 사는 그리스도인들의 신앙과 영성이 죽음과 폭력의 질곡에 빠져 있는 이 세상을 구해내는 구체적인 삶의 실천과 행동 양식으로 표현될 수 있기를 바란다. 이사야가 "칼을 쳐서 보습을 만들고 창을 쳐서 낫을 만들라" 라고 가르칠 때에도 이스라엘은 구 소련처럼 강력한 앗수르의 침략 위협 하에 있었으며 이사야는 미국에 의지하려는 우리나라의 친미인사들처럼 군사대국 애굽의 방위 지원을 간청했던 친애굽 위정자들을 통렬히 비난했다. 아마도 세상 사람들은 이사야나 예수 그리스도의 성경적인 평화주의를 남북이 대치한 불안한 상황 속에서 무책임한 입장이라고 비난할지도 모르겠다. 현실 정치만을 놓고 본다면 그때 당시 이스라엘의 친애굽 정책이나 지금 한국의 친미정책이 현실적일 수밖에 없고 세상 사람들이 그런 입장을 취하는 것이야 비난할 것이 없을지도 모르겠다. 그렇지만 하나님을 믿는 이스라엘민족이나 예수를 믿는 오늘날의 한국의 그리스도인들이 군사대국의 총과 칼을 하나님보다 더 믿고 의지한다는 것은 하나님 앞에서 부끄러운 일이 아니겠는가?

그러니 이사야가 "도움을 주는 자도 넘어지며 도움을 받는 자도 엎드러져서 다 함께 멸망하리라."(사 31 : 3)고 경고하는 것이다. 그렇다 오늘날 우리 나라 사람들은 적어도 국가 방위에 관한 한 하나님보다 미국을 의지하는 것이 더 현실적이라고 믿고 있다. 신앙은 신앙이고 현실 사회 문제는 사회문제라는 입장이다. 여기에 기독교인들도 예외는 아니다. 그러나 "사람의 영성 전체는 사회성과 함께 짜여있다"는 본 회퍼의 말처럼 우리의 신앙은 우리 개인의 영성의 차원을 넘어서서 민족과 국가, 세계의 정치 경제 군사문제에까지 함께 연결되어 있다. 그러므로 그리스도인으로 산다는 것은 우리 나라와 이 세상을 향한 성경적인 대안을 제시해 나가야 할 책임을 실천하는 것이다. 우리가 평화주의의 입장에 서면 우리의 적의 무장 해제는 하나님의 몫이다. 그렇다고 무조건 방임하는 것이 아니라 적에게도 무장해제를 요구하고 대화와 교류의 틈새들을 적극적으로 찾아 나가야 할 것이다. 그러나 이런 평화로의 흐름을 우리가 주도하기 위해서는 우리 자신이 먼저 군비를 줄이고 무장해제를 해야만 가능하지 않겠는가? 자신들은 수 천 개의 최신 핵무기를 보유하고 있으면서 다른 나라는 하나의 핵무기도 만들거나 보유하지 말라고 설득하는 것은 아무리 국제원자력기구(IAEA)의 원자력 전문가들을 총동원하고 하버드나 예일 출신의 엘리트 외교관을 총 출동시켜도 납득이 될 수가 없다. 차라리 이란이나 북한과 미국의 유치원생들이 모여 회의를 하는 것이 더 빠르고 확실한 해결책을 내 놓을 수 있을 것이다.

우리가 예수를 믿는다는 것은 눈에 보이는 현실보다 눈에는 보이지 않고 구체적으로 손에 잡히는 것이 없다 할 지라도 하나님을 믿는 믿음으로 바라보는 하나님의 나라를 더 현실적인 것이라고 믿는 것이 아닌가? 나는 세상 사람 모두가 우리의 생각에 동의하지도 동의할 수도 없기 때문에 우리는 우리 길을, 세상은 자기 길을 가면 된다고 믿고 있다. 예수의 평화를 성경 문자 그대로 실천할 그리스도인 중에 한 사람이 갑자기 대통령이라도 되어서 우리나라가 망할 지도 모른다는 염려할 필요는 없다. 그렇게 안될 테니 말이다. 어쩌면 국경이 없어지고 이 세상에 푸른 제복의 군인들이 모두 사라지기까지 천 년의 세월이 필요한지도 모른다. 우리 그리스도인들이 이 세상의 소수집단으로 성경을 있는 그대로 전파하고 세상의 평화 이신 예수그리스도의 원수 사랑을 실천해나가면 언젠가는 하나님의 나라가 점점 더 현실 적으로 경험될 것으로 믿는다.

우리 그리스도인들이 정치 현장에서도 국회의원이나 지방자치 단체장 혹은 대통령 당선에 연연함이 없이 성경적인 가르침에 따른 "예수의 정치"를 정책적으로 입안하고 전파하자. 또 완고한 사유재산제도에 기초한 자본주의의 시끄러운 시장 바닥에서 토지공개념 같은 성경적인 경제 원리를 주장하는 성토모(성경적 토지 정의를 위한 모임) 형제들이나 비록 소수의 무리들이지만 끊임없이 평화를 위해 투쟁하고 있는 메노나이트와 퀘이커, 형제단의 힘겨운 싸움을 응원하고 돕자. 지금도 전쟁과 재난의 상처로 고통받고 있는 사람들 속에서 땀과 눈물을 흘리며 평화의 씨앗을 뿌리고 있는 사랑스런 자매들과 형제들의 수고에 감사하며 마음의 갈채를 보낸다. 그들의 헌신으로 하나님의 나라는 점점 더 가까워 오고 있다고 믿는다.

7. 거짓의 바다에 침몰한 대한민국

　백령도 앞바다에서 천안함이라고 불리는 우리 해군의 초계함이 침몰한지 보름이 지났다. 아직도 사십육 명의 해군 사병들이 함미의 격실들에 갇힌 채 사십미터 수중으로 침몰되어 있다. 며칠은 함선 실내의 공기로 호흡할 수 있으리라는 기대를 갖고 가족들은 발을 동동 굴렸고 잠수부들은 목숨을 바쳐 전우들을 필사적으로 구조하려고 했지만 이제는 그 희망도 다 깊은 바다 속으로 가라앉고 말았다. 많은 젊은이들을 삼키고 있는 서해 바다는 침묵을 지키고 있다.

　아직 우리는 천안함의 침몰 이유도 알지 못하고 있다. 선체를 인양해서 갈라져 나간 부분을 확인해 보아야만 더 명확한 이유를 알 수 있을 것이다. 우리는 이 사건을 수습하는 과정을 통해 우리 한국 사회의 어두운 단면을 보게 된다. 그것은 거짓과 허위로 가득한 세상이다.

거짓으로라도 희망을 주라!?

　군 당국은 수병들의 생존 가능시한을 69시간이라고 발표했으나 그것은 거짓말이었다. 천안함은 잠수함처럼 격실이 철저히 방수되는 배가 아니라는 사실을 군 당국은 너무나 잘 알고 있었다. 수심 40 미터 이상 되는 깊은 바다 속에 침몰한 함실들에는 바닷물이 5기압의 엄청난 수압으로 환풍통로와 격실들의 틈새들을 통해 들어와 이미 수분 안에 수병들을 질식시켰을 것이 뻔 한데도 유가족이 두려워서 인지 스스로도 믿을 수 없는 생존 가능 시한을 발표해서 한주호 준위²⁾와 같은 또 다른 불필요한 희생자들을 만들었고 불필요한 구조 작업에 동원된 민간 어선까지 침몰하여 귀중한 생명들이 아홉 더 희생되었다. 그중에는 고국에 있는 가족들을 먹여 살리기 위해 타국에 까지 와서 차갑고 매서운 파도와 싸우며 험한 바다 일을 해왔던 두 명의 인도네시아의 젊은이들도 들어있다. 실낱같은 희망의 끈을 붙들고 있던 울분에 찬 유가족들에게 매몰찬 것 같아 보였겠지만 사건 직후 용기를 내어 실종자들의 생존 가능성이 없었음을 밝히고 보다 안전하고 현실적인 인양작업으로 들어갔어야 옳았다. 이 천안함 침몰 사건을 갖고도 야당과 정략적인 논쟁을 벌였던 집권 여당도 이미 생존 가능성이 없는 희생자들이 마치 살아 있기라도 한 것처럼 구조에 전념해야 한다고 목소리를 높였다. 거짓이었다. 거짓말을 하는 데에는 이유가 있다. 자신들이 책임을 져야만 하거나 불리한 상황을 모면하기 위한 것이다.

우리 사회의 모든 문제는 북한 때문이다!?

또 하나의 비겁한 거짓은 이 책임을 북한으로 돌리려는 것이다. 조선일보와 동아일보와 같은 보수 언론들은 연일 천안함의 침몰에 관한 가상의 픽션을 쓰고 있다. 악의에 찬 북괴가 우리 젊은이들을 죽음으로 몰아갔을 것이라는 이야기다. 북한군의 어뢰가 함선의 아래쪽에서 폭발해서 그 수압으로 배의 중심부가 부상하면서 배의 앞과 뒤쪽부분이 아래쪽으로 꺾였을 것이라는 소설이다. 이를 위한 증거로 몸이 위쪽으로 50센티 정도 떠올랐다는 함장의 증언과 어두운 밤 수 킬로미터 떨어진 백령도의 해병대 초병이 보았다고 주장하는 "물기둥 같이 허연 것" 이외에 별다른 것이 없다. 그에 비해 이런 증언들에 반하는 반대 증거들

---

2) 한주호 준위의 사망은 여전히 베일에 싸여있다

은 훨씬 명확하다. 사고 발생 당시 초계함 갑판 위에서 외부를 관찰하는 역할을 했던 장병은 "물기둥 같은 것은 없었다."고 증언했다. 또 다른 장병은 어뢰의 폭발 시 당연히 나타날 수밖에 없는 "화약 냄새를 맡지 못했다"며 "기름 냄새만 났다"고 증언했다. 그리고 음파탐지를 맡았던 홍승현 하사는 사고 직전에 어뢰 등이 음탐기에 감지되지 않았는지에 대해 "당시 상황에서는 음탐기에 특별한 신호가 없었다."고 증언했다. 이런 명백한 사실들을 도외시한 채 보수 언론들은 계속 이 사건에 북한의 연계 가능성을 기정 사실인양 몰아가고 있다. 북한을 미워할 수 있다. 그러나 미워하는 대상에게 증명할 수 없는 혐의를 부당하게 뒤집어 씌우는 것은 정의롭지 못한 짓이다. 이렇게 불의하고 거짓된 희생양 만들기를 통해 이들이 얻으려는 것은 무엇인가? 그것은 이 사건을 통해 혹 실추될지 모를 우리 군부의 지위를 지키고 보수정권의 기득권을 계속 지키는 것이 아니겠는가?

영웅적인 희생인가 개죽음인가?

우리는 가까운 어느 날 침몰한 선체의 인양과 더불어 주검으로 우리 앞에 다시 자신들을 드러낼 이 수병들을 무어라고 부르고 또 어떻게 맞이해야할 지 고민하고 있다. 매스컴은 연일 이들을 우리나라의 진정한 영웅이라고 치켜세우고 있다. 그리고 다른 부자 나라들의 예를 들어가며 가족들에게 서운하지 않을 정도로 많은 보상을 해주자고 여론을 부추기고 있다. 이 억울한 희생자들과 그 가족의 명예를 훼손하고 싶은 마음은 추호도 없다. 그러나 우리는 이들을 영웅시해서는 안 된다. 영웅은 우리 민족이나 나라의 운명이 걸린 중차대한 상황 속에서 위대한 일을 해낸 사람들이다. 이 젊은이들은 전쟁 중이 아닌 평상시에 미확인의 사고로 인해 불필요하게 희생된 군인들이다. 원양어선의 침몰이나 건설 참사에서나 볼 수 있는 유가족들의 울부짖음과 항의와 분노가 무엇을 말해주고 있는가? 영웅들의 죽음은 그 자랑스러운 죽음의 슬픔을 삼키는 소리 없는 흐느낌이 강물처럼 이어지는 것이다. 이 젊은이들의 죽음을 증거도 없이 북한 탓으로 돌리거나 분단현실로 돌려 책임 소재를 증발시켜서는 안 된다. 나는 이들을 영웅으로 만들어 가는 의도 배후에는 우리 사회의 구조적 모순을 은폐시키려는 의도가 담겨있다고 생각한다.

우리사회는 너무 많은 이들을 군대에서 무의미하게 잃어버리고 있다. 오발사고, 자살, 추락사고 익사, 동사, 폭발사고, 우리가 매설한 지뢰에 우리군인들이 목숨과 다리를 잃어버리는 사고 등등 이루 헤아릴 수없이 많은 이유들로 인해 우리의 젊은 자녀들이 전시도 아닌 평화 시에 시신이 되거나 불구자가 되어 부모의 품으로 돌아온다. 이 모든 사고의 당사자들은 애국이란 미명 아래 이 억울한 현실을 수용하도록 강요받게 된다. 항의도 불만도 모두 국가의 위엄을 훼손하는 불경스런 태도다.

우리는 애국의 이름으로 불필요한 희생자들을 영웅시해서는 안 된다. 전 유럽을 전쟁과 참화의 도가니로 만들었던 세계 1차 대전을 일으켰던 독일이 자기 군대의 전몰자들을 영웅으로 일컫지만 않았어도 더 어마어마한 피해와 파멸을 가져왔던 제2차 대전을 막을 수 있었을 것이다. 만일 남북한이 6.25 전쟁으로 희생된 국군과 인민군들을 영웅시 하지만 않는다면 우리의 전쟁 없는 통일의 꿈은 훨씬 더 가깝게 다가와 있을 것이다. 이 전몰 군인들은 용감한 사람들이었지만 많은 사람들을 죽였고 강간했고 약탈했으며 무수한 고통을 안겨준 것 또한 사실이다. 전장의 군인들은 그런 사람들이었다. 그럼에도 불구하고 침략 전쟁이었든 방어 전쟁이었든 모든 전쟁의 전사자들은 각 나라의 국립묘지들에 애국자라는 이름으로 안장되어있다. 차라리 군인들 보다 전장에서 억울하게 죽어간 민간인 희생자들을 국립묘지에 묻어드리는 것이 미래의 평화를 위해서는 훨씬 나은 길이리라. 그들을 기리며 비참하고 추악한 전쟁을 막으려 들 테니까. 인류의 평화를 내다본다면 국립묘지는 없어져야 한다. 국립묘지가 존재하는 한 전쟁은 세상에서 없어지지 않을 것이다.

우리는 애국이라는 거짓 신화의 껍질을 벗겨내야 한다. 국가의 모든 실책과 군부의 모든 기득권, 여러 나라의 무고한 민간인들을 희생자들로 만드는 대량살상무기를 제조하는 우리나라의 군수산업체들과 무기 거래상인들, 이 모든 이들이 애국이란 휘장 뒤에서 자기의 추악한 모습을 감추고 있다.

거짓말 공화국

지금 물에 빠진 이들은 이들 46명의 수병들만이 아니다. 바로 우리 한국 사회가 깊은 거짓과 허위의 바다 속으로 침몰하고 있는 것이다. 어차피 우리는 BBK 사건3)을 통해 이명박 대통령이 거짓말에 능한 사람이라는 사실을 확인하고도 그가 약속한 것처럼 해마다 사만 불(우리 돈 약 사천만원)을 버는 부자국민이 되게 해 주겠다는 말을 믿고 그의 도덕성에 눈감았다. 나는 진실이 아닌 돈을 선택한 우리 대한민국 국민의 이 어이없는 선택에 정말 망연자실했었다. 다행히 하나님은 그나마 노무현 정권에 이루어 놓았던 이만 불 소득에서 오히려 만 불 소득으로 우리나라를 더 가난하게 만드셨다. 칼로 흥한 자 칼로 망한다는 주님의 말씀처럼 돈으로 흥하는 자는 돈으로 망하는 것이 하나님의 법칙일 게다. 간디는 "나는 하나님을 믿지 않는다. 단지 진실을 믿을 뿐이다."라고 했다. 신을 믿었던 간디가 이런 역설로 표현하려고 했던 바는 진실성을 결여한 신앙과 종교 보다는 차라리 경전이나 교리를 불문하고 진실을 선택하겠다는 뜻일 게다.

---

3) 1999년 4월부터 2001년 4월에 걸쳐 활동한, 정체 모를 투자자문회사 "BBK"가 촉발시킨 연쇄 금융 사기극을 통틀어 일컫는 말이다.

나무꾼 이야기

우리가 어려서부터 들어왔던 동화가 있다. 한 나무꾼이 나무를 하다가 그만 나무를 찍던 도끼를 한 연못에 빠뜨리고 말았다. 도끼를 건져내지 못해서 발을 동동 구르며 망연자실 연못을 바라보고 있던 나무꾼에게 신령님이 연못 속에서 금도끼를 들고 나와 "이것이 네 도끼냐?" 묻는다. 솔직하고 진실한 나무꾼은 자기 것이 아니라고 대답한다. 산신령은 다음에는 은도끼를 보여주며 나무꾼에게 물었으나 사심이 없었던 나무꾼은 그것도 아니라고 대답한다. 나무꾼의 정직함에 탄복한 신령님은 결국 나무꾼이 잃어버린 도끼뿐 아니라 값비싼 금도끼와 은도끼까지 모두 준다는 이야기다. 우리나라는 지금 배를 바다 속에 빠뜨렸다. 그리고 하나님은 우리 국민들에게 묻고 있다. "너희가 찾는 것이 무엇인가?" 과연 우리는 이 침묵하는 서해 바다 속에서 무엇을 건져 올리기를 원하고 있는가? 어떤 이는 북한에 대한 증오심을 건져 올리기를 원하고 있다. 어떤 이는 더 강한 해군을 만들기 위해 제주 강정 마을에 세워질 거대한 해군 제7기동전단과 잠수함 기지를 원하고 있다. 어떤 이들은 바다에서 더 많은 국회의원 금배지를 건져 올리기를 원하고 있다. 어떤 이들은 더 많은 돈을 건져 올리기를 원하고 있다. 우리는 이 모든 허욕을 버리고 싸늘한 주검들과 녹슨 배 조각에 담긴 진실을 건져 올리는 것 이외에 다른 어떤 것도 기대하지 말아야 한다. 우리는 이들이 왜, 무엇을 위해 어떻게 죽을 수밖에 없었는지 그 진실을 밝혀야한다. 그리고 무엇이 이들의 목숨을 희생시킬 만큼 그렇게 소중하고 고귀한 것이었던가? 다시 되물어야한다.

우리는 지금 심각한 진실게임을 벌이고 있다. 진실을 밝히려 드는 사람들과 이를 은폐하려는 사람들 간의 씨름이다. 누군가는 진실을 알고 있다. 그러나 이를 밝힐 용기가 없다. 어쩌면 오랜 세월 동안 거짓이 진실인양 거리를 활보할 지도 모른다. 우리 사회는 용감한 내부 고발자들을 조직에 충성스럽지 못한 변절자나 배신자로 여겨왔다. 스스로도 그런 비난을 견딜 수 없어서 진실을 증언하지 못한다. 그래서 장자연의 죽음도 광주 항쟁의 발포 명령자가 누구인지도 아직까지 밝히지 못하고 있다. 죽은 사람을 위한 용기는 없다. 단지 살아있는 힘센 자들이 두려울 뿐이다. 지금도 우리나라 안에서는 진실을 밝히려는 자들과 진실을 숨기려고 하는 자들이 싸우고 있다. 이 둘 간의 싸움이야말로 우리 시대 이 세상 최대의 전쟁이다. 북한 보다 더 무서운 적은 거짓말을 하는 자들이다. 북한이 오늘날까지 저렇게 버틸 수 있는 힘도 거짓말에서 나온다. 거짓의 세력은 남북한 모두의 민중들이 힘겹게 싸우고 있는 공공의 적이다.

한국 사회는 거짓의 바다 속으로 침몰하고 있다. 머리끝부터 발끝까지, 대통령부터 말단 공무원까지, 군대에서 학교까지, 교회에서 사찰까지 거짓으로 곪아터진 우리 사회의 최대의 공적은 가난도 북한도 아니라 바로 거짓이다. 거짓말을 하는 우리 자신이며 힘센 가진 자들이 두려워 거짓을 알고도 눈감고 비겁하게 숨죽이고 있는 우리 국민들 자신이다.

진정한 부흥

한국 교회는 전통적으로 공산주의를 미워하고 한국의 군사주의와 애국주의를 지원해왔다. 그랬기 때문에 서북청년단 같은 기독 청년 패거리들이 해방직전 4.3 제주 민란 때에도 자발적으로 제주도까지 원정을 가서 공산주의자로 의심받는 양민들을 학살하고 약탈하는 무법한 짓을 거리낌 없이 저지를 수 있었고 전두환 같은 독재자들을 위해 교계의 지도자들이 공식 석상에서 축복하고 기도하는 들러리를 서 주었다. 원수를 사랑하라는 예수의 가르침도 북한 공산주의자들에게 적용될 수는 없다. 뼈에 사무친 증오심과 분노로 인해 예수 그리스도의 말씀조차도 들으려하지 않는다. 우리 한국정부는 오랜 세월 동안 근거도 없이 교수, 노동자 할 것 없이 간첩단이란 혐의로 수감하고 처형했지만 교회는 이런 권력자들의 거짓에 감히 대항하지 못했다. 한국교회는 군부독재의 차가운 동토에서조차도 가파른 교인 증가세를 가져왔다. 교회는 가가호호 방문하며 전도를 했고 거리와 지하철에서조차 복음을 전파했다. 그러나 독재자의 횡포에 눈멀고 혀 잘린 한국 교회의 십자가는 이제 더 이상 진실의 표상이 될 수 없게 되었다. 우리는 역사를 통해 진실하지 않은 교회도 "부흥"할 수 있다는 기독교라는 울타리 안에서 벌어지는 괴이한 사실을 목격하게 되었다. 그리고 지금도 진실과 상관없는 교회의 부흥을 간절히 바라는 목회자들이 넘쳐나고 있다. 예수의 가르침을 따르지 않고도 교회가 부흥할 수 있다는 사실이야 말로 명예와 더불어 안락하고 부유한 삶을 누리고 싶어 하는 젊은 목회자들에게 복음일 것이다.

그러나 진정한 부흥은 교인들의 증가만으로 증명되는 것은 아니다. 참으로 부흥된 교회 안에는 예수 그리스도의 말씀이 그리스도인들의 삶 속에서 실현되어야 한다. 그 첫 번째 지표는 정직성과 진실함이다. 부흥하는 교회는 스스로도 진실할 뿐 아니라 거짓말로 채색된 우리 한국 사회의 어두운 거짓의 가면을 벗겨 내고 진실을 밝히는 빛이 되어야 한다. 교회는 이제 사람이 빵만으로는 살 수 없음을 다시 가르쳐야 한다. 더 이상 진실을 팔아서라도 부자가 되겠다는 욕심을 버릴 때까지 우리나라의 경제가 계속 침체와 파멸을 하는 것이 하나님의 축복이고 하나님이 우리나라를 진정으로 사랑하신다면 이 민족이 진실의 가치를 다시 재발견할 때까지 고난과 가난의 나락으로 떨어뜨리실 것으로 믿는다.

진정한 부흥의 두 번째 지표는 평화다. 더 이상 교회는 하나님이 전쟁을 일으키는 잔인한 하나님이라고 거짓말을 해서는 안 된다. 전쟁은 우리 인간들의 오만과 탐욕, 분노와 절망이 만들어 내는 인간의 추악한 작품이다. 그리고 군 입대를 하는 젊은이들을 맹목적으로 축복해서는 안 된다.

우리 사회는 갈등과 분쟁으로 얼룩져 있다. 그리스도인들도 예외가 아니다. 수많은 그리스도인 가정들도 불화와 갈등으로 이혼의 위기에 싸여 있고 부모와 자녀들은 바다보다 더 깊은 세대 간의 간극으로 나뉘어 있다. 오늘날 교회 중에 평화로운 교회가 몇이나 될까? 교회의 지도자들은 당회에서 다투고 장로와 목사의 싸움으로 교회가 갈라져 나가는 것은 더 이상 신기한 일이 아니다. 갈등과 분쟁을 겪는 그리스도인들과 교회가 우리 사회와 다른 점은 그런 불화 속에서도 아무 일이 없는 척 얼굴에 미소를 띠고 평화를 가장하는 데 잘 훈련이 되어있다는 점이다. 속 안은 곪아 있는데 겉으로는 멀쩡한 사이비 공동체가 평화를 잃은 채 "하늘에는 영광 땅에는 평화"를 선포하는 것이 우리 교회의 현 주소다. 교회가 그리스도의 평화를 전파하고 화평케 하는 자신의 본분을 다시금 되찾기 위해서는 무엇보다 먼저 솔직하고 진실해져야 한다.

교회의 교육의 핵심도 성경 암송과 교리 학습이 아니라 정직하고 진실한 말과 행동을 가르치는 것이어야 한다. 이것이야 말로 모든 불확실성 속에서 하나님의 인도하심을 믿고 자신의 모든 꾀를 내려놓는 진정한 기본 신앙이기 때문이다. 교회가 우리 시대 이 땅에 존재하는 이유는 이 거짓의 바다에 등대가 되기 위해서다. 이 진실의 빛을 잃은 교회는 그 크고 작음에 상관없이 불 꺼진 등대요 어둠 속에서 희생자들을 기다리는 암초에 불과할 뿐이다. 안타깝게도 교회들은 대부분 빛을 잃은 어두운 등대가 되었다. 그러나 우리에게 진리의 영이 함께 하는 한 다시금 등대를 밝힐 기름이 있다. 정직성과 진실을 향한 교회의 회심을 통해서 다시금 한국 교회가 대한민국이라는 검은 거짓의 바다를 밝히는 등대로 어둠 속에서 자신의 모습을 드러내기를 염원한다.

8. 조국과 교회에 배반 당한 사람들

조국의 배신

제주도 남쪽 한라산 자락이 바다에 맞닿은 양지 바른 언덕에 강정이란 아담하고 작은 마을이 놓여있다. 동쪽 켠의 서귀포와 서쪽 중문 단지에서는 관광과 오락 산업으로 돈 버느라 눈이 빨갛지만 그 사이에 놓인 이 한적한 강정 마을 사람들은 그저 농사를 짓거나 밀감을 재배하고 있고 젊은 아낙네는 더 이상 힘든 물질을 안 해서 이제는 나이가 지긋한 해녀들만 빈 바다를 지키는 평화로운 마을이었다. 그러던 이 작고 햇빛 따사로운 마을에 재앙이 찾아왔다. 2007년에 대한민국 정부는 느닷없이 강정 앞바다를 메우고 커다란 항구를 만들어 해군들의 기지를 세우겠다고 발표했다. 마을 주민 대다수는 자기 마을에서 벌어질 이 엄청난 계획을 사전에 전혀 듣도 보도 못했다. 해군은 나이 들어 힘겹게 물질을 하고 사는 해녀들에게 해군기지건설 예정지역 안에서의 물질(바다조업)을 포기하기만하면, 대신 1억이 넘는 돈을 공짜로 주겠다고 유혹하였다. 또 일부 주민들을 비밀스럽게 회유하여 마치 마을 주민들 대다수가 해군기지 건설을 찬성하고 있는 것처럼 위장하여 추진했었다.[4] 그러나 정작 주민들의 대다수는 아직도 해군 기지 건설을 반대하고 있을 뿐 아니라, 대한민국이 과연 민주주의 국가인가에 대해 의

---

4) 제주해군기지 건설공사는 2016년 2월 완공되었다.

문을 품을 정도로 정부가 민주적인 의사 결정 과정 자체를 무시하고 군사 작전을 방불케 하는 공격적인 방법으로 해군 기지 건설계획을 추진하는 데 대해 깊은 실망과 좌절감을 느끼고 있다. 대대로 가족과 형제자매처럼 지내던 강정 마을 주민들은 해군 기지 건설로 인해 찬성과 반대파로 나뉘어 대립과 반목, 갈등과 분쟁을 겪은 나머지 이제는 서로 경조사조차도 찾아가지 않는 원수들이 되어버렸다. 서로 다른 입장 차이 때문에 부모와 자녀들이 갈라섰고 형제들 간에도 서로 내왕을 끊었다. 지금 강정 마을에 들어서면 주민들 서로 서로가 우군과 적군을 가리듯이 반대측은 노란 바탕에 검은 글씨로 해군기지결사반대가 쓰인 깃발을, 찬성측은 태극기를 집집 마다 긴 대나무 장대 위에 걸어 마치 전장 출정식을 연상케 하는 비장함을 느끼게 한다.

전쟁을 막고 평화를 가져오겠다는 군대가 오히려 분쟁과 갈등을 일으키는 모순된 상황 속에서 주민들은 고통을 겪고 있다. 해군은 오로지 기지 건설을 성공시키는 데에만 집착한 나머지 이 문제로 인해 주민들이 싸우든 마을이 파탄이 나든, 자연환경이 파괴가 되든 전혀 개의치 않는 것처럼 보인다. 문화재청이 지정한 천연기념물들과 멸종 위기에 놓인 희귀 동식물들이 수두룩한 생태계의 보고인 강정 앞바다를 메워버리고 그 위에 육중한 폭탄들과 대포들로 무장한 거대한 군함들과 핵잠수함, 항공모함까지 들락거리는 군항을 '관광 미항'이라는 미명으로 호도하면서까지 억지로 기지 건설을 관철시키려 하고 있다. 정부는 주민들의 반대가 두려워 주민들이 자유로운 투표 절차를 거쳐 기지 건설을 여부를 결정하는 것을 회피하고 있고 이로 인해 주민들은 서로 양분되어 분쟁하고 있다. 정부는 주민들을 불러 모아서 뜻을 물어야 한다. 이 민주주의의 기본원칙을 국가 스스로가 어기면서 우리 나라가 민주주의 국가라고 주장할 수는 없다. 한 주민은 "국가가 기본을 지키지 않으니 우리가 국가를 위해 군인으로서 의무를 다하고 노동을 해서 납세를 하며 지금까지 국법을 지키려고 노력했던 것들 모두가 부질

없고 후회스런 짓이었다"고 말하며 쓴 웃음을 삼켰다.

교회의 배신

에른스트 랑에라는 목사는 "세계를 분열시키는 것은 교회 또한 분열시킨다. … 교회를 분열시킨 것은 세계와 교회 사이를 연결하는 곳에서도 자신의 분열시키는 힘을 결코 잃어버리지 않는다." 고했다. 우리는 이런 분열의 현실을 강정에서 보고 있다. 해군들은 마을뿐 아니라 마을에 하나 밖에 없는 강정교회도 두 동강 냈다. 겉은 아직 하나인 것처럼 보이지만 찬 반 문제로 깊은 상처를 주고 받은 채 이미 여러 집사들이 교회를 떠나갔고 목사는 이 해군 기지 건설에 대해서는 아무도 교회 안에서 언급하지 말도록 엄포를 놓았다. 이것이 교회가 선택한 소위 '적극적 중립'이다. 그러나 이 마을에서 가장 심각하고도 중요한 사안을 말하지도 논의하지도 말라 하면 교회 안에서 나눌 이야기는 도대체 무엇이란 말인가?

개척자들이 일하고 있는 동티모르에서도 해방 전에 교회의 금기가 있었는데 그것은 바로 독립에 대한 논의였다. 교회 안에서 예수 믿고 천당 가는 것을 설교하고 찬송하는 것은 자유이지만 동티모르가 인도네시아로부터 독립하는 것이 하나님의 뜻인지 아닌지를 논의하는 것은 교회 안에서 금지되어 있었다. 우리 나라도 일제의 식민지를 경험했으니 해방 전에 교회 안에서 일본으로부터 독립하는 것에 대해 찬반 논의를 한다는 것 자체가 얼마나 어렵고 위험한 일인지 모르지는 않을 것이다. 그러나 하나님 나라의 공의와 평화를 실현해나가야 할 교회가 식민지배의 부당성을 지적하고 식민지 백성의 고통과 설움을 끌어안지 않는다면 그 교회는 죽은 교회일 수밖에 없다.

지금 강정 마을의 주민들은 교회가 공의의 편에 서고 자신들의 짓밟힌 주권을 찾아주기를 원하고 있다. 주민들의 의사 결정권을 무시하고 모든 정당한 절차를 무시한 채 목적 달성을 위해서는 수단과 방법을 가리지 않는 군대와 대한 민국 정부와 제주도지사의 오만과 횡포에 대해 예언자적인 대적을 해주기를 바라고 있다. 교회는 해군 기지 건설을 지지하는 장로들을 포함한 교회의 유력자들과의 대립과 갈등으로 교회에서 밀려나기는 했지만, 차마 하나님을 믿는 믿음은 저버릴 수는 없어서 정든 교회를 먼 발치에서만 바라보며 라디오 방송 설교로 영혼의 허기를 메우는 집사, 성도들의 상한 마음을 어루만져주고 감싸 안아 주어야 한다. 이웃한 절간의 주지 스님도 해군 기지 건설에 동조해 주기를 바라는 제주도지사의 면전에서 "주민들에게 그렇게 고통을 안겨주는 기지를 세우는 것을 어떻게 찬성할 수가 있냐"고 답변했고 가톨릭교회도 주교까지 나서서 해군 기지 건설을 반대했건만 유독 개신교회는 강정 주민의 아픔과 슬픔을 외면하고 있다. 일부 개신교회 목사들은 오히려 한 수 더 떠서 해군기지를 평화의 섬 제주도에 유치하기 위한 대책위원회를 세울 뿐 아니라 해군 기지 건설을 반대하는 강정 마을 주민들을 "굶주린 이리떼"요 국책 사업을 반대하는 "매국노"라고 일컬어 자신의 고향을 지키려 하는 소박한 주민들의 상처 입은 가슴에 못을 박고 있다. 원래 예수의 가르침은 비폭력과 원수 사랑이었고 초대교회의 전통도 군복무의 거부였었다는 사실을 가르쳐야 할 목사들이 가공할 파괴력을 갖고 있는 무기들과 무시무시한 화력으로 무장한 군함들을 평화의 섬 안으로 끌어들이기 위해 대책을 강구하고 있다는 사실이 안타깝다.

과거 기독교인들로 구성되었던 서북청년단의 빗나간 애국심과 불법적인 만행으로 깊은 상처의 기억을 갖고 있는 제주도민 들 앞에 주민들이 두려워하고 있는 군대와 군인들을 끌어들이는 일에 지금 다시 왜 교회와 목사들이 앞장을 서고 있단 말인가? 한때 강정교회의 안수 집사였지만 이제는 교회를 떠난 양홍찬씨는 해군기지 건설이 문제로 대두되어 갈등과 혼란이 생겨났을 때 그 위기가 교회에게는 중요한 선교의 기회일 수도 있었으나 교회는 선교의 기회를 잃어버렸다고 했다. 앞으로 가톨릭교회로 개종하겠다고 말하는 그의 떨리는 눈시울에서 자신을 배신한 조국과 교회에 대한 분노를 엿볼 수 있었다.

내가 바라는 제주도

제주도는 인구 70만도 안 되는 작은 섬이다.[5] 인구가 적기 때문에 올바른 지도자를 잘 선택하고 도민들 서로가 마음을 잘 합하기만 하면 우리 나라 어느 곳보다 도 더 앞선 사회를 만들 수 있는 곳이기도 하다. 게다가 이 작은 섬 안에는 모든 아름다운 자연과 풍광이 다 담겨있다. 이 천혜의 보고에 칙칙한 군대의 철조망으로 담을 쌓고 살상무기와 위압적인 전투 함대들을 위해 바다를 메우려는 발상은 그 자체가 퇴보적이고 반 문명적이며 반평화적이고 자연 파괴적이다. 평화의 섬에 해군이나 공군 기지를 유치해서 제주도의 지역 경제를 활성화시키겠다는 계획은 극히 근시안적인 발전 계획이다.

전쟁과 평화가 함께 춤출 수 없듯이 전쟁을 준비하는 군대와 평화의 섬은 함께 어울릴 수 있는 것들이 아니다. 만일 이 둘을 함께 섞어 짬뽕을 만들게 되면 평화의 섬을 향해 나아가려는 제주도의 푸른 미래에 먹물을 끼얹은 셈이다. 당장 이익이 눈 앞에 보일 지라도 아무것이나 닥치는 대로 물어서는 안 된다. 무엇이 미끼인지 먹이인지를 구분하지 못하는 정치 지도자는 시민을 구렁텅이에 빠뜨리게 된다. 군대는 제주도에게는 명확히 미끼다. 아무리 관광 미항이라는 미사여구로 화장을 해도 이경창 제주 해군 기지 사업단장의 말처럼 새로 건설될 강정 항구는 "해군 기지입니다. 그것은 분명히 군항입니다."(9월 11일 제주도 의회 제주 해군 기지관련 용역결과 보고회) 라는 말이 옳다. 화려한 대형 여객선이 극도의 보안을 요하는 중무장한 군함 곁에 나란히 정박한 모습을 홍보하는 해군의 선전용 포스터는 국민의 눈을 속이는 눈가림이라는 인상을 지울 수가 없다. 주민들의 이야기처럼 포스터의 대형 여객선은 차라리 미 해군의 핵잠수함이나 항공모함으로 바

---

5) 현재 제주도민의 총수는 69만5천명이다. (2020년 4월 기준)

꿰었어야 자연스럽게 어울렸을 게다. 육중한 시멘트 장벽으로 바다를 갈라놓은 방파제 주변을 형형색색의 아름다운 열대어들이 헤엄치는 모습도 환경 영향 평가조차 졸속으로 처리하려는 정부 당국에 걸맞은 포스터는 아니다. 대한민국 정부는 더 이상 이런 얄팍한 속임수를 통해 주민들 간의 분열과 갈등을 일으키지 말고 정정 당당하게 주민들을 설득하고 주민들의 결정을 겸허히 받아들여야 국민의 정부가 되지 않겠는가? 힘없는 농민들은 오랜 동안 정부와의 싸움으로 지칠 대로 지쳐있다. 이들이 원하는 것은 정부가 주민들에게 해군 기지 건설의 당위성과 주민들에게 돌아가는 혜택이나 보상을 정직하고 성실하게 설명하고 설득한 후 공정한 투표를 하게 하라는 것이다. 만일 주민 다수가 찬성을 한다면 지금까지 반대해왔던 이들도 결과에 승복할 것이라고 한다. 이런 당연하고도 상식적인 절차만이 찢어지고 깨어진 강정 마을 공동체를 회복하고 다시 하나되게 하는 길이다.

제주도는 우리 대한민국의 미래다

제주도는 4.3 때에도 조국에게 배반당한 경험이 있었다. 그 때에 우리 대한민국 군인과 경찰에 의해 3만 명 이상의 무죄한 제주도의 민중들이 억울하게 죽임을 당했고 그 중에는 수많은 여인들과 어린아이들도 함께 목숨을 잃었다. 그렇기 때문에 강정 마을 주민들이 해군기지 건설에 대항하면서 60년이 지난 4.3의 악몽을 다시 떠올리는 것이 결코 놀라운 일이 아니다. 이제 제주도에서만큼은 국가가 더 이상 국민을 배신하고 조롱해서는 안 된다. 다시 4.3의 쓴 고통의 기억으로 순박한 농민들을 괴롭혀서는 안 된다.

이제 이 평화의 섬 제주도에서 군인들과 군부대들은 모두 철수해야 한다. 평화의 섬은 무기와 폭력, 군대와 전쟁을 통해서가 아니라 오직 평화 그 자체를 통해서만 지켜질 수 있다는 신념으로 제주 도민 모두가 하나가 된다면 더 이상 제2

제3의 비극적인 강정 분쟁은 일어나지도 않을 것이다. 치안을 유지할 경찰만으로 이 섬은 지켜져야 한다. 군사기지를 건설하고 군대들을 유지하는데 쏟아 붓는 엄청난 국방비의 반만으로도 국제 평화를 증진 시키기 위한 각종 시설과 교육 기관들을 세울 수 있다. 제주도에 해군 기지를 세우느니 지금 외국어 대학에서 유치를 하긴 했지만 아직은 유명 무실한 유엔(UN)대학을 세우거나 국제적인 환경 보호 단체 그린피스(Green Peace)의 아시아 지역 본부를 유치하거나 홍콩과 태국 등지를 전전하는 아시아 교회 협의회(CCA)와 같은 비중 있는 국제 기관들을 끌어들이자. 그리고 그런 국제 기관 종사자들에게 무비자로 1년 이상을 체류할 수 있도록 여권법을 새롭게 제정하자. 또한 해군 기지 건설의 반의 반만이라도 출연하여 우리 국민에게 최고의 신뢰를 받는 119 구조대원들을 대폭 증강하고 구조 장비를 현대화하여 제주도를 이 세상에서 각종 자연 재난과 위험으로부터 가장 안전한 섬으로 만들자. 이렇게 이미 주어진 자연 생태계의 아름다움과 평화와 사회 안전성 이미지의 제고를 통해 제주도는 한국의 한 지방으로서의 제주도(道 Province)를 넘어서 국제 사회가 모두 자신의 땅이라고 여길 수 있는 인류 공동의 평화의 섬으로 거듭나기를 바란다. 나는 이 길이 앞으로 우리나라가 나갈 길이요 국제 기관들이 가득 들어찬 유럽의 스위스처럼 인류의 평화를 위해 모든 나라들이 반드시 지키고 보전해야만 할 작지만 소중한 나라가 되는 길이라고 믿고 있다.

정말 우리가 현실적으로 생각한다면 우리 나라가 살 길은 둘 중의 하나다. 우리도 북한처럼 핵무기로 무장을 하거나 아니면 무력이 아닌 평화의 힘으로 우리 나라를 지켜내야 한다. 재래식 무기로는 우리를 둘러싼 중국과 러시아와 일본을 도저히 당해낼 수가 없다. 나는 대한민국이 앞으로 적절한 절차를 밟아서 육 해 공군을 포함한 모든 군대를 해산하기를 바란다. 코스타리카처럼 우리나라도 군대 없는 평화 국가를 선포하고 비 생산적이고 비 효율적인 국방비 지출 대신 세계 최강의 국제적인 경찰력을 증강하여 질서와 안정을 갖춘 나라가 되기를 바란다. 그렇게 군대가 없는 비무장(DMZ) 국가가 되어 다음 시대에 인류가 나아가야할 길을 먼저 앞장서서 열어가는 나라가 되기를 바란다. 이 동북아시아의 중정(中庭)처럼 강대국 중국과 일본, 러시아와 미국 사이에 놓인 정원 같이 아름답고, 쉴 수 있는 나라 국제적인 갈등과 분쟁을 조정, 중재하는 나라, 정치적인 이유로든 아니면 종교적인 이유로든 자신의 양심과 신앙의 자유를 지키기 위해 자신의 고향에서 쫓겨난 피난민들에게 은신처를 제공해주고 따뜻하게 돌보아주는 나라, 외국인에게도 차별 없이 동등한 대우와 공정한 기회와 혜택이 돌아가는 나라, 외국인 노동자들도 하루 일과를 마치고는 지친 몸과 마음을 이끌고 사랑하는 가족들의 품으로 돌아가 평화롭게 잠들 수 있는 나라가 되기를 바란다. 이런 평화로운 대한 민국의 미래가 지금 제주도에서 실험되고 있는 것이다.

제주도는 지금 평화를 실험하고 있다. 평화의 섬 제주도를 무장해제하는 실험이 성공할 수 있다면 우리 한반도도 전쟁과 무력 대결로 황폐해져 가는 지구의 푸른 바다 위에 외로이 떠있는 평화의 섬이 될 수 있을 것이다. 나는 온 인류가 우리 대한민국을 생각할 때 마다 세계의 분쟁 당사국들이 함께 모여 머리를 맞대고 해결책을 찾는 평화의 나라로 또 신앙과 양심의 자유를 찾아 유리 방랑하는 자들의 피난처가 되는 자유의 도성으로 기억되기를 바란다. 이런 우리 나라의 평화로운 미래를 위해서 오늘 우리는 강정 앞 바다의 평화를 지켜내야만 한다.

9. 미래를 먼저 본 자들의 형벌

그리스도인은 대부분 자신들이 비그리스도인에 비해 선하고 양심적이라고 생각하는 듯하다. 나는 이런 믿음이 오해와 편견이라고 생각한다. 내 경험에 따르면 대부분의 그리스도인은 성경의 가르침을 따라 살기보다는 구원을 받아 천국에 갈 거라는 맹신에만 사로잡혀 있기 때문이다. 교회사에서도 초대교회를 제외하면 비그리스도인과 별반 다를 바 없이 살았음을 확인할 수 있다.

그렇다면 초대교회 신앙인들은 어떻게 시류에 편승하지 않고 신앙을 지키며 살았을까. 나는 그 이유가 그들이 언제나 긴장 속에서 자신들을 박해하는 제국과 싸워야 했던 현실에 있었다고 본다. 그들은 그리스도인이라는 이유로 그렇지 않아도 밥 벌어 먹기 힘든 시대에 공무원이나 교사, 군인이 되는 길을 스스로 포기했다. 신앙과 양심을 지키기 위해 기꺼이 부당하게 부이익을 당하는 삶을 선택한 것이다. 그들은 심지어 처참한 고문을 당하고 목숨에 위협을 받으면서도 신앙을 포기하지 않았다. 그들에게 제국의 황제는 붉은 용(계 12:3)이요, 적그리스도(요1 2:18)였다.

오늘 우리에게는 이런 로마 제국이 없다. 우리는 어디서든 자유롭게 예배할 수 있고 교회를 세울 수 있지 않은가. 그러나 조금만 살펴보면 지금도 8백여 명이 자신의 종교적 신념을 저버릴 수 없어 창살 안에 갇혀 젊음을 잃어 가고 있음을 알 수 있다. 소위 '양심적 병역 거부자'들이 그들이다.[6] 우리 사회는 그들을 매국노, 병역 기피자, 불효자, 무책임한 자 등으로 낙인찍고 비난한다. 그러나 이들은 자신의 신앙을 지키기 위해 사회적 비난과 부당한 처벌을 받아들이는 용기 있는 자들이다.

이들 중 대다수가 기독교가 이단으로 정한 '여호와의 증인'이다. 교회가 양심적 병역거부자들을 위한 대체복무제를 지지하지 않는 이유가 이들의 어려움을 가중시켜 교세가 확장되지 못하게 하려는 것은 아닌지 의심스럽다. 입술로는 이웃 사랑, 원수 사랑을 말하면서도 총을 들지 않겠다고 하는 젊은이들이 가족과 생이별하면서 차가운 감옥으로 가는데도 방관만 하고 있는 것이다. 슬픔과 실망 가득한 그들의 얼굴을 마주할 용기도 없이 그리스도인들은 침묵하기만 한다. 그들의 고통이 자업자득인 양 연민조차 느끼지 못한 채 구경만 한다.

이런 무감각, 무감동의 역사적 뿌리는 실로 오래되었다. 이미 중세시대에 기독교는 가녀린 여성들을 마녀로 몰아 그들의 몸을 찢고 마침내 불에 태워 버렸다. 어떻게 그토록 잔인할 수 있었을까. 그들을 인간이 아닌 마녀로 여겼기 때문이다. 지금 당시의 마녀 사냥을 옹호하는 이들은 없다. 오히려 다시는 간악한 종교 지도자들의 횡포와 우매한 신자들의 맹종이 야합하는 역사가 반복되어서는 안 된다고 생각할 것이다. 그러나 이런 악한 역사는 지금도 계속되고 있다. 대상이 마녀에서 이단으로 옮겨 갔을 뿐이다.

여호와의 증인은 일제강점기 당시 징병제를 최초로 거부해 38명이 체포된 것을 시작으로 지금까지 1만 3천명 이상이 병역 거부를 해 왔다. 이들이 감옥에서 보낸 시간만 합해도 3만 년이 넘는다. 우리나라 역사를 5천 년이라고 잡아도 그 역사를 6번이나 반복할 만큼 긴 세월 동안 이들은 실망과 좌절의 세월을 살아 온

---

6) 지금 양심적 병역거부자들은 대체 복무를 할 수 있도록 2018년부터 제도적 변화가 생겼다. 이들은 교정시설에서 3년을 합숙으로 복무하게 된다.

것이다. 그러나 이들의 희생과 고난에 우리는 아무런 분노도 느끼지 못한다. 그러면서 어떻게 정의와 평화, 사랑을 말할 수 있는가.

'초대교회로 돌아가자'는 말을 수없이 듣는데, 바로 그 초대교회도 처음에는 유대교에서 분리된 이단으로 낙인찍혀 고난과 핍박을 받았다는 사실을 기억해야 한다. 우리 신앙의 선조였던 그들의 신앙과 정신을 본받고 싶다면 입맛에 맞는 전통만 취사선택해서는 안 된다. 그들이 그러했듯 우리도 공권력의 탄압에 맞서 싸워야 한다. 우리 가계의 숨통을 쥐는 자본주의의 경제 질서를 거부하고 무소유의 공동체를 만드는 데까지 나가야 한다. '초대교회' 혹은 '예수'라는 이름을 팔아 인기를 얻는 대신, 십자가와 부활의 길에 들어서야 하는 것이다.

2001년, 불교신자 오태양 씨가 병역 거부를 함으로써 여호와의 증인이 아닌 청년들이 병역 거부를 하기 시작했다. 그들 중에는 그리스도인도 있다. 마녀 사냥을 강 건너 불구경하듯 대하는 사이 우리 교회 청년이 다음 화형대에 서는 걸 봐야 하는 상황이 온 것이다. 국방의 의무를 더욱 강조하고, 국가관을 제대로 확립하도록 단속하면 해결될 문제라고 보는가. 그렇지 않다. 양심의 소리는 부모의 권위, 교회의 교리, 국가의 공권력 등으로는 막을 수 없다. 바로 그 양심의 소리에 귀를 기울이는 것이 개신교의 뿌리이기도 하다.

지금 한국의 주류 교단은 양심적 병역 거부를 반대하고 있다. 그러나 머지않아 젊은이들의 가슴에 붙은 이 불이 번져 우리나라의 모든 구치소와 교도소에 이들을 수용할 수 없을 만큼의 병역 거부자들이 등장할 것이다. 그래서 대체 복무제를 도입하지 않을 수 없거나, 징병제를 폐지하고 모병제를 실시할 날이 반드시 올 것이다. 그때 감옥에 간힌 우리의 자녀들을 향한 인도주의적 호소를 외면했던 한국 교회는 무슨 말로 자신을 변명할 것인가.

하나님이 무조건 교회의 편이라고 믿는 이들은 마지막 날, "나더러 '주님, 주님' 하는 사람이라고 해서 다 하늘나라에 들어가는 것이 아니다. 하늘에 계신 내 아버지의 뜻을 행하는 사람이라야 들어간다"(마 7:21)라는 말씀을 듣고 어둠 속으로 추락할 것이다. 이제라도 교회는 청년들에게 자신의 신념에 반하는 요구나 강요에 대해 "아니오"라고 말할 수 있는 용기를 가르쳐야 한다. 부모 가슴에 못을 박는 한이 있더라도, 실직에 처할 위기를 맞더라도, 공권력에 의해 감옥에 가야 하더라도 말이다.

양심에 따라 사는 사람은 하나님의 형상을 따라 사는 사람이다. 지금 감옥에 갇힌 양심적 병역 거부자들은 우리 사회의 다가올 미래를 선취한 예언자들임을 역사가 밝혀 줄 것이다. 어느 시대나 예언자들은 고난과 박해를 받았다. 그들은 불행히도 보아서는 안 될 미래를 남들보다 먼저 보았기 때문이다.

10. 내가 바라는 대한민국

　한때 만삭의 임산부들로 구성된 원정 출산대가 붐을 일으킨 적이 있다. 자녀의 이중국적 취득을 위해 부득불 해외에서 출산하기 위해 꼼수를 부리다가 이민국에 적발돼 추방당하기도 하는 모습을 보며 나는 우리 국민의 일그러진 자화상을 보았다. 확실히 우리 국민 중 다수는 자신이 대한민국 국민이라는 사실에 불만족하거나 부끄러워하는 듯하다.

　때로 나도 국제회의에 참여할 때마다 사람들이 한국인보다 일본인이나 유럽인에게 호의를 베풀 때 은근히 서운하거나 반대로 동남아시아나 아프리카인보다 더 존중받는다는 느낄 때 우쭐해지기도 했다. 이런 열등감이나 우월감 모두 병든 세계가 우리에게 주입한 썩은 감정들이다. 나부터 이런 비뚤어진 정체성으로부터 벗어나 자랑스러운 대한민국 국민이 되고 싶다.

　자랑스러운 대한민국, 내가 바라는 대한민국은 다음과 같은 국가다. 먼저 우리는 '국민소득 ○만 불 시대'에 대한 환상을 버려야 한다. 몇 년 전까지만 해도 국민소득 2만 불 시대가 지상 최대 과제인 듯했다. 그러다 2만 불을 달성하자 3만 불을, 지금은 4만 불 시대를 오매불망 기다리고 있다.[7] 물론 경제는 중요하다. 그러나 우리나라는 경제만 지나치게 중시한다. 신뢰와 사랑, 정의와 평화, 역사

---

7) 2020년 우리나라의 국민총생산(GDP)는 1조7천억달러, 1인당 GDP는 3만3491달러이다.

의식과 인류애과 같은 가치의 고양이 중시되는 시대는 언제쯤 올까. 나는 우리나라가 돈이 최고라고 가르치기보다 모두가 자신의 신념에 따라 살도록 용기를 주고, 학교에서는 자유의 정의의 실천을 가르치고, 종교 단체는 사랑과 자비를 전파하는 그런 나라가 되기를 바란다.

둘째, 범죄자가 없는 나라를 바란다. 나는 한 나라의 국격은 소득 수준이 아닌 범죄율에 달려 있다고 생각한다. 범죄는 사회 불평등과 부조리, 미움과 증오, 냉담과 무관심의 토양에서 자라는 악이기 때문이다. 따라서 그 범죄의 배후에는 언제나 사회의 공조가 있다. 그러므로 범죄자를 처벌할 때 우리 국민 모두가 참회하고 그 책임을 나누기 위한 조치를 취해야 한다. 그 예로 범죄세를 신설해 범죄가 늘면 세금을 더 많이 거둬서 청소년들이 올바르게 자랄 수 있도록 교육하는 것을 들 수 있다. 특히 교회는 초대교회의 전통을 따라 신도들을 심방하듯, 수감자들을 심방해 그들을 위로하고 훈시하는 일에 앞장서야 한다.

셋째, 성적 부패가 없는 나라를 바란다. 도심에서 조금만 벗어나면 러브호텔이 즐비하다. 요즘은 입구부터 주차장뿐 아니라 번호판까지 다 가리고 남녀 가릴 것 없이 성적 부패로 빠져든다. 성적 탐닉이 전 국민의 여가활동이 되어 버린 듯하다. 아름답고 한적한 교외가 삶을 돌아보고 휴식하는 공간이 아니라 매춘과 매음의 소굴이 되어 버린 것이다.

어릴 적 내가 자란 동두천은 수려한 소요산과 맑은 한탄강 지류가 어우러진 아름다운 마을이었다. 하지만 사람들은 지금 그곳을 미군부대와 창기들의 더러운 마을로 인식한다.[8] 나 또한 미군부대와 창녀촌 인근에서 자란 아이들이 망가지는 모습을 보며 자랐다. 포주들도 자기 자녀만큼은 끔찍하게 아껴서 서울로 유학을 보내려고 하지만 어느 날, 자기가 고용한 창녀와 자고 있는 자녀를 발견하는 게 정해진 운명이었다.

---

8) 미국부대는 현재 평택으로 이전하고 그 자리에 동양대학 캠퍼스가 지어지고 있다.

러브호텔을 허물자. 그곳을 도서관이나 미술관으로 바꾸자. 젊은이들이 미래를 꿈꾸는 공간, 나이 든 사람들이 휴식하고 여유를 누리는 공간으로 바꾸자. 그렇지 않으면 곧 우리 자녀들의 정신은 병들고 우리 국민의 얼은 썩을 것이다.

넷째, 나그네를 환대하는 나라를 바란다. 나는 언젠가 미국을 다녀오고 나서부터 'welcome'이라는 단어를 보면 기분이 나쁘다. 미국 공항에 들어섰을 때 그 단어가 커다랗게 붙어 있었지만 정작 길게 늘어선 줄에서 입국 허가를 기다리며 무례한 대접을 받고, 잠재적 범죄자인양 지문 날인을 하고 홍채까지 찍히고 나니 그렇게 된 것이다. 모든 나라가 미국인을 대상으로 공항에서 지문 날인을 하고 홍채 촬영을 하면 미국이 외국인에 대한 이런 무례한 행동을 중단할까? 우리 또한 우리나라에 입국한 외국인들을 차별하지 말아야 한다. 단지 저개발 국가에서 왔다는 이유만으로 그들에게 임금을 적게 주는 악덕 기업주들은 회개해야 한다. 우리나라가 피부 색깔이 아닌 능력과 성품으로 사람을 대하는 상식적인 나라가 되기를 바란다.

다섯째, 사대주의에서 벗어난 나라를 바란다. 우리나라 정치사에 사대주의의 산맥이 도도히 흐르고 있다. 옛날에는 중국을, 구한말에는 일본을, 지금은 미국에 기대 살려고 한다. 우리 국민의 과반수가 원치 않는 데 정부와 대통령은 파병을 결정했다. 노무현 대통령이 나의 마음에 비수를 꽂았다. 여당과 대통령의 정책을 사사건건 반대하던 야당도 이라크 파병에는 의기투합이 되었다. 우리 국민들은 역사를 통해서 무엇을 배우는 것인가? 우리 국민들이 베트남 전쟁을 통해서 배웠을 법도 한데 베트남 국민들에게 고통을 안겨주었던 부끄러운 역사는 또다시 먼지 묻은 역사책 속에 묻혀버리고 우리는 다시금 강대국의 용병이 되기 위해 전열을 가다듬고 있다. 우리가 월남전의 공과를 더 철저히 반성했었더라면 이렇게 어설프게 또 다시 제2의 월남전을 치르지 않을 수도 있었을 것이다. 그러나 안타깝게도 우리 사회에서 월남전에 대해 조금이라도 비판적인 논의를 하기만 하면 '따이한 용사회'와 같은 전쟁참여 집단들에 의해 행패를 당하게 되어 우리는 월남전이라는 과거사를 변변히 반성할 수 있는 기회조차 얻지 못했다. 우리가 앞으로 이라크에서 흘릴 우리 젊은이들과 이라크 주민들의 무고한 피의 대가는 이들과 이 결정을 막지 못한 우리 국민 모두가 치러야만 할 것이다. 이라크전의 명분이었던 대량 살상 무기는 전후 1년이 지나도록 보이지 않는다. UN도 평화 유지군 파견을 원치 않는다. 세계가 동의하는 파병이 아니다. 단지 미국이 원할 뿐이다. 미국의 협박과 회유 때문에 우리는 또 다시 영국과 스페인과 함께 미국의 개가 되었다. 옛날 이스라엘이 하나님보다 애굽을 더 의지하였듯이 지금 한국 교회는 하나님보다도 미국을 더 의지하고 있지만, 교회에서도 하나님께로 돌아가라는 예언자의 목소리는 사라지고 있다. 자신의 의지와 반해서 무엇인가에 굴종하여 살아가고 있는 우리는 노예임에 틀림없다. 나는 이런 비굴한 노예의 나라에서 탈출하고 싶다.

정의로운 돈세탁

군인들도 이라크인들의 정의를 위해서가 아니라 더 많은 봉급 때문에 앞 다투어 파병을 지원하고 있다. 월남 전 때처럼 전쟁의 명분은 자유와 정의이지만 실제로는 미국에 빌 붙어 석유를 얻고 건설 수주를 따내 우리의 배를 채우겠다는 경제적 이익 때문이다. 월남전으로 우리 나라는 경제 부흥을 이뤘다. 한강의 기적이 아니라 메콩강의 기적으로 우리 대한민국은 아시아의 소 강대국이 되었다. 불의한 재물은 저주와 재앙을 가져온다. 우리 젊은이들과 무고한 베트남 주민들의 뿌린 피로 얻은 돈과 재물로 얻은 경제 기적은 우리 국민들의 도덕성을 마비시켜 안일과 음란에 빠지게 했다. 그에 따라 윤락 산업이 번창하게 되었고 인신매매가 성행하여 어린 소녀들, 시장 나온 가정 주부들까지 납치 폭행 당한 채 사창가에 팔려 나가는 극도의 저질 사회가 되어 버렸다. 일본도 마찬가지다. 일본이 한국 전쟁을 통해 경제 재건을 이루었고 우리 한국인의 피 값으로 이룩한 일본 경제는 지금 일본인을 가장 부유하지만, 가장 불행한 국민들로 만들어 놓았다. 적어도 우리 나라는 베트남 사람들에 대해 그들의 희생에 대한 보답을 위해 베트남의 재건을 돕고 베트남 사람들이 한국에서 자유롭게 일할 수 있도록 허락해야 하며 이와 같이 일본도 한국에 대해 동일한 자유와 권리를 부여할 때 경제 정의가 바로 설 수 있으며 불의한 재물이 세탁될 수 있다고 생각된다.

자유의 도성, 대한민국

나는 우리 대한민국이 이 세상 모든 사람에게 열린 자유의 도성이 되기를 바란다. 전염병을 앓는 사람이 아닌 이상 누구나 자유롭게 들어와서 여행할 수 있고, 살 수 있고, 일할 수 있고, 교육받을 수 있고, 치료 받을 수 있는 나라인 대한민국을 꿈꾼다. 비자도 필요없다. 정치적인 이유로든 사상적인 이유로든 박해 받는 자들의 피난처가 되게 하라. 가난한 자들이 와서 굶주린 가족들의 양식을 구하기 위해서 자유롭게 일 할 수 있는 나라, 휴대전화나 자동차 수출 때문에 자랑스러운 나라가 아니라, 자유와 정의 때문에 인정받는 나라가 되기를 원한다. 우리 대한민국은 단지 한국인만을 위한 나라가 아니다. 국익이 아니라 인류 공동의 이익을 추구하는 나라, 우리만의 안보가 아니라 세계의 평화에 기여하는 나라, 나는 그런 자랑스런 나라의 국민이 되기를 원한다.

11. 안개 낀 숲길의 이정표

깊고 험한 산을 오르다 보면 간간이 나타나는 이정표의 반가움을 잊을 수 없을 것이다. 그 이정표는 우리가 올바로 가고 있는지를 알려 주고 앞으로 가야 할 방향을 가르쳐 주기 때문이다. 우리 생애에 그런 이정표가 있다면 그 중요성은 그 무엇에도 비기기 어려울 것이다. 특별히 불확실성이 깊은 안개처럼 드리워진 우리 시대에 바르고 정확한 이정표들이야말로 더할 나위 없이 중요하고 또 이를 발견하는 것은 값진 행운이다. 그리고 무엇보다도 길 표시가 안 보이는 길을 찾아가는 것은 많은 경험을 필요로 한다. 다행스럽게도 우리 개척자들에게는 우리의 길을 안내해 주는 이정표들이 보이고 있다.

애국이라는 잡념

최근 일본이 또 다시 독도를 자기네 땅이라고 주장하면서 온갖 매스컴들이 앞다투어 애국자와 매국노라는 곰팡내 나는 낡고 해묵은 단어들을 토해내고 있다. 애국과 애국심, 애국자와 같은 말들은 자기 나라만을 놓고 생각하면 당연하고 비장하기까지 해 보이지만 이웃 나라와 온 세상을 함께 놓고 보면 그 의미가 아리송해지고 때로는 분노를 느낄 정도로 터무니 없이 주관적이고 임의적이라는 생각이 들게 된다.

나는 애국자들이 싫다. 어린 시절 나에게 우리 나라를 사랑하라고 가르치거나 질책하는 사람들이 무섭고 두려웠다. 그 "애국자"들은 나라를 위해서라면 그 어떤 희생도 치를 수 있어야 한다고 설교했었다. 애국 아니면 매국이라는 흑백논리의 잣대로 나를 처단하려는 애국정신의 수호자들은 내가 감히 조국을 위해 목숨을 바친 애국 선열들을 폄하하려 든다고 분노할 지도 모르겠다. 나는 이들에게 자기 민족과 나라를 위해 목숨을 바친 이런 애국자들은 우리 나라뿐 아니라 일본이나 미국에도 많이 있고 이들의 삶과 죽음이 어떠했는지를 숙고해 보기를 권한다. 우리는 이등박문과 같은 일본의 애국자들 때문에 36년간 나라를 빼앗기고 고통과 수모를 겪었어야 했으며, 지금도 자국의 영토를 수호하겠다는 일본의 극우주의자들과 보수 정치인들의 애국심 때문에 독도 문제로 가슴앓이를 하고 잇다. 민주주의 선진국이라고 자처하는 미국이 9.11 테러 이후 국민의 안전을 위한다는 이유로 "애국법(patriot act)"이라는 악법을 제정하며 시민들의 사생활을 마음대로 검열할 수 있는 경찰 국가로 퇴보하는 원인도 '애국심' 때문이다. 우리 시대의 아픔과 수치를 온 몸으로 짊어지고도 자라나는 세대들에게 삶의 진실을 나누려는 희망을 죽는 순간까지 실천해 오신 존경스러운 스승 권정생 선생님이 녹색평론에 남기신 "애국자가 없는 세상"이란 시가 있다.

애국자가 없는 세상 _ 권 정 생

이 세상 그 어느 나라에도
애국 애족자가 없다면
세상은 평화로울 것이다.
젊은이들은 나라를 위해
동족을 위해

총을 메고 전쟁터로 가지 않을 테고

대포도 안 만들 테고

탱크도 안 만들 테고

핵무기도 안 만들 테고

국방의 의무란 것도

군대 훈련소 같은 데도 없을 테고

그래서

어머니들은 자식을 전쟁으로

잃지 않아도 될 테고

젊은이들은

꽃을 사랑하고

연인을 사랑하고

자연을 사랑하고

무지개를 사랑하고

이 세상 모든 젊은이들이

결코 애국자가 안 되면

더 많은 것을 아끼고

사랑하며 살 것이고

세상은 아름답고

따사로워질 것이다.

이 시에는 국가나 애국 같은 허울과 허상을 거둬버린 삶의 진실이 배어 있으며 칙칙한 군복과 군화의 공포와 위압으로 우리를 억누르는 파시즘의 어두운 감옥으로부터 우리를 해방시키고 자유케 하는 신선한 바람이 불고 있다. 또한 포탄

연기로 검게 그을리고 매캐한 탄약 냄새가 자욱이 배인 전쟁의 폐허에서 미래의 희망을 머금은 채 새롭게 돋아나는 작고 푸른 싱싱한 잎새가 평화의 메시지를 들려주는 것만 같다. 그렇다. 우리에게는 아직 희망이 있다. 애국심도 애국자도, 국경도 군인도 비자도 이민국도 총도 대포도 전투기도 군함도 잠수함도, 미사일도 핵무기도 다 필요 없는 새로운 미래에 대한 희망을 품었던 선배들이 계셨고 우리가 지금 이 꿈을 품고 있으며 앞으로 더 어린 자라나는 세대들 중에서 평화를 사랑하는 후배들이 우리들의 꿈을 이어 받을 것이다. 그리고 어느 날엔가는 그렇게도 자명한 것처럼 믿어 왔던 노예제도나 식민지가 마침내 이 땅에서 사라졌듯이 국경도 군인도 전쟁도 없는 시대가 올 것이다. 우리는 다행스럽게도 권정생 선생님과 같은 예언자들과 선각자들의 뒤를 이어 오늘 속에서 미래를 살아가고 있다.

두 종류의 기독교 지도자

오늘날 우리 한국 교회에는 두 종료의 지도자들이 있다.

첫 번째는 우리 시대의 금기를 피해가며 기존의 틀 속에서 성공적으로 살아가는 길을 안내하는 순응과 성공의 지도자들이다. 전병욱 목사나 김동호 목사처럼 고지론을 주창하는 분들이다. 이런 지도자들은 우리 시대에 인기와 명예, 존경과 신망을 얻되 특별히 엘리트 계층이나 해외 유학생 그룹(KOSTA)과 같은 지식층, 경쟁 사회의 우위를 차지할 능력을 갖춘 이들에게서 더욱 많은 추종자들을 얻을 것이다. 그러나 이들은 우리 사회를 개선할 수 있을지는 모르지만 근본적으로 변화시킬 만한 혁명적인 사상이나 동력은 갖고 있지 못하다. 마치 하나님의 기업을 자칭하는 이랜드가 한국 기업들의 투명성이나 기업 윤리에 대한 제고에는 기여할 수 있는지 모르겠지만 결코 물질 만능의 자본주의의 구조 변화에는 아무런 기여도 할 수 없고 하나님의 대학을 자칭하는 한동대학교가 신학생들보다도 예배에 열심히 출석하는 순종적이고 헌신적인 대학생을 교육해내 수 있을지는 몰라도 우리 나라의 이기적이고 경쟁적인 교육구조를 변화시키는 데는 아무런 공헌을 할 수 없는 것과 같은 이치다.

두 번째의 지도자들이 있다. 이들은 우리가 사는 세상을 하나님의 뜻에 맞도록 총체적으로 변화시키는 소명을 실천하는 예언자적인 지도자들이다. 이들은 우리 사회의 철저한(radical) 변혁을 요구하고 이를 실제 자신의 삶을 살아나가는 지도자들이다. 우리 앞 길에 이런 빛나는 신앙의 선배들이 적지 않지만 여기서는 함석헌옹과 대천덕 신부, 문익환 목사, 권정생 선생님 등을 거론하는 데 그치겠다. 이분들은 당신들이 살아 생전에 당연히 받아야 할 대우와 존경을 다 못 받으셨고 때로 고난과 비난, 가난과 외로움과 싸우며 한 많은 생애를 마감했다. 살아 생전에 많은 인기와 명예를 누리시지도 못했다. 단지 진지하게 길을 찾는 소수의 구도자들만이 그들의 진가를 알고 있었다. 그러나 이 분들은 돌아가시고 나서 그 빛을 더하셨고 그 분들의 빈소와 장례는 진정으로 이 분들의 숭고한 뜻을 따르려는 슬픔에 빠진 "제자들"의 행렬이 줄을 이었다. 그리고 지금 이 분들의 뜻과 신념은 우리 후배들의 마음 속에서 부활하고 있다. 우리에게는 우리 시대가 무엇을 마감해야 하고 어떤 새로운 시대의 문을 열어나가야 할 지를 내다보는 이런 두 번째의 지도자들이 필요하다. 세상의 앞자리를 차지하려는 약삭빠른 교회와 그리스도인들의 변신이 아니라 우리 나라와 인류 사회의 혁명적 변화의 환상을 보여 주고 이런 미래를 현재 속에서 선취하여 살아가는 진정한 예언자들의 목소리에 귀를 기울이자. 이들은 우리가 우리 자신의 출세나 발전, 우리 교회 내부의 일상이나 교회 성장의 관심을 넘어서서 부유하고 권력을 가진 힘있는 사람들이 지배하는 오늘날의 세상을 뒤집어 엎는 일(함석헌), 이 세상의 모든 땅은 하나님께 속한 것이니 모든 사유재산의 근본이 되는 땅의 사유 재산제를 폐지하고 땅의 공유를 통해 가난한 사람들을 위한 토지 정의를 실현하는 일(대천덕), 민족의 마음을 가른 반공이데올로기의 높은 담장을 허물고 통일의 새 시대를 열어가는 일(문익환), 군인도 전쟁도 없는 평화로운 세상을 만들어가는 일(권정생)에 더 깊은 관심과 책임을 느끼라고 우리를 일깨우고 있다.

12. 군대 없는 나라

폭력은 영성이다

우리시대에 가장 강력한 영적 세력은 무엇일까? 나는 그것이 돈과 칼이라고 생각한다. 그 누구도 또 어떤 종교도 맘몬보다 더 강력한 영향을 미치지 못하는 것 같다. 비록 돈은 하나님과 더불어 함께 섬길 수 없지만, 그러나 돈은 때로 필요하고 유용하게 쓸 수도 있다. 또 돈으로 남을 도울 수도 있다. 그러나 돈과 맘몬보다 더 위험한 영적 우상이 있다. 바로 폭력이다. "폭력은 우리시대의 시대정신이며 현대 세계의 영성이다. 폭력은 종교의 위치까지 차지하여 그 추종자들에는 죽기까지 절대적 복종을 요구하게 되었다."는 월터 윙크의 통찰에 나는 깊이 공감한다. 나는 폭력과 더불어 싸우는 적극적인 비폭력저항은 타락한 우리시대의 정신과 싸우는 현실적이고 구체적인 생명력 있는 평화의 영성이라고 생각한다. 평화를 위한 노력은 갈등과 분쟁, 폭력과 전쟁의 위협과 같은 우리시대의 도전 앞에 구체적으로 응답하는 신앙고백적인 삶의 실천이다.

인류는 전쟁 없는 평화로운 세상을 꿈꾸며 그 실현을 위해 애써왔지만, 폭력성은 새천년에 들어와서도 여전히 세상을 지배하는 살아있는 악령이다. 거의 대부분의 나라들이 이 폭력의 영성에 의해 지배를 받고 있다. 나는 세상의 모든 전쟁 가능 국가들이 바로 그런 악령이 지배하는 나라들이라고 생각한다. 전쟁은 폭력의 귀신들이 벌이는 축제다. 전쟁은 인간의 의식 배후에 숨어 있는 야수들을 무저갱에서 풀어 준다. 이 야수들의 살인과 약탈과 강간을 부끄러운 죄악이 아니라, 용맹으로 칭송하는 야만과 퇴행의 잔치다. 우리 대한민국도 전쟁 가능 국가다. 오로지 우리나라를 지키는 정당방위를 위한 군사력이라고 선전하지만, 이미 우니나라 군인들이 베트남 전쟁과 이라크 전쟁등 우리나라를 침략하지도 않은 나라들에 파견되었었고 또 실제 전쟁을 치르기도 했다. 우리 군인들도 그 전장에서 민간인들을 학살했고 여인들을 강간했다. 우리는 일본 제국주의자들의 한국인 위안부 강제 성착취를 비난하지만, 우리 군인들도 이국의 여인들을 성폭행했고 심지어 흔적을 지우기 위해서 죽이기까지 했다. 일본인이든 한국인이든 그런 악을 저지른 군인들이 악하고 못된 인간들이었을까? 나는 그들이 놀라우리만치 평범한 젊은이들이었음을 알고 있다. 그렇다면 도대체 왜 이렇게 평범하고 때로 소심하기까지 한 젊은이들이 그런 끔찍한 죄악을 저지르는 것일까? 그것은 그들이 군인이었고 군대라는 폭력의 악령에 의해 움직여지는 군사조직의 일부였기 때문이다.

그들은 가해자인 동시에 희생자들이다. 그런점에서 우리 일본군 위안부 할머니들 뿐만 아니라 그분들을 괴롭혔던 일본 군인들도 사실상 군국주의라는 악령의 희생자들이었다. 6.25 때 우리나라를 돕겠다고 파병된 UN군들도 밤에는 마을을 돌며 '색시'들을 내놓으라고 협박하여 여인들이 얼굴에 숯칠을 하고 숨었다는 이야기를 어머니를 통해 들었다. 주한 미군의 주둔지 곁에는 사창가가 늘어섰고 대한민국 정부는 미군을 위한 '위안부'를 운용하고 관리했다. 일본군 위안부 문제만 비난하기에는 우리나라도 부끄러운 역사를 감추고 있음을 부인할 수 없다. 군대가 원래 그런 것이다. 군인은 악의 도구일 뿐이다. 악령의 실체는 군대와 군사주의다.

이 추악한 악령의 민낯을 가리는 가면과 베일이 '애국심'이다. 전쟁터에서 희생한 군인들은 전몰자다. 이들이 애국자인지 아닌지는 신중하게 평가되어야 한다. 우리가 전쟁에서 희생된 군인들을 애국자요 영웅으로 칭송하는 동안 전범들의 범죄행위에 대한 처벌은 면제되고 군사주의는 판을 치게 되어있다. 독일 나찌즘이나 일본의 제국주의 같은 극단적인 군국주의만 군사주의가 아니다. 온갖 미사여구로 국가안보를 위해 군대가 필요하다는 헌법을 갖고 있는 모든 나라들이 군사주의 국가다. 우리 대한민국도 그 중의 하나다. 군사주의 국가 안에서는 하나의 절망이 있다. "아무리 노력해도 끝내 평화는 이루어질 수 없는지도 모른다"는 절망적인 회의주의다. 문제는 이 절망이 너무 쉽게 너무 빨리 우리 사회를 압도하곤 한다는 것이다. 충분한 노력도 성의 있는 시도도 해보지 않은 채 너무 쉽게 '결국 폭력 밖에는 방법이 없다'라는 무성의와 책임 회피가 정당화되곤 한다. 강한 군사력을 가진 나라일수록 폭력 사용에 대한 유혹은 강할 수밖에 없다. 이것이 왜 미국이나 러시아 같은 강대국들이 자주 전쟁에 가담하는지 그 이유를 말해준다. 이 군사주의의 망령에 끌려다니지 않기 위해서는 군대 없는 나라를 만드는 길 밖에 없다. 그것이 전쟁을 통해 이웃 나라의 무고한 시민들을 살당하는 끔직한 범죄를 막는 길일 뿐 아니라, 우리 국민을 보호하는 길이기도 하다.

군대는 자국의 국민들에게도 때로는 위협이 된다. 군대가 지키는 국민은 오직 그 나라의 권력자들과 그에게 편드는 자들 뿐이다. 4.3양민학살, 소위 여순반란사건, 5.18민주화운동 등에서 우리 민중을 학살한 폭력배들이 바로 우리 국군이었다. 6.25전쟁에서도 국군과 인민군들은 자국의 국민들을 무수히 살상했음을 잊지 말아야 한다. 우리는 이런 역사적 사실을 호도하고 온 국민을 최면 상태로 유도하는 '군대의 신화'에 세뇌되어 있다. 군대가 우리를 구원한다'는 거짓된 신앙이 그것이다. 그 신앙의 정점에 폭력의 악령이 있다. 폭행에 길들여진 사람은 이 악령에 의해 지배를 받는 사람이다. 악마가 천사를 가장하듯 이 폭력의 악령도 수호천사를 가장한다. 이 거짓된 신화에 가장 쉽게 동화되는 대상은 바로 어린이들이다. 미숙한 어린이들과 자라나는 세대들에게 군인을 미화하고 군대를 흠모하게 만듦으로서 이 악령의 나라는 존속해 나간다. 군대를 가진 나라에서 어린이들에게는 싸우지 말라고 가르칠 순 없다. 어른들은 폭력으로 문제를 해결하려 들면서 어떻게 어린이들에게는 대화로 문제를 해결하라고 할 수 있겠는가? 군대를 없앤다는 것은 평화는 평화로운 방법으로 지킬 수 있다는 희망을 끝까지 포기하지 않을것임을 천명하는 것이다. 그런 나라라야 자라나는 세대에게도 싸우지 말고 대화로 문제를 해결하라고 가르칠 수 있다.

　이 세상에 절대적으로 안전한 길은 없다. 군대와 전쟁을 통해서 안전을 지키겠다는 방식이나 우정과 친선으로 맺은 관계를 통해서 평화를 지키겠다는 것이나 모두 확실하고 완전한 것들은 아니다. 그러나 전쟁은 반드시 서로 피를 흘리게 되어있고, 만일 그 전쟁에서 패할 경우는 최악의 비참한 상황을 맞이하게 된다. 그러나 평화의 길은 서로에게 상생과 협력을 증진시키는 방식이며 설령 실패할 경우에도 최악의 상황은 피할 수 있다. 그리고 역사는 정의와 평화를 지키기 위해 노력했던 사회는 반드시 다시 부활했음을 가르쳐 준다. 국가의 힘은 무력에서만 나오는 것이 아니다. 오히려 높은 문화의 힘과 공정하고 평화로운 사회에 내재된 신뢰와 사랑에 더 크고 지속적인 힘이 담겨있기 때문이다. 나는 우리 대한민국이 그런 정의롭고 평화로운 나라가 될 수 있다고 생각한다. 중국과 일본, 러시아와 미국과 같은 강대국들의 한복판에서 군대 없는 비무장 평화의 나라, 핵무기 없는 비핵지대로 새로운 시대를 열어나가는 높은 국격을 갖춘 진정한 선진국이 될 수 있기를 바란다.

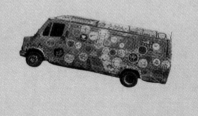

제4부 • 평화 복무

1. 평화를 만드는 사람은 행복하다

나는 하나님이 모든 인간에게 행복하게 살 권리와 의무를 부여하셨다고 생각한다. 그러나 주변에 진정한 행복을 경험한 사람이 극히 적어 보여서 안타깝다.

사람은 자기 자신이 될 때, 자기 자리로 돌아갈 때 행복해진다. 그 말은 곧 하나님이 주신 소명을 따라 살 때, 자기 자신이 될 수 있다는 뜻이며, 이것이 내가 생각하는 궁극의 행복이다. 나는 분쟁 지역에서 평화를 만드는 사역을 내 소명으로 여기며 살고 있다. 그 일이야말로 하나님 나라를 세우는 일이고,(롬 14:17) 하나님이 축복하신 일이며,(마 5:9) 무엇보다 그 일이 나를 기쁘게 하기 때문이다.

그래서 나는 독일에서 유학을 마치고 교회나 대학에서 일자리를 찾는 대신, 유학 전부터 세계를 품고 함께 기도해 온 젊은이들과 더불어 드렸던 기도를 실천하는 삶을 직업으로 삼기로 결단했다. 생계가 막막했지만, 교회에서 성미라도 얻어 살 생각을 하고 아내에게 거지가 될 준비를 하자고 말했다. 아내는 우리는 그렇게 살더라도 부모님까지 그렇게 사시라고 할 수는 없지 않느냐고 걱정했다. 다행히 구걸하지 않고도 뜻한 바대로 살 수 있어서 감사했다. 그러나 지금 생각하면 처음부터 거지가 될 결심을 하지 않았다면 평화 활동을 시작하기는 어려웠을 것 같다.

나는 평화를 위해 살기로 한 후로 생각지 못한 또 다른 행복을 누릴 수 있었다.

내게 감동을 주는 동료들이 있어 행복하다. 예의 바르고 부드러운 매너를 가진 사람들은 주변에 많지만, 그들에게 감동을 받는 것은 쉽지 않다. 나의 동료들은 가족의 맹렬한 반대를 무릅쓰고[1] 각처에서 평화를 위해 일하고 있다. 나는 위험하고 열악한 환경을 마다하지 않고 일하는 그들을 존경하고, 분쟁 현장으로 부름을 받고 홀연히 떠나는 뒷모습을 바라보며 감동을 받는다.

한편, 평화 활동은 삶을 대하는 나의 태도를 바꿔내는 힘이 있고 그것은 자기 성숙으로 이어진다. 평화를 위해 일을 하다 보면 무엇보다 먼저 나의 내면이 평화로워야 한다는 내적 요구가 생긴다. 전에는 다툼과 갈등이 생겼을 때, 어느 순간에 가서는 관계 개선을 포기해 버리고 체념했던 것과 달리 지금은 끝까지 포기하지 않고 노력하게 된다. 이 차이는 참 소중하다.

자신을 평화 활동가라고 소개하는 분들 중에는 평화를 만들기 위해서 불의한 자들에 대한 증오와 적대감으로 가열찬 투쟁을 해야 하는데, 비폭력 평화 활동가들은 이런 투쟁 의지를 훼손시킨다고 비판하기도 한다. 그러나 내 생각은 전혀 다르다. 폭력으로 평화를 만들 수 없고, 증오로 불의를 없앨 수 없다. 이 일을 하는 사람들 마음에 먼저 평화가 있어야 하고, 그 평화의 힘으로 폭력을 없앨 수 있다. 그러므로 평화를 위해 일하는 사람들은 평화의 영성을 체득하기 위해서 부단히 자기 수련을 해야 한다. 그때 경험하는 자기 성숙이야말로 인생 최대의 선물이다. 이러한 행복의 진실을 깨달아 남들은 알 수 없는 기쁨과 감사를 누릴 수 있다면, 세상이 좀더 평화로워지지 않겠는가.

---

[1] 개척자들은 한달 용돈으로 30만원 정도를 받는다. 또한 공동체는 의식주를 위해서 개인별로 30만원 정도를 사용한다. 그 밖에 가족들을 위해 약간의 비용을 더 지불한다. 일꾼 사이에 차등도 없고 호봉도 없다.

2. 지금도 광주학살은 계속되고 있다

대학 졸업반이 되고 얼마 지나지 않아서였다. 화창한 봄날 전직 기자임을 자처하던 수다스런 학생이 친구들을 모아놓고 광주에 난리가 났다고 이야기를 했다. 그날 저녁 호남 지역 출신의 학생들은 기숙사 이곳저곳에 모여 소문에 대해 이야기하거나 대책을 숙의하는 듯했다. 처음엔 무슨 일인지 자세히 알 수 없었지만 시간이 지나면서 정부와 언론이 폭도들의 난동이라고 밝힌 소위 광주5·18민주화운동의 실체가 조금씩 드러나기 시작했다.

광주5·18민주화운동은 민주주의를 열망하는 내 나이 또래 대학생들의 정의로운 요구였으나, 군인들은 피비린내 나는 학살로 응답했다. 비상계엄이 선포되었고 광주는 봉쇄되었다. 광주 시민들은 부산, 마산, 서울 등의 시민이 함께 봉기해 주기를 바랐지만 다른 지역 시민들은 잠들어 있었다. 나 또한 누군가 광주로 가서 이들의 불안한 운명에 동참해야 하지 않을까 생각했지만, 내가 그곳에 내려갈 용기는 없었다. 길이 막힌 도시로 들어갈 방법을 깊이 생각해 보지도 못했다. 나와 같은 젊은이들이 금남로에서 민족과 역사를 위해 팔다리를 잃고 생명을 잃어갈 때, 나는 비겁하게 군중 속으로 숨었다.

그런 나를 교회나 신학교가 지적하여 꾸짖는 일은 없었다. 오히려 교회는 시국과 관계없이 기도와 찬양에 매진했다. 그렇게 해서 나는 내 목숨을 부지했고 내 신체를 보존할 수 있었다. 그런데 이 다행한 일이 지금 와서 생각하면 밀려드는 자괴감에 한없이 부끄러워진다. 젊은 날 비겁하고 졸렬했던 내 삶을 돌아보면 후회가 가득하다.

국민들의 외면과 방관 속에 광주의 시민들은 죽어갔다. 한 서린 망월동 묘역은 이제 번듯한 공원으로 단장되었고, 처절하고 비참했던 기억들은 망각 속으로 사라지고 있다. 지금도 5월이 되면 다시는 광주가 '이 땅'에서 재현되어서는 안된다고 다짐하지만, 또 '이 땅' 어디에서도 그와 같은 참혹한 학살이 더 이상 벌어지지 않는 것처럼 보이지만, 사실은 지금도 세계 도처에서는 광주에서와 같은 학살이 일어나고 있다.

2003년 이라크 전쟁에서 미군은 팔루자를 봉쇄하고 무차별 사격을 감행했다. 심지어 민간인에 대한 사용을 금지한 백린을 무기로 사용하기까지 했다. 인도네시아 아체에서도 분리 독립을 요구하는 무슬림을 향해 인도네시아 정부는 외부인 출입을 엄격히 금지한채 민간인을 고문하고 학살했다. 2)

나는 진정 우리가 '이 땅'에서 광주를 종식시키기 위해서는 다음 두 가지 과제를 이뤄내야 한다고 생각한다.

첫째는 '정의로운 항명'이다.

5·18 당시 상관의 발포 명령을 따라 동족의 가슴에 총을 겨눈 군인 중에 수다한 그리스도인이 있었을 것이다. 그러나 그들 중 무고한 학생과 시민을 향해 총 쏘기를 거부한 정의로운 항명자는 없었다. 교회는 이제라도 우리가 순종해야 할 진정한 권위는 오직 하나님 한 분뿐임을 가르쳐야 한다. 두려움 앞에서 판단

---

2) 2004년 12월 26일 인도네시아 아체에 쓰나미가 발생하고 난 이후 '자유아체운동(GAM) 측과 인도네시아 정부 사이의 평화협정으로 이 무력갈등은 종식되었다.

그리스도인의 직무유기

력을 잃고 부당한 명령에 무조건 굴종하는 그리스도인은 아무 힘이 없다. 하나님이 원하시는 일이라는 확신이 들지 않을 때는 그 일을 거부하고, 최소한 확신이 들 때까지 행동을 유보하는 훈련을 하자. 실제로 2003년 9월 이스라엘 공군조종사 27명이 '비도덕적 공습 명령을 따를 수 없다'며 팔레스타인 공습을 거부했다. 이런 항명 정신이야말로 국가의 횡포에 맞서는 '프로테스탄트 정신' 아니겠는가.

둘째는 '평화 복무' 이다.

불의한 폭력이 정의와 사랑과 생명을 죽이는 현장에서 광주의 악령은 되살아난다. 평화는 폭력이 압도하는 상황 속에서 사랑이 그 억압과 위협에 맞서 싸워 이길 때 구현되는 현실이다. 사랑의 실천, 희생과 헌신 없이 주어지는 평화란 단지 폭력의 공백상황일 뿐 진정한 평화는 아니다. 온갖 풍상과 시련 속에서도 강인하고 끈질기게 자라나가는 들풀처럼 평화도 폭력과 억압으로 숨이 막힐 것 같은 상황에서 자라나는 생명이다. 이런 연유에서 폭력과 대항하여 이겨낼 수 있는 그리스도의 평화를 위한 군사들이 요청되고 있다.

그리스도인들은 초대교회 때부터 군복무와 폭력 사용에 부정적인 반응을 보여왔음에도 불구하고 "그리스도 예수의 군사"(딤후2:3), "완전 무장"(엡6:11)등 군사적인 용어를 즐겨 사용해왔다. 그 이유는 군사문화와 폭력으로 세상을 지배하는 "통치자와 권세자들과 이 어두운 세계의 지배자들과 하늘에 있는 악한 영들과 싸우기 위해서" 군인과 같이 신앙적으로 철저히 무장되고 훈련되고 준비된 그리스도인이 되어야 한다는 점을 역설적으로 묘사한 것이다.

분명히 오늘날 이 시대에 군인보다 더 목적 지향적이고 또 그 목적을 위해서 희생을 무릅쓰는 집단은 없다. 어느 직업군도 군대처럼 소속원들의 생명을 당당하게 요구하고 희생자에 대해 그 희생을 애국이라는 이름으로 국기에 포장하여 유가족과 위자료 협상도 없이 자신들이 정한 절차를 따라 화장해버릴 수 있는 간 큰 집단은 없다. 이 골리앗처럼 크고 강한 거인들을 종으로 부리는 주인이 각 국의 정부들이다. 독재 국가는 여러 사람의 공동의 이기심조차도 용납할 수 없는 더 노골적인 개인의 욕심이 공권력을 통해서 실현된다.

그러나 민주주의 국가라고 하더라도 정부의 수반과 여당은 이기적인 국민들의 비위를 건드리는 한 정권을 유지할 수 없기 때문에 정부의 결정은 전체적으로 볼 때 윤리적이거나 도덕적일 수 없다. 그러므로 애국심은 성스럽게 미화된 집단 이기심 그 이상도 그 이하도 아니다. 지금 이 시대는 각 국가의 이익이나 개개 민족의 안녕과 질서, 서로 다른 종파의 교리와 신조로 인해 야기되는 폭력 사태를 제어하는 인류 보편의 정의와 평화를 확산 시키기 위해 무장되고 훈련된 군사들이 필요하다. 국경을 초월하여 총과 무기가 아닌 박애와 희생정신으로 전쟁과 기아, 독재와 억압, 재난과 절대빈곤의 상황에 들어가 그 현실을 변화시킬 화평케 하는 자(peacemaker)들을 길러내야 한다. 우리들은 이를 위해 군사들을 모집하듯이 화평케 하는 자(peacemaker)들을 모집하고 체계적으로 훈련하여 1~2년에서 3년 정도 갈등과 분쟁지역에 파송하는 평화 복무제도를 누구보다도 그리스도인들이 시작해 나갈 것을 권고한다.

3. 생애를 걸고 싸울 삼적(三敵): 전쟁, 국경, 억압

    한국을 떠나 티모르에 오니, 마치 우주선에서 한반도를 바라보는 것처럼, 나를 붙잡던 복잡하고 바쁜 일상들이 한 점으로 수렴되어 사라지고 새로운 자연환경과 새로운 인종들, 새로운 언어들로 둘러싸인 외계 속에 놓인 것 같다. 의사소통 장애는 모든 경험들을 의식으로부터 차단시켜서 의식이 무인도처럼 고립되어 진다. 나는 지금 그 닫혀진 의식의 창고를 열어 그 안에 간직된 경험들을 꺼내어 철 지난 옷들을 개켜 정리하듯, 한국에서의 기억들을 정돈하고 있다. 이제는 더 이상 집착할 필요가 없는 시대에 뒤떨어진 생각들을 버리고, 앞으로 다가올 새로운 시대의 도전들에 응답하기 위해 숙고해야 할 더 중요한 주제들을 꺼내어 의식의 탁자 위에 정돈하고 있다. 그리고, 내가 이런 주제들과 씨름할 만큼 내 생에 충분한 시간과 건강이 있는지 염려도 해본다. 앞으로 내가 싸워야 할 삼적이 있다. 하나는 폭력이요, 둘째는 국경이요, 셋째는 억압이다. 모두다 내가 인간이라는 사실을 수치스럽게 만드는 인류의 야만이요, 하나님께 대한 모독이다.

NO WAR: 전쟁 없는 세상

    이 세상 어떤 종(species)도 인간처럼 야만적으로 싸우는 종은 없다. 동물들은 단지 생존을 위해서 싸울 뿐이다. 그러나 인간은 증오심을 갖고 적과 함께 무고한 민간인들을 살상하며, 그들의 집을 불사르고, 부녀자들을 강간한다. 우리가 이런 전쟁을 방관하고, 무시한다면, 그 전쟁의 불길은 우리에게 번질 것이며, 어느 날 우리의 가족들이 죽임을 당하고, 우리의 아내와 딸들이 폭행당하는 비극을 맞이하게 될 것이다. 독일이 히틀러의 강요에 못 이겨 일으킨 전쟁을 지켜만 바라보던 독일교회는 2차대전의 패망과 함께 무참하게 부서졌고, 독일 그리스도인들은 불바다 속에서 생명을 잃었다. 하나님은 악을 행하는 사람들뿐 아니라, 이 광경을 지켜보는 사람들까지 파멸시킨다는 사실을 역사는 가르쳐주고 있다.

총탄과 대포, 현대의 무기들은 옛 전쟁과 비교할 수 없을 정도로 잔인하게 인간의 형체를 상하게 한다. 매일같이 TV와 신문에서 끔찍한 전쟁상황과 주검들을 보면서, 우리의 양심은 극도로 쇠약해져 버렸다. 파괴되는 하나님의 형상을 바라보며 인간으로서의 존엄성을 지켜야 한다는 양심의 소리와, 하나님의 분노에 대해서도 무감각해져 가고 있다. 우리 양심을 마비시키는 영혼의 문둥병이 온 세상에 번져가고 있다. 인간이기를 포기하지 않는 사람들이 인종과 종교와 국경을 초월하여 뭉쳐야 한다. 더 이상 국익을 위해 맹목적으로 폭력을 휘두를 군인은 인류사회에 필요가 없다. 이 세상에서 푸른 군복을 사라지게 하자. 우리에게는 법에 의해 정의를 지킬 경찰만으로 충분하며, 국제 사법 재판소의 판결을 무시하는 어떤 무법한 폭력도 인류사회에서 퇴출시켜야 한다.

NO VISA: 비자 없는 나라

인류의 품위를 손상시키는 전쟁과 국제적인 무력갈등의 근본 원인은 국경이다. 모든 사람들이 자유롭게 국경을 통행할 수 있다면, 더 이상 국가들이 군대를 보유하고 전쟁을 할 필요가 없어진다. 만일, 미국 사람과 러시아 사람들이 누구나 상대방 국가에서 비자 없이 여행할 수 있고, 일할 수 있고, 거주할 수 있다면, 무슨 핵무기가 필요하겠는가? 인류는 지금, 동네 개들의 수준을 벗어나지 못하고 있다. 마치 개들이 길 어귀 전봇대에 오줌을 싸고, 자기 경계를 삼듯이 인간들은 지도에 선을 긋고 영토주장을 한다. 그리고, 개들이 서로 자기 영역이라고 으르렁거리듯, 인간들도 영토분쟁을 일으키며 소중한 피를 흘리고 있다. 이 때, 인간의 의식과 판단력을 동물적 수준 이하로 마비시키고, 맹목적 공격성만을 키우기 위해서 동원되던 것이 바로 애국심이었다. 인간의 눈으로 개들의 영역다툼이 부질없는 짓임을 바라보듯이 인류를 창조하시고 온 땅의 주인이 되시는 하나님의 눈으로 애국심에 눈먼 국수주의자들의 배타성이 얼마나 부질없는 것인지를 내다보아야 한다.

세상에 국경이란 없다. 하나님이 어디에도 쌓아놓지 않은 담을 인간들이 쌓아놓고 통행을 막고 있다. 인간은 이 세상 어디든 여행할 수 있고, 거주할 수 있고, 일할 수 있고, 어디서나 배울 수 있고, 치료 받을 수 있는 자유가 있다. 어떤 나라도 하나님이 부여한 이 신성한 자유를 침해할 권한이 없다. 중세시대에 하층민들은 다른 지역으로 여행을 하거나, 이사할 수 있는 자유가 없었다. 그런 자유는 사회를 혼란스럽게 하며 질서를 어지럽히는 위험한 것으로 여겨졌기 때문이다. 우리나라도 조선시대 천민들은 정해진 지역에서만, 살 수밖에 없었다. 지금도 인도에서는 인구의 반이 넘는 불가촉 천민들이 자기 나라에서조차 거주 이전의 자유가 없다. 이런 권리 포기가 주어진 운명이겠거니 하고 살았던 시절이 있었고, 지금도 그런 운명론 속에서 살고 있는 사람들이 많다. 그것이 바로 우리들이다. 우리의 의식을 바꿔야 한다. 우리도 후지산이나 킬리만자로의 삼림 속에서 살 수도 있고, 우리가 살고 있는 동네에 아프리카 흑인들이나 히스패닉들이 와서 우리와 함께 살 수도 있다. 인간은 누구나 자기가 살 곳을 스스로 결정할 권리와 자유가 있다. 인간이 비자 없이 자유롭게 통행할 수 있을 때, 전쟁도 핵무기도 인류사회의 극단적인 빈부격차도 사라지게 된다.

어떤 이들은 비자가 없어지면 우리나라에 국제적인 범죄자들이 판을 치고,

온 세계의 질병이 만연하는 미증유의 혼란과 재앙이 닥칠 것이라고 염려할 것이다. 그러나 군인들을 대폭 경찰로 편입시키고 출입자들의 범죄기록과 전염병 감염 여부를 엄격히 확인한다면, 이런 혼란은 예방할 수 있다. 오히려 지금의 비자 제도는 범죄기록이나 전염성 질병의 감염 여부를 확인할 방법이 없는 허술한 것임을 알아야 한다.

우리는 타자에 대한 막연한 두려움과 경계심을 버려야 한다. 부끄럽게도 대한민국은 난민을 거의 수용하지 않는 저질 국가다. 중국의 탈북자들에게 난민 지위를 인정해달라고 백만 시민의 서명을 받기에 앞서, 한국 정부가 외국인들의 난민청원을 수용하도록 서명운동을 하는 것이 순서일 것이다. 예수 그리스도도, 아인슈타인도 한 때는 난민이었다. 우리가 계속 우리나라에서 피난처를 구하는 불쌍한 이웃들을 외면할 경우, 주님은 마지막 날에 "내가 피할 곳을 구할 때, 너희는 나를 험한 파도가 넘실대는 공해상으로 추방했다"고 우리를 책망할 것이다.

오늘날 세계화의 맹점은 돈은 흐르게 하되 인간의 통행은 규제함으로써, 일부 부유한 국가와 그 국민들에게 재화가 몰리도록 하는 데 있다. 만일 세계가 인간의 자유로운 통행을 보장하여 돈과 일터가 풍부한 곳으로 노동력이 집중될 수 있도록 한다면, 극단적인 부의 편재는 해소될 수 있다. 부국의 국민들이 염려하는 것과는 달리, 비록 지금은 이주 노동자로 일할 지라도 기본적인 의식주가 해결된다면, 자기 말과 문화가 숨쉬는 고향으로 돌아가기 마련이다. 우리나라도 6,70년대 독일에 우리의 젊은이들을 외국인 노동자로 보낸 적이 있다. 남자들은 광산에서 위험한 일을 했고, 여자들은 병원에서 험한 일들을 했다. 독일은 이들에게 법적인 권리와 의료적인 혜택, 퇴직금까지 충실하게 제공해주었다. 그럼에도 불구하고, 한국경제가 독일의 1/2수준에 되자 대다수의 노동자들은 안정된 독일생활을 뒤로 하고 고향을 찾아 한국으로 돌아왔다.

외국인 노동자들에게 "불법" 노동이라는 불명예스런 가시관을 씌우지 말자. 노동은 신성한 것이며, 외국인에게도 예외가 아니다. 오히려 그들은 우리나라에서 아무도 하려 하지 않는 더럽고(dirty), 힘들고(difficult), 위험한(dangerous) 일을 도맡아 하는 고마운 일꾼들임을 잊지 말아야 한다. 이들이 아무리 능력과 기술이 뛰어나도 그 보다 못한 우리 국민들보다 더 낮은 임금을 받아야만 한다면, 이것은 인종차별이며, 우리 나라는 노예제도로 배를 불리는 나라라는 불명예를 벗어날 수 없을 것이다. 마틴 루터 킹 주니어 목사의 말처럼 우리 사회에 이류인간이 있는 한, 우리 사회는 결코 일류사회가 될 수 없다. 나는 우리 대한민국이 이 세상에서 일류국가가 되기를 원하고 그럴 수 있다고 믿는다. NO VISA KOREA! 우리나라가 앞장서 새로운 세상을 열어가자.

NO OPPRESSION: 억압 없는 사회

하나님은 그리스도인들이 인류의 선봉에 서서 세상이 나아가야 할 길을 개척하기를 원하신다. 그러나 지금 그리스도인들은 나아갈 방향을 잃은 채 표류하고 있다. 우리는 마치 얕은 물가에서 밤이 맞도록 텅 빈 그물을 끌어올리는 어부와도 같다. 이제 깊은 물로 나아갈 준비를 하자. 우리가 치러야 할 희생과 대가를 계산하고 준비하자. 그런 희생이 아깝거나 치를 고통이 두렵다면 용기 있게 그리스도인이기를 포기하자. 지금도 많은 사람들이 불법적으로 납치, 체포, 구금, 고문, 살해되고 있다. 또 이러한 곳에서 피해자들을 도우려는 사람들도 소리 없이 실종되고 있다. 전쟁터에서 무고한 어린이들과 시민들을 살려내는 일은 우리의 생명이나 신체의 일부를 잃게 되는 희생을 각오해야만 시작할 수 있는 일이다. 만일 우리가 우리 몸을 바쳐서 세계 현장의 불의와 폭력, 억압과 착취에 대항하여 싸우지 않는다면, 전쟁반대나 국경철폐라는 슬로건은 그저 안전하고 고독한 성채에서 부르짖는 공허한 외침소리에 불과할 것이다.

이 시대를 사는 많은 사람들은 이제 더 이상 인류사회에 혁명은 없다고 믿고 있다. 봉건사회는 무너졌으며, 시민혁명은 완수되었고, 노예들은 해방되었으며, 프롤레타리아 혁명은 실험단계에서 좌절되었다. 이제 더 이상 무슨 혁명이 필요하겠는가? 그러나 우리 인류에게는 최후의 혁명이 남아있다. 모든 국경이 사라지고, 전쟁이 그치며, 더 이상의 군인을 필요로 하지 않는 억압과 폭력 없는 세상을 만드는 일이 바로 그것이다. 인간의 양심을 짓누르고 인간성을 모독하는 미개와 야만으로부터의 해방이 우리가 싸워 성취해야 할 마지막 혁명이다. 이제, 자유와 진실이 입맞추고 정의와 평화가 포옹하는 기쁨으로 가득 찬 하나님의 나라를 세우도록 그리스도의 군사들을 부르자. 우리가 앞장서면 세상은 따라온다. 우리가 이 세상을 이끌어 갈 수 없다면 우리는 그리스도의 종도, 군사도 아니다. 우리가 빛이라면 마땅히 세상 구석구석을 밝힐 빛이어야 할 것이고, 우리가 소금이라면 이 세상이 썩지 않도록 할 만큼 짠 소금이어야지 않겠는가? 그 분이 세상을 움직일 수 없다면, 그 분은 이 세상을 주관하는 자가 아니다. 우리 그리스도인은 세상을 변화시킬 운명을 지고 태어난 자들이다.

4. 평화 복무와 여성

여성이 앞장서야 한다.

나는 우리 나라의 여성들이 비겁하다고 생각한다. 대부분의 여성들이 전통적으로 자기 권리를 적극적으로 찾으라고 교육받지 못해서 그럴지는 몰라도 한국의 남성들이면 누구나 가야만 하는 2년간의 병역의 의무에서 제외되는 차별 대우에 대해 항의하는 여성을 본 적이 없다. 분명 대한민국 사회에서 군 복무에 관한 한 여성들은 불의한 성차별적 특권을 향유하고 있다. 오늘날은 옛날처럼 무거운 칼과 창과 방패를 들고 싸우는 시대가 아니다. 오직 근육의 힘만으로 싸웠던 그런 미개한 시대에는 남자들만이 전사가 될 수 있었겠지만, 지금 우리가 사는 시대의 전쟁은 팔과 다리 보다는 머리와 가슴으로 싸우는, 정보와 첨단 기술과 복잡한 심리전의 양상으로 변해가고 있다. 만일 이런 변화에도 불구하고 여성들을 군복무에서 면제시킨다면, 그것은 여성들을 지적으로 열등하거나, 전쟁을 치를 만한 용기가 없는 연약한 하등인간으로 여기는 데 기인하는 것이다. 확실히 전쟁과 군사문화에서 여성의 위치는 열등인간 이상도 그 이하도 아니다. 그런 상황 속에서 침묵하고 있는 여성들은 하등인간이라는 수치를 당하더라도, 힘들고 고된 군인의 삶을 면제 받고 편하고 안일한 삶을 선택하려는 비겁한 인간들임에 틀림이 없을 것이다.

여성의 의무

말을 너무 심하게 한 것 같아 죄송스럽다. 솔직히 나는 여성들이 군복무를 기꺼이 안 하는 이유가 용기가 없고 비겁해서라고 생각지는 않는다. 오히려 여성들이 전쟁보다는 평화를 사랑하고, 또 사람을 죽이고 자신의 의지를 강요하는 군사문화 자체가 생명을 잉태하고 그 어린 생명을 길러내는 여성의 본성에 거스르는 것이기 때문일 것이라고 믿고 있다. 그럼에도 불구하고 내가 이 땅의 여성들에게 불만스러운 것은 주로 남자들이 주도하는 전쟁문화와 군복무에 대해 대부분의 여성들이 침묵하고 이 죽음의 문화에 대항하여 싸우려는 용기를 내려고 하지 않는다는 점이다. 여성들이 일어나야 한다. 이것이 전쟁으로 시작된 새 천 년의 역사를 바꿔야 하는 우리 시대의 요청이고, 폭력의 가치를 신봉하는 남성 중심 사회의 야만으로부터 벗어날 수 있는 희망이다. 안타깝게도 남성들은 오늘날 증오와 복수, 죽음과 전쟁의 늪에서 스스로는 헤어나올 수 없다. 남자들은 여자들의 구원을 필요로 하고 있다.

남자들이 젊음의 절정에 2년 동안 군복무를 하는 것처럼, 젊은 시절 2년을 남성들이 저지른 분쟁과 갈등의 현장에서 죽어가는 희생자들을 살려내고, 부상당한 무고한 피해자들을 치료해주는 일, 전쟁으로 부모와 가족을 잃어버리고 홀로 남은 이라크의 고아들, 전쟁 중에 태어나고 전쟁 속에서 자라난 거칠고 사나운 아프가니스탄 아이들에게 폭력과 싸움이 아니라 평화가 길이요 희망임을 가르치는 일, 기둥조차 남지 않고 까맣게 불타버린 집을 다시 세우고 쫓겨난 가족들을 다시 불러와 더불어 살게 하는 일, 자기 나라의 군인들이 무슨 끔찍한 일을 했는지도 모르는 인도네시아의 젊은이들을 불러와 가족을 잃고 성폭행을 당한 동티모르 피해자들의 이야기를 듣게 하는 일, 전쟁의 악몽과 상처로 편히 잠들지 못하는 아프가니스탄의 어린이들을 가슴에 품고 평화로이 잠들게 하는 일, 열화우라늄탄과 같은 소형 핵무기로 인해 기형이 되어 장이 몸 밖으로 나온 채 평생을 살아가는 이라크의 어린이들에게 의사를 불러와 수술을 받게 해서 자기를 병신이라고 손가락질하고 놀려대던 자기 동네로 당당하게 돌아가게 하는 일, 전쟁으로 파괴되고 운동장은 지뢰밭이 되어버린 아프가니스탄의 학교들에서 지뢰를 제거하고 학교를 재건하는 일, 전쟁으로 굶주려 어머니의 품 안에서 죽어가고 있는 다르푸르의 흑인 어린이들을 품에 보듬고 젖을 먹여주는 일, 이 모든 일들이 평화를 사랑하는 여성들이 용기 있게 앞장서 나가야 할 생애의 의무다. 여성이 희망이다. 죽음을 부르는 남성들의 군복무에 대항하는 여성들의 생명을 살리는 평화복무를 확산시켜야 한다.

우리의 사명

나는 '개척자들'의 가장 중요한 사명이 이 세상의 모든 젊은이들이 자신의 신앙이나 양심을 따라 전쟁과 재난, 절대빈곤과 기아사태, 심각한 인권유린 상황이나 위험한 전염병 전파지역과 같은 인류 최악의 현장에서 최소한 군복무 기간만큼 자발적으로 복무하도록 선동하는 것이라고 생각한다. 남자나 여자 모두가 예외 없이 평화를 위해 복무해야 하지만, 그 선두 주자는 여성들이어야 한다. 실제로 나는 연약해 보이는 여성들이 남성들이 다 도망친 위험한 현장을 지키며 두려움에 떨고 있는 어린이들과 노약자들을 돌보는 강인한 모습들을 보아왔다. 그리고 '개척자들'이 아무런 연고가 없는 분쟁지역에서 새로운 사역을 개척할 때마다, 그 선두에는 언제나 여성들이 있어왔다. 더 많은 여성들이 용기 있는 여성성과 강인한 모성을 통해 평화를 위해 자신을 희생하고 헌신하는 모습을 보여 줌으로써, 정든 이웃을 죽이고 애정을 다해 짓고 가꾼 집들을 부셔버리는 무모한 힘겨루기로 경쟁을 벌이는 무지한 남성들과 미개한 군사문화를 부끄럽게 만들고, 남자들도 생명과 평화를 향해 돌아서게 해야 한다.

평화복무

언젠가 인터넷에 병역 거부자들의 사이트가 있는 것을 보고, 우리나라에도 양심적인 병역 거부자들이 많아진 줄 알고 내심 기대감을 갖고 그 사이트를 들어가 보았다. 그러나 올라온 글들은 군복무가 너무 힘들고 또 군복무 기간이 자신들의 출세와 성공을 가로막는 장애요인이 된다는 불평과 불만들이 대부분이어서 적잖이 실망한 적이 있다. 그리고 대체복무는 군복무보다 더 쉽고 개인을 위해 유익한 시간이 되어야 한다는 주장들이었다. 나는 평화복무는 군복무보다 더 힘들고 어려운 정신적 육체적 훈련으로 시작되어야 하고, 복무 기간도 같거나 길어야 하며 더 열악한 지역에서 위험한 활동을 해야 한다고 생각한다.

평화 복무자들의 훈련이 해병대나 공수 특전단의 훈련 이상의 극기 훈련이 되게 하자. 수상과 전시상황에서의 인명구조를 위한 특별 훈련을 시키자. 이들을 보내 아프가니스탄과 캄보디아, 보스니아 등지에 묻힌 수많은 불발탄들을 제거하여, 어린이들의 고귀한 생명을 보존케 하자. 평생의 노력으로 힘들여 지은 팔레스타인 주민들의 집을 부수기 위해 달려오는 이스라엘의 불도우저 앞을 가로막고 설 수 있게 하자. 비무장한 시민의 가슴을 겨누는 이스라엘의 탱크의 포신 앞에 당당히 서서 포문을 돌리게 하자. 자신도 사막에 고립되어 굶어 죽을 각오를 하고 굶주린 수단의 난민들에게 양식을 나눠주게 하자.

아이러니하게도 평화를 위해 헌신한 사람들은 이스라엘의 총리 라빈처럼, 대부분 한 때는 용감한 전사들이었다. 평화를 위해 일하려면 군인보다 더 큰 용기가 필요하기 때문이다. 전쟁이 나면 도움이 더욱 절실해짐에도 불구하고, 대부분의 NGO와 선교사들이 일터와 양떼들을 뒤에 남기고 떠나버린다. 일을 할 수 없기 때문이라고 말한다. 그러나 그런 위험한 곳에서 군인들은 위험을 무릅쓰고 자신들의 임무를 수행한다. 이미 1,300명이 넘는 인명을 상실하고 어마어마한 재정을 소모했음에도 불구하고, 미군은 이라크의 현장을 떠나지 않고 있다.[3] 살인과 파괴를 위해서도 이런 용기와 희생을 감수하는데, 만일 우리가 이보다 더한 희생을 치를 각오를 하지 않는 한 우리는 이라크와 같은 분쟁 현실에서 그리스도의 평화를 실현하는 사역을 할 수 없을 것이다.

---

3) 이라크 전쟁(제2차 걸프 전쟁)은 2003년 3월 20일 미국의 이라크 침략으로 시작되어, 2011년 12월 15일 종전되었다. 그리고 미군이 이라크에서 철수하자마자 이라크는 내란에 휩싸였다. 유엔 안전 보장 이사회 결의 제1441호에 의해 이라크를 사찰했으나 전면적인 협력을 하지 않는다고 생각한 미국이, 군사 제재를 위해서는 새로운 결의가 필요하다는 프랑스와 독일의 반대에도 무릅쓰고, 전쟁을 감행했다. (나무위키)

5. 왜 우리는 고상한 그리스도인이 될 수 없을까?

프랑스의 위대한 역사가로 한때 독일 나치에 저항했던 마르크 블로크는 '역사가란 인간의 살과 피 냄새가 나는 곳을 찾아 헤매는 흡혈귀와 같은 존재'라고 말했다. 지배자 혹은 침략자의 눈으로 바라보는 역사는 위대한 정복자의 무용담이 될 수도 있고, 승전과 제압으로 탈취한 노획물로 이룩한 화려한 문물 연구가 될 수도 있다. 그러나 반대로 억압과 수탈을 당한 사람들의 입장에서 바라보는 역사는 피비린내 나는 가엾은 죽음의 이야기거나 가족을 잃은 힘없는 민중의 아픔과 한숨 그리고 눈물의 이야기가 될 것이다.

그리스도인의 삶 역시 흡혈귀와 같아야 한다. 초대교회의 시기와 종교개혁의 격동기 이후 그리스도인들은 약자들의 무고한 피 냄새에 너무 오랫동안 무디게 살아 왔다. 교회는 순교자들이 흘린 피 냄새를 화려한 궁궐의 향내로 대치했고, 고난과 핍박 속에 내쉬는 한숨과 신음을 찬양으로 덮었다.

지금도 사람들이 몰리는 집회에 가 보면 예외 없이 찬양과 경배, 열정 넘치는 기도와 매력적인 말씀 강론으로 가득하다. 소위 영적으로 은혜가 충만하다. 그러나 우리가 진정으로 가야 할 곳이 어디일까. 세계 곳곳에서 이유 없이 학살당하거나 분쟁의 소용돌이에 휩싸여 있는 현장이어야 하지 않겠는가. 민족과 민족, 종교인과 다른 종교인의 전쟁으로 희생양이 되어 버린 이들의 피 냄새를 추적해 가야 하지 않겠는가. 내가 활동하는 개척자들이 그런 현장을 찾아다니는 이유가 그 때문이다.

분쟁과 재난, 기아와 빈곤의 현장에서 더 나은 세상을 만들기 위해 수고하고 있는 수많은 NGO가 있다. 하나님이 창조하시고 주관하시는 이 세상을 그에 걸맞은 세상이 되도록 하는 것이 그리스도인의 역할이다. 그런 관점에서 나는 그 단체에서 일하는 사람들을 하나님 나라의 동역자라고 생각한다. 다가오는 시대를 '국가의 시대'가 아닌 'NGO의 시대'라고 일컫는 이유 또한 신앙과 신념이 달라도 하나로 뭉쳐 활동하는 단체들이 역사의 전면에 등장하고 있다는 뜻 아니겠는가.

안타깝게도 교회는 이런 역사의 흐름에서 뒷전으로 밀려나고 있다. 교회가 영적 체험에만 관심을 가질 때, 지구 저편에서는 얇은 천 하나로 눈보라 치는 겨울을 나야 하는 사람들이 있다. 마실 물을 구하지 못해 죽어 가고, 폭탄과 무기, 지뢰 때문에 손발이나 생명을 잃는 사람들이 있다. 거의 매일 세계 도처에서 맞는 이런 상황은 우리 삶이 정의롭지 못하고 교회와 그리스도인들이 화평케 하는 자로서의 사명을 잘 감당하지 못하기 때문에 비롯된 것이다. 하나님 나라에 합당치 못한 삶을 살아가고 있음에도, 천국에서 복락을 누릴 수 있다고 믿는다면 그곳은 천국이 아니라 영원히 서로 증오하고 싸우는 지옥일 것이다.

가장 현실적인 것이 가장 영적이다

교회가 영적 세계에서 현실 세계로 돌아와야 한다. 절박한 현실 경험에 기초하지 않은 영적 경험은 가공의 세계일 뿐이다. 진정한 영성은 현실에 뿌리박은 영성이다. 가장 영적인 것이 가장 현실적이며, 가장 현실적인 것이 가장 영적이라는 사실을 교회는 깨달아야 한다. 오늘날 우리가 사는 이 시대를 읽자. 그리스도인들이 우아하고 고상하게 하나님께 예배하고 귀족적인 품위를 유지하면서 신앙생활을 하기에 이 세상은 너무 추악하고 더럽다.

과거 서구의 그리스도인들은 귀족과 천민으로 나뉘어져 교회에서조차 다른 자리에 앉았다. 자신의 몸을 허물어 유대인과 이방인, 남자와 여자, 자유인과 종 사이의 막힌 담을 허무신 분이 그리스도이건만, 그리스도의 몸을 자처하는 교회가 없는 담을 만든 것이다.

예배당을 짓고 십자가를 세운다고 교회가 아니다. 적어도 그리스도인이 역사에 응답해야 한다고 생각하는 사람이라면, 우리 시대가 우리를 고상하게 살도록 허락하지 않음을 잘 알 것이다. 우리는 땀과 눈물을 흘려 가며, 먼지와 기름때를 묻혀 가며 하나님의 자녀를 살리는 일에 힘써야 한다. 전쟁으로 무너진 학교를 다시 세워 아이들을 교실로 돌아오게 해야 한다. 살상의 전의를 다지며 서로를 향해 총부리를 겨누고 있는 이들의 검은 총구에 장미 한송이를 꽂아 주며 살인하지 말라고 호소해야 한다. 감히 두려워 찾아오지 못해 싸늘하게 식어 버린 시신을 적진에서 들쳐 업고 와 가족에게 돌려주어야 한다. 하나님 앞에서 자신의 피를 쏟으신 예수 그리스도를 생각하자.

6. 작은 평화의 실천이 세상을 바꾼다

내가 개척자들에 몸담아 평화를 위해서 일하기 전에는 그리스도가 평화라는 말씀이 그저 피상적인 구호나 교회 장식을 위한 글귀 정도로나 들릴 뿐 그 참된 의미가 내 피부에 직접 다가오지 않았었다. 그렇다고 내 삶이 언제나 평화로웠기 때문은 아니었다. 때로는 갈등과 다툼도 있었다. 그럼에도 불구하고 갈등을 해소하거나 평화를 만들 수 있는 구체적인 행동을 하는 데는 언제나 소극적이었고 미숙했다. 그러나 나는 동티모르나 아프가니스탄, 반다 아체처럼 분쟁과 갈등이 심각한 현장에서 화해를 위한 대화의 물꼬를 트고 평화를 가르치면서 평화를 위한 행동을 어떻게 구체적으로 실행할 수 있는지를 배워가고 있다.

나는 우리 동료들이 분쟁지역에서 평화를 위해 일하는 것에서보다, 그들의 가족들 간의 불화나 갈등을 해소하기 위해 노력하는 모습이나, 길 거리에서 남자들에게 폭행 당하는 여성들을 구하기 위해서 관여하는 작지만 구체적인 행동들 속에서 잔잔한 감동을 느낀다. 오빠와 올케가 사이가 나빠져서 더 이상 같이 살지 않겠다고 다투자 휴가까지 내서 오빠 내외를 불러와 샘터공동체에서 함께 지내며 다시 잘 살아보라고 호소하고 설득하는 우리 동료의 따뜻한 마음에서 평화를 살아가는 모습을 본다.

작년 겨울 연말이 다가오는 어느 날, 한 동료가 옷 매무새를 단정히 하고 오랫

동안 주저하던 짧고도 긴 여정을 떠났다. 평화를 위해서 일한다고 하면서 정작 아빠와 평화롭지 못하다는 사실이 늘 마음에 걸렸기 때문에, 그 해가 가기 전에 반드시 아빠와 만나 화해를 하리라 결심을 했었기 때문이었다. 오랜 세월 가슴 속에 묻어둔 아픈 상처들에 대한 기억들을 삼키며 청년시절 자신과 동생 그리고 어머니를 버리고 떠나버린 아빠를 만나기 위해서 망설이던 길을 떠났다.

아빠는 헤어질 때의 빈한했던 모습과는 달리 안락한 좋은 차를 몰고 와서 비싼 식당에서 고급요리를 시켜놓고 기다리셨다고 한다. 너무나도 오랜만에 만나 무슨 말을 어떻게 해야 할지 몰라서 아무 말도 제대로 못하고 그냥 헤어지고 돌아온 날, 그렇게 다짐하고 마음을 다잡았던 만남이 너무 허무하게만 느껴졌었나 보다. 괜히 만났다고 후회가 들기도 했었다고 한다.

그러나 아빠를 만나고 왔노라는 이야기를 듣고 그 사람을 뭐 하러 만났느냐고 화를 내셨던 어머니에게 변화가 일어났다. 얼마 후 어머니 자신이 당신에게 그렇게 오랜 세월 고통을 안겨 주었던 그 사람을 용서해 주어야 한다는 마음이 생기게 되었고 용기를 내서 집으로 초대까지 하신 것이었다. 초대 받은 날 아빠는 평상시 어머니가 즐겨 드셨던 복숭아 한 상자를 사 들고 어머니가 혼자 사시는 작은 아파트를 찾아오셨다. 어머니는 더 이상 미워하지 않으니 마음의 짐을 갖지 말라는 말씀을 전했다. 아빠는 눈물을 글썽이셨다. 오랜 세월 마음에 쌓인 한과 설움이야 한 순간 눈 녹듯이 사라질 수 없겠지만, 따뜻한 햇살처럼 용서와 화해의 온기가 느껴지는 순간이었다. 다른 여자를 만나 자식까지 낳고 살고 있는 마당에 다시 과거로 돌아갈 수도 없는데 화해가 무슨 의미가 있겠는가마는 피차가 마음의 증오와 죄책감을 씻어 버리고 서로 용서하고 용서 받지 않고서는 살아갈 수 없음을 깨닫고 있었던 것이다. 어머니는 외국에서 훈련 중이던 딸에게까지 전화를 해서 아빠를 만나 마음의 묵은 짐을 내려놓은 이야기를 격앙된 목소리로 전하며 왜 아빠를 만났냐고 꾸중을 들었던 딸을 어리둥절하게 만들기도 했다. 나는 우리 동료들이 우리의 직업이고 일이기 때문에 평화 활동을 하는 것이 아니라 우리가 살아가야 할 삶이기 때문에 자연스럽게 자신의 삶 속에서 작은 평화를 실천하는 모습을 보고 있다.

　우리가 동티모르나 반다아체, 아프가니스탄과 파키스탄 캐슈미르에서 진행하고 있는 평화활동도 그리 거창한 것은 하나도 없다. 분쟁지역의 어린이들을 불러 평화를 가르치고, 분쟁으로 국경을 사이에 두고 나뉘어 살아갈 수밖에 없는 가족들을 찾아 다니며 서로의 안부를 전해주는 일, 여권도 비자도 만들 수 없는 가난하고 힘없는 이산가족들이 국경 지대에서 함께 만나 회포를 풀게 하는 일처럼 작은 것들이다. 나는 비록 우리가 하고 있는 이 구체적인 평화의 실천이 남들의 관심을 끌만한 크고 화려한 일은 아니라 할지라도 계속해야 한다고 믿고 있다. 역동적이고 창조적인 평화의 실천은 비록 작은 것이라고 할지라도 강압과 폭력으로 가득 차 있는 이 세상 속에서 큰 파장을 일으킬 수가 있다고 믿고 있기 때문이다. 문제는 작은 평화를 구체적으로 실천할 용기를 내기가 쉽지 않다는 것이다. 낼 수 있는 만큼 용기를 내자. 아주 작은 걸음일지라도 한걸음씩 내딛자.

7. 청년들에게 일자리보다 운명을 찾게 하라

청년들이 불쌍하다. 취업의 문은 좁아졌고 삶에 대한 두려움 때문에 결혼의 시기도 자꾸 늦어만 간다. 성경공부 때마다 우리가 우선해야 할 것이 하나님의 나라와 그 의를 찾는 삶이라고 다짐을 하지만, 각박한 삶 때문인지 하나님의 나라는 늘 결국 뒷전으로 몰린다. 예배처소는 지나치게 감각적인 쇼 무대로 변질되어가고 성경 공부는 추상적이고 기도모임은 진부하다. 나는 이런 침울한 상황 속에서도 젊은이들을 수 천명씩 불러모으는 능력있는 목회자들과 선교사들이 부러운 것이 사실이다. 그러나 솔직히 말씀드리면 그렇게 사람몰이를 하는 지도자들의 진정성이 의심스럽고 그런 지도자들을 향해서만 몰려드는 기독 청년들을 둘러싼 한국 사회의 현실이 무언가 잘못되어 있다는 의구심을 지울 수 가 없다.

안타깝게도 많은 청년들이 자신의 삶에 정직하게 대면하지도 않고 있고 자신의 신앙에 투철하지도 않다고 생각한다. 그나마 열심 있는 청년들은 대부분 인기 있는 선동가들이 제시하는 허상을 따라 맹목적으로 달려가고 있다. 이런 대형교회들과 가공된 환상으로 청년을 미혹하는 몽상가들이 판치는 시대 속에서 청년들이나 그들을 인도하는 사역자들이 나가야 할 바른 미래는 어디인가? 이미 여러 사회 속에서 공룡 같은 대형교회는 사양길로 들어서고 있고 생쥐같이 민첩한 떠오르는 교회(emerging church)들이 새로운 시대의 도래를 예고하고 있다. 나는 교회가 무작정 전통을 답습하는 것도 그렇다고 서구로부터 끊임없이 수입되는 새로운 조류에 무조건 편승하는 것도 다 바람직하다고 생각하지 않는다. 왜냐하면 우리에게는 오랜 전통이나 새로운 조류보다도 우리가 살아가고 있는 현실에 들어맞는 것이 더 중요하기 때문이다. 이 현실 적합성으로부터 출발하지 않는 비현실적인 신앙이 청년사역과 선교현장을 왜곡시키고 있다.

많은 복음주의자들처럼 나도 우리를 둘러싼 현실 속에서 벌어지고 있는 영적인 전쟁에 부름을 받았다고 생각한다. 그러나 우리의 적이 누구인지에 대해서는 그 적을 기독교 바깥에서 찾는 복음주의자들과 다르게 생각하고 있다. 우리의 적은 무신론도 아니고 진화론도 아니다. 그렇다고 공산주의나 이슬람도 아니다. 우리가 진정으로 경계해야 할 적은 바로 악에 타협하고 불의에 비굴하게 무릎을 꿇는 우리 자신 안의 죄악성이며 자신의 안일과 쾌락을 위해 하나님을 부인하고 하나님 나라를 위한 맹세를 배반하려 드는 우리 자신의 간악한 마음이다. 오늘날 교회는 이 우리의 깊은 죄악의 심연을 묻어둔 채 지극히 추상적이고 비현실적인 신앙으로 종교적인 외양만을 변모시키는 것이 아닌가 의문을 갖게 한다. 과연 오늘날 우리 기독 청년들이 다른 사람들과 다른 점이 무엇인지 궁금하다. 청년 사역자들은 이 젊은이들에게 삶의 현장 속에서 벌어지는 역사적 사실들을 직면하고 이해하며 이에 구체적으로 응답하는 신앙의 길로 인도해야 할 책임이 있다.

내가 찾은 신앙의 세가지 주제들

나는 한 때 용산구 보광동 언덕바지의 한 교회에서 50명 정도의 청년들을 지도했던 전도사였다. 그러나 지금 나는 기독교 신앙과 정신에 입각한 공동체를 이루어 살아가고 있다. 내가 이런 삶을 선택한 이유는 전쟁과 재난으로 점철된 우리 시대의 도전에 구체적으로 응답하는 삶을 살아가기 원했으나 교회를 비롯한 기존의 사회적인 틀 속에서는 그럴 수가 없었기 때문이다. 나는 개척자들이 작지만 하나의 대안 공동체임에 틀림없다고 생각한다.

내가 새롭게 찾은 신앙의 첫번째 주제는 평화다. 우리는 전쟁으로 가족을 잃고 고향을 떠나 난민촌으로 유리 방황하는 슬픔과 고난에 처한 사람들의 현실로부터 우리의 신앙의 의미를 새롭게 찾아나가기 시작했다. 그것은 너무나도 명백했다. 적어도 이런 현실 속에서 구원은 바로 하나님의 평화 곧 샬롬이었다. 핵과 같은 대량 살상무기의 위협 앞에 놓인 우리 시대에는 구원의 문제가 더 이상 개인적-영적인 차원에 국한될 수가 없다. 구원이란 하나님과 나, 그리고 생존의 위기에 직면한 나와 너를 포함하는 공동체적이고 역사적인 구원이어야 현실적이고 영적인 의미를 담는 것이다. **둘째는 공동체다.** 우리는 평화를 위해 살아간다는 것이 위험한 삶이라는 것을 인정하고 받아들이게 되었다. 그것은 전쟁이나 재난 속으로 스스로 들어가는 것을 의미하는 것이었기 때문이다. 그런 위험 속에서 누군가가 다치거나 목숨을 잃을 경우를 대비하여 불의의 사고로 남은 가족들을 돌보기 위한 공동체의 필요에 공감하게 되었고 그것이 현재 공동체적인 삶을 살아가게 된 계기가 되었다. 우리에게 있어서 공동체는 현실적인 요청에 대한 응답이었고 또 그것이 우리 신앙의 선배들이 살아갔던 초대교회의 모습이었다. 확실히 사도행전에 기록된 제자들의 삶을 본받아 무소유의 공동체로 사는 것이 하나님 나라를 위해 더 자유롭게 전적으로 헌신할 수 있는 삶이라는 생각에는 변함이 없다. **셋째로는** 폭력의 시대에 평화의 실천으로 응답하는 삶은 그 자체로 선교적이라는 사실이다. 적극적인 비폭력과 산상수훈에 나타난 원수사랑의 실천을 위한 실험과 시도들은 그리스도가 평화라는 사실을 증거하는 증인의 삶을 통해 드러난다. 선교는 전통적으로 영혼의 구원에 한정된 활동이었다. 그러나 "사실상, 우리 시대에는 원수를 통하지 않고는 하나님께 이를 길이 없다. 왜냐하면 원수를 사랑하는 것이 핵무기 시대에 인류의 생존과 개인적인 변혁 모두를 위한 가장 중요한 열쇠가 되어버렸기 때문이다."(월터 윙크) 예수가 가르친 원수 사랑과 평화 만들기야 말로 우리의 신앙이 진정한 기독교인지 아니면 사이비(pseudo) 기독교인지를 분별하는 시금석이 되었다. 우리가 사는 분쟁으로 가득 찬 역사적 맥락 속에서 평화가 진정으로 그리스도와 그 분의 복음을 증거하는 표징이 되었기 때문이다. 이제 평화는 선교의 새로운 주제로 떠오르고 있다. 핵과 대량살상무기의 확산과 약소국이나 소규모 테러집단까지도 이런 미증유의 파괴력을 지닌 무기를 손에 넣을 수 있다는 불안감이 확대되고 있는 시점에서 다른 한편으로는 평화의 복음만이 우리의 영혼과 육체와 인류 공동체를 총체적으로 구원할 수 있다는 공감대가 확산되고 있기 때문이다.

새로운 시대의 새로운 영적 부흥

중세적인 전통을 답습하는 현재의 교회와 새로운 트렌드에 춤추는 청년들의 집회에 식상한 소수의 청년들 가운데 어떤 이들은 전쟁과 폭력에 대항하고 그 내면에 내재된 악의 영을 대적하는 역사적이고 영적인 싸움에 참여하기를 원하고 있다. 이 영적 싸움은 일시적이고 국부적인 것이 아니다. 이것은 우리 교회와 청년들의 운명을 결정지을 중대한 싸움이다. 이 광범위하게 오랜 세월을 지속해야할 진정한 영적 전쟁은 국가와 국가가 서로 대적하여 살상과 파괴를 자행하는 혈과 육의 싸움이 아니라 오히려 모든 나라와 민족들을 다 얽어 맨 군사주의 문화와 인류를 구원할 것이라는 정의로운 폭력의 신화에 내재된 악한 영에 대한 싸움이다. 나는 하나님의 나라를 위해 스스로 징집을 자원한 젊은이들이 우리 시대의 새로운 영적 부흥을 위한 그리스도의 선한 전사들이 될 것이라고 믿는다. 그리고 이들은 우리가 살아가고 있는 분쟁과 폭력의 시대 속에서 지극히 현실적이고 역사적인 구원을 경험하게 될 것이다. 우리 젊은이들에게는 주입되고 암기된 교리적인 신앙고백이 아니라 이렇게 악한 영에 대한 저항을 통해 단련되고 스스로 체득한 고백적인 신앙이 필요하다. 우리 시대의 영적인 부흥과 진정한 구원에 대한 월터 윙크의 지적은 깊이 숙고할 가치가 있다.

> 내가 믿기로는 다가오고 있는 영적 부흥기에 심장을 활기 띠게 할 것은, 종교 개혁 당시나 혹은 웨슬리 부흥운동 때처럼 바울의 메시지가 아니라 인간 예수 일 것이다. 그리고 예수의 가르침 가운데서도 비폭력과 원수 사랑에 대한 말 씀이 그 중심을 차지할 것이다. 오늘날 궁극적으로 중요한 종교적 질문은, 종 교개혁 때의 질문이었던 "내가 어떻게 은혜로우신 하나님을 발견할 수 있을 까?"가 아니라, 오히려 "우리는 어떻게 원수들 안에 있는 하나님을 발견할 수 있을까?"이다. 우리를 몰아 하나님께로 향하게 했던 몰이 막대기가, 루터에게 는 죄책감이 문제였듯이, 우리에겐 원수들이 문제다. 때로는 순전히 사적이고 개인적인 문제였던 것, 즉 은혜를 통해 믿음으로 의롭게 되는 것이 이제 우리 시대에 와서는 전 세계를 끌어안아야 할 만큼 성장하였다.[4]

비전과 운명

젊은이들을 유혹하는 숱한 망상들과 공교롭게 꾸며낸 허상들에 가리워 그 존 재조차 잘 보이지 않는 진정한 비전이 있다. 그것은 바로 뿌리 깊은 평화의 비전 이다. 이사야와 미가와 같은 예언자들은 더 이상 전쟁도 군사 훈련도 하지 않을 것이며 사람들은 칼을 쳐서 쟁기를 만들고 창을 쳐서 낫을 만들 미래가 올 것이 라는 묵시적인 비전을 보여주었다.(사2:4;미4:3) 이 땅에 오신 하나님의 아들 예수 그리스도가 평화의 왕이요, 평화 그 자체라는 사도들의 고백은 예수 그리스도가 전파한 하나님 나라가 바로 예언자들이 꿈꾸던 샬롬의 실현임을 암시한다. 하나 님 나라는 성령 안에서 누리는 정의와 평화다. (롬14:17)

---

4) 월터 윙크, 『사탄의 체제와 예수의 비폭력』, 한국기독교연구소, 2009, 477쪽.

정의와 평화를 향한 비전은 사사로운 개인적인 꿈도 아니고 세계 최고를 꿈꾸는 개교회의 비전도 아니다. 참다운 비전은 갈등과 분쟁, 재난과 배고픔으로 고난당하는 인류 공동체의 역사적인 경험으로부터 우러나오는 미래에 대한 희망이다. 평화의 비전은 하나님 나라에 대한 믿음이고 하나님의 자녀로서의 정체성의 자각이다. 우리의 신앙은 다시 사실로부터 시작해야 하고 성경말씀과 성령에 의해 공인되어야 한다. 어떤 신학자나 목사나 선교사에 의해 구전된 교리나 전통으로부터 벗어나서 우리 시대가 처한 폭력과 전쟁의 역사적 질곡 속에서 정직하고 용감하게 응답하려고 한다면 평화는 피할 수 없는 신앙의 과제가 된다. 자신의 삶을 가로막는 피할 수 없는 그 무엇을 우리는 운명이라고 한다. 평화를 위한 투쟁은 우리 시대 그리스도인들의 시대적 운명이다. 진정한 신앙고백은 자신이 발견한 운명을 이야기하는 것이다. 나는 이 땅의 기독 청년 사역자들과 더불어 이 흔들릴 수 없는 운명적인 신앙으로 우리 젊은이들을 인도할 수 있는 길을 찾아나갈 것이다.

8. 복희를 아프가니스탄에 보내며

복희의 아프가니스탄 파송 결정을 위해 모인 날, 우리는 서로 다른 입장과 견해 차이로 밤이 깊도록 씨름을 해야 했다. 10명 정도 밖에 안 되는 적은 수의 참석자들 모두의 가슴에는 어둡고 무거운 세계가 힘겹게 안겨있었다. 우리들 대부분은 위험하다는 이유를 들어 복희가 아프가니스탄으로 가는 것을 만류하고 설득했다. 그러나 작고 가냘퍼 보이는 복희의 얼굴에서는 단호한 결의가 빛나고 있었다. 아마도 우리는 그 날 밤 우리가 복희에게 할 수 있는 마지막 이야기까지 모두 다 한 것 같았다. 심지어는 '우리가 보다 많은 후원을 얻기 위한 홍보 효과를 얻으려고 복희를 아프간에 보내려고 하는 것은 아닌가' 라는 표현하기 어렵고 차가운 자기 비판적인 질문까지 있었다. 그러나 "우리가 그런 사람들입니까? 우리가 어떻게 감히 슬픔과 두려움에 떨고 있는 아프간 사람들을 수단으로 해서 우리 단체에 유익을 주겠다는 생각을 품을 수 있겠습니까?" 라며 답변하는 복희의 눈에는 눈물이 흐르고 있었다. 또 다른 형제는 "복희야, 너를 지금까지 가지 못하게 막으려고 했던 것은 너를 대신해서 내가 가야 하지만, 그럴 수 없기 때문이었다." 라고 눈물 속에서 고백하였다.

우리는 모두 조용히 울었다. 사랑하는 자매를 '어두운 죽음의 골짜기'로 보내야 하는 우리의 마음 속에는 "주님, 도대체 당신은 누구 시길래 우리를 이렇게 인도하시나요?"라는 원망과 감사가 교차했다. 우리는 이 날 하나님이 우리 안에 현존해 계심을 느꼈다.

그리스도를 위해 목숨을 바치겠다는 형제 자매들과 함께 있고, 함께 살고, 함께 일하는 데서 오는 잔잔한 감동은 내가 이 세상에서 경험하는 현존하는 하나님의 나라다. 안타깝고 부끄러운 고백이지만 나는 이 시대에 그리스도인들의 홍수 속에서 하나님 나라를 향한 내 영혼의 갈증을 시원케 할 진정한 그리스도인들에 목말라 있다.

하나님께서는 우리에게 사랑하는 사람들을 떠나 보내도록 계속 말씀하신다. 고인 물이 썩듯이 사랑하는 지체들을 떠나 보내지 않으면 교회도 썩을 수밖에 없다.

텅 빈 복희의 책상을 바라 볼 때 마다 우리 안에서 늘 조용히 섬기는 삶을 살아 왔던 복희의 빈 자리가 무척이나 커 보인다. 우리 안에서 한 사람이 아쉬운 상황이지만, 이 세상에서 공동체로 부름 받은 이유가 하나님과 땅끝까지 흩어진 이웃들을 사랑하고 섬기기 위해서라는 사실임을 명심하고 앞으로도 우리의 지체들을 파송해 나갈 것이다.

개척자들은 전임 사역자들에게 3~5년에 한 번씩 최소 1년 동안 인류 최악의 현장에서 일하도록 요구한다. 가족의 동행을 원하면 그 곳에서 가족과 함께 살수 있도록 도울 것이며, 만일 가족을 남겨 두고 가기를 원하면 그가 돌아올 때까지 남은 가족을 돌봐 주어야 할 책임을 진다. 파송하는 공동체는 파송 지체 뿐 아니라 남은 가족까지도 돌보는 책임을 지는 공동체가 되어야 한다. 예수님도 십자가에서 운명하시기 전 사랑하는 제자에게 자신의 어머니를 가리키며 너희의 어머니라고 말씀하시면서 제자들에게 위탁하셨다.(요19:27)

어느 날엔가 나 자신이나 우리 지체들 중에 현장에서 예기치 못한 죽음을 맞이할 수도 있다. 물론 우리는 우리가 할 수 있는 최대한의 안전 조치를 다 취해야 한다. 그럼에도 불구하고 우리가 일하는 분쟁 지역은 말할 수 없는 혼란과 무질서, 위험과 사고의 가능성을 갖고 있기 때문에 불가항력적인 희생이 따라올 수 있다.

오늘날 대부분의 교회는 인명의 희생을 치르면서 무슨 일을 하려고 하지는 않는다. 즉 그리스도인들도 헌신은 할 수 있지만 희생을 할 수는 없다는 입장이다.

그러나 우리는 그리스도께 순종하기 위해서 때때로 목숨의 희생을 피할 수 없다는 사실을 알고 있다. 죽음이 우리가 주님의 명령을 받들어 나가는 길을 막을 수는 없다.

개척자들은 소방대원들이 불 길 속에 뛰어 들어 불을 진화하고 시민의 목숨을 구하듯이 분쟁의 소용돌이 속에 뛰어 들어 희생자를 구하고 전쟁을 그치게 하며 화해와 평화를 실현시키기 위한 길을 걸어갈 것이다. 이 길에는 희생과 순교가 있다. 지금 이 순간에도 많은 이슬람 청년들이 허리에 폭탄으로 띠를 두른 채 죽음의 사자가 되어 그들이 적대시하는 군중 속을 배회하고 있다. 그리스도의 청년들이 그리스도의 사랑과 화해와 평화를 위해 이들보다 더 지독한 희생 정신으로 무장하지 않는다면, 하나님이 실현시키기를 원하시는 '정의와 평화와 기쁨이 넘치는 하나님의 나라'는 교회의 허공을 떠도는 공허한 말이 되고 말 것이다.

개척자들은 그리스도를 위해 죽기를 원하는 자들을 부르고 있다. 예수 그리스도의 골고다 십자가를 향해 그 분의 발자취를 따라 이 영광스러운 죽음의 길로 함께 나가자.

원래 예수를 믿는다는 것이 그분처럼 죽는 것을 뜻하는 것이 아니었던가?

9. 땅끝에서 보내는 편지

옛날 교통이 불편했던 시절 사람들은 땅끝이 있다고 생각했었다. 그때에는 풍랑과 싸우는 여러 달에 걸친 여행을 하지 않고서는 도달할 수 없었던 먼 미지의 땅들이 있었다. 한때는 우리나라도 서양의 선교사들에게 그런 땅 끝으로 비추어질 수밖에 없었을 것이다. 그러나 비행기를 타면 24시간 내에 지구를 한 바퀴 돌 수 있는 오늘날 더 이상 지리적인 의미의 땅끝은 사라지고 말았다. 어떤 이는 결국 지구를 한 바퀴 돌아와보면 땅끝이 곧 자기가 선 자리라는 이야기를 하기도 한다. 그러나 나는 이런 이야기를 그저 자기와 가장 가까이에 있는 사람들을 더욱 깊이 사랑하라는 뜻으로 받아들일 뿐이다.

세상이 이렇게 변했음에도 불구하고 나는 여전히 땅끝을 경험하고 있다. 나에게 있어서 땅끝이란 여러 가지 이유에서 우리가 더 이상 앞으로 나갈 수 없는 현실이다. 우리 능력과 용기, 관심과 사랑, 꿈과 희망이 더 이상 넘어설 수 없는 내 실존의 한계를 땅끝으로 경험하고 있다. 그래서 내게 땅끝까지 이르러 내 증인이 되라는 주님의 당부가 바로 이라크와 수단의 다르푸르, 캐시미르, 체첸, 북한, 팔레스타인과 같이 지금 내가 넘어서지 못하고 있는 경계선을 넘어서서 그리스도의 증인된 삶을 살아가라는 구체적인 명령으로 들린다.

땅끝, 새로운 세상을 열어주는 좁은 문

나는 아체에서 쓰나미로 인해 고아가 된 어린이들의 집을 짓고 있다. 갑작스런 재난으로 떼죽음을 당한 가족들과 동네 사람들 속에서 기적적으로 살아남은 소수의 사람들이 생존을 위해 투쟁하는 그 현장의 한 가운데에서 나는 또 하나의 땅끝을 경험하고 있다. 쓰나미 난민들은 지금 막장에서 땅을 파는 광부들처럼 자기를 둘러싼 두터운 현실의 벽을 파헤쳐나가야만 한다. 우리는 이 어두운 세계의 막장에서 이들과 함께 미래로 나아가는 길을 헤쳐나가기 위해 이 곳을 찾아왔다. 자신의 신앙과 양심의 요구를 이기지 못하고 수많은 주검들이 널려진 이 절박한 현실 속으로 뛰어든 착한 사람들과 함께 살면서 내가 사랑하는 사람들이 살아 있어주는 것이 고맙고 또 내가 살아있다는 사실이 기쁘다. 우리는 살아가기 어려운 현실 속에서 더욱 더 인생은 살만한 가치가 있다는 것임을 깨닫게 된다. 그리고 더 이상 앞을 내다 볼 수 없는 세상의 막장 속에서 인류의 미래를 향한 새로운 희망을 품게 하는 거룩한 우정들을 경험하게 된다. 그래서 땅끝은 우리에게 세상을 열어주는 좁은 문처럼 보이는 것이다.

우리가 이런 땅끝에서 하나님의 나라를 전파하고 증거하기 위해서는 용기와 희생, 희망하고 사랑할 수 있는 능력, 평화로운 마음을 품어야 한다. 우리 안에 사랑과 평화가 없다면 증거도 있을 수 없다. 부끄럽게도 나는 내 안에 없는 것을 남에게 주겠노라고 동분서주했던 시절이 있었다. 내가 알지도 못한 것을 가르쳤고 보지 못하는 것을 보여주겠다고 열심을 낸 적도 있었다. 어쩌면 지금도 예전과 크게 차이가 나지 않을지도 모른다. 그러나 하나 달라진 것이 있다면 내가 현장에 서 있다는 점이다. 현장에 서서야 비로소 예전에는 내가 믿는 것이 전부요 최고라고 생각했었던 독선과 아집이 신앙이 아니라 진실과 동떨어진 나의 종교적 오만과 편견일 뿐임을 알게되었다. 그리고 내가, 그리스도인으로서 불신자들과 타종교인들을 섬기는 종으로 부름 받았음을 깨닫게 되었다.

그런 점에서 땅끝은 내게 그리스도인으로서의 현실 감수성을 느끼게 하는 소중한 배움의 터전이요, 자기도취적인 종교인의 낡은 껍질을 벗고 그리스도인이라는 사실에 대해 깊은 수치심과 동시에 자부심을 느끼게 하는 곳이다. 수치심이라 함은 수 천 년의 기독교 역사가 인류에게 희망보다는 자신의 야욕을 채우기 위해 타인들에게 고통과 좌절을 안겨준 범죄의 역사였기 때문이요, 자부심이라 함은 그럼에도 불구하고 우리 주 예수 그리스도의 삶과 가르침이 인류의 희망이라는 변함 없는 확신과 우리가 바로 그 길을 가고 있다는 내면의 평안에서 오는 것이다. 또한 욕심도 사심도 없이 하나님과 타인들을 위해 위험하고 힘든 길을 함께 가려는 친구들이 있음으로 인한 기쁨으로 말할 수 없는 행복감을 느낀다. 내가 청소년 시절 예수를 믿기로 결심을 하고 하나님을 만난 사실로 인해 형용할 수 없는 기쁨을 느낀 적이 있었다. 그러나 이제 나는 하나님을 진심으로 믿으려고 노력하는 형제 자매들로 인해 새로운 기쁨을 찾고 있다. 한 사람이 들어오고 나가는 것으로 마음이 허물어지기도 하고 세워 지기도 하는 작고 보잘것없어 보이는 그리스도인 공동체의 구성원으로 살면서 하나님께로 돌아서는 한 영혼이 얼마나 큰 기쁨이 되는지를 경험하게 된다. 더 크고 더 높은 지위와 명예와 재물보다 더 소중한 것은 우리의 생명이고 우리의 생명보다 더 소중한 것은 우리가 사랑하는 사람이라는 사실을 깨닫게 해주시는 예수 그리스도께 감사 드린다.

개구리의 울음소리

나는 인류의 평화를 위해 최소한 1년이라도 복무해야 한다는 실낱 같은 양심의 소리를 외면할 수 없어서 40의 중반을 훌쩍 넘은 늦은 나이에 평화 복무를 하고 있다. 가족과 고향이 그립지 않은 것은 아니지만 인류가 질곡에 빠져 있는 땅끝에서 젊은 후배들이 땀과 눈물을 흘리는 모습을 보면서 외로움도 그리움도 다 삼킬 수가 있다. 오늘 새벽 미명에 산책을 하는데 언제나 그렇듯이 반다 아체의 회교 사원들 마다 확성기로 기도와 설교를 틀어놓았다, 모스크에서 흘러나오는 이맘들의 설교 소리들이 시끄럽게 울어대는 개구리의 울음 소리와 함께 어둠 속에서 합쳐지면서 허공으로 흩어졌다. 문득 이 두 소리가 내게는 아무 차이가 없구나 하는 경건치 못한 생각이 들었다. 우리 그리스도인들도 이웃을 사랑하지 않으면 아무리 감동적인 설교도, 아름다운 찬양도, 열정적인 기도도 모두 타자에게는 개구리의 울음소리 이상의 아무런 의미가 없을 것이다. 이 세상의 그리스도인들이 예수님의 말씀을 따라 목숨을 내놓고 사랑하면 얼마나 어마어마한 영향을 미칠 지 아무도 상상할 수 없을 것이다. 더 많은 그리스도인 젊은이들이 일어나 하나님의 나라의 군사들이 되어 하나님의 마음으로 땅끝까지 나가 세상을 변화 시키는 그 날을 꿈꾼다.

10. 평화의 항해

우리에게 배가 없는 이유는 마음 속에 바다가 없기 때문이다.

　개척자들은 매년 여름 인도네시아 술라웨시 바다에서 해양훈련을 한다. 평화운동을 하는 개척자들에게 해양훈련은 또 무슨 뚱딴지 같은 소리인가하고 의문을 품을는지도 모르겠다. 목적은 바다에서 벌어지는 분쟁에 관여하기 위해서다. 2005년 3월 내가 반다 아체에서 평화복무를 하기 위해 인도네시아에 왔을 때 보르네오 섬 북부 해안 유전 지대에서 인도네시아 해군과 말레이시아 해군이 서로 대치하고 있었다. 같은 기간에 족자카르타에서는 형제국가인 말레이시아와 서로 싸우지 말고 평화롭게 살아가자는 시위대와 이 기회에 조금 더 잘산다고 자신들을 업신여기는 말레이시아에 인도네시아의 힘을 과시하자는 민족주의자들의 시위가 동시에 벌어지고 있었다. 나는 우리에게 배가 있었다면 한편에서는 전쟁을 반대하는 인도네시아의 청년들을 태우고 다른 한편에서는 똑같이 전쟁을 반대하고 평화를 원하는 말레이시아의 청년들을 태워서 군사적으로 대치하는 남지나해를 향해 푸른 바다를 항해했을 것이다. 흰 돛을 단 범선을 타고 양쪽으로 늘어선 군함들 사이를 가로질러 들어가 그 사이에서 대치 상황이 끝날 때까지 두 나라의 젊은이들이 우리는 전쟁이 아닌 평화를 원한다는 메시지를 전할 수 있었을 텐데 우리에게는 배가 없었고 무엇보다 그럴만한 열정이 없었다.

그만큼 바다는 우리의 관심과 삶의 영역 저 밖에만 있어왔다. 우리가 굳이 술라웨시로의 먼 길을 떠난 이유는 그 곳에 살고 있는 부기스족(Boogis)이나 만다르족, 미나하사족(Minahasa)처럼 조상 대대로 바다를 무대로 살아왔던 사람들의 삶을 경험하기 위해서였다. 아름다운 토게안(Togean)열도에 살고 있는 원주민들은 아이를 낳으면 3일 후에 그 아이를 바닷물 속에 집어넣고 이것이 네가 살아야 할 세상이라고 가르친다고 한다. 우리가 도착한 날 밤 가족들을 태우고 어둠 속으로 사라지는 많은 작은 보우트들을 보며 그들의 마음 속에 바다는 무섭고 두려운 혼돈의 세상이 아니라 우리가 딛고 사는 육지처럼 보였다. 바다는 그들에게 식량을 공급하는 일터이고 그들이 그 위에 집을 짓고 사는 삶의 터전이며 동시에 휴식처요 수많은 어린이들의 놀이터이다. 우리가 바다를 더 자주 경험할수록 바다를 무대로 펼쳐질 보다 새롭고 창조적인 평화 운동의 발상들이 떠오를 것이다.

역동적이고 창조적인 평화 운동을 위한 새로운 도전

우리는 해상 분쟁이 일본과 한국 사이에서도 또 그 이외의 여러 나라에서도 벌어질 수 있음을 알고 있다. 만일 독도 때문에 일본과 우리나라 사이에 갈등이 생겨나면 나는 한국과 일본 양쪽 국가의 젊은이들이 함께 배를 타고 독도 앞바다에서 만나 우리는 전쟁 대신에 평화를 원하며 우리 두 나라가 지속적으로 형제자매 국가로 평화롭게 공존할 수 있는 길을 찾아 나가자는 결심과 의지를 확인하는 행동을 실천하기를 원한다. 누구나 꿈꿀 수 있다. 그러나 우리에게는 그 꿈을 실천할 창조적인 사람들이 필요하다. 그랬으면 좋겠다가 아니라 그것을 만들고 실천할 사람이 필요하다. 그러기 위해 준비와 훈련이 필요한 것이다. 두 달 동안 술라웨시 지역의 여러 해안을 돌며 돛 배도 타보고 바다에서 수영과 잠수를 훈련하면서 어떻게 이 바다에서 평화를 위한 활동을 할 수 있을지를 찾아보았다.

잠수 훈련 중 체내의 기압 조절을 못해 코피들이 터지고 머리의 반쪽이 아프고 마비되는 듯한 현상이 생기기도 했고 힘들어 포기하려는 사람들도 있었다. 처음에는 바다의 파도를 바라보는 것만으로도 겁이 나고 혐오감이 생긴다는 사람들이 바닥이 보이지도 않는 깊은 바다에서 거북이들을 따라 헤엄쳐 다니는 것을 보면서 새삼스럽게 훈련이 사람을 바꾼다는 생각을 하게 되었다. 특히 부나켄(Bunaken) 바닷속 절벽을 따라 펼쳐진 산호들 속에 살고 있는 형형색색의 수 많은 물고기 떼들 속에서 함께 수영하면서 우리에게는 감추어져 있었던 생명으로 가득 찬 아름답고 정다운 새로운 세계를 경험하였다. 언젠가 훈련이 너무 힘들다며 한 동료가 왜 이런 훈련을 굳이 해야 하느냐고 새삼스럽게 물은 적이 있었다. 나는 바다와 친숙해지기 위한 것이고 무엇보다 바다를 마음에 품고 사랑하기 위한 것이라고 대답했다. 그리고 지금 이 드넓은 바다가 내 마음 속에 펼쳐져 있다.

훈련이란 새로운 기술을 익히는 것이 아니라 무엇인가를 사랑하기 시작하는 마음의 변화라는 새로운 사실도 깨닫게 되었다. 처음에는 시행착오도 많았지만 분명하게 다가오는 것은 바다가 우리의 삶의 무대이고 우리는 반드시 바다에서도 평화를 실천해야 하며 그럴 수 있다는 확신이다.

푸른 바다에 돛을 올려라!

인간들이 바다에서조차도 전쟁과 폭력을 행사하고 있다는 사실을 모르는 사람은 없을 것이다. 피스 보우트(Peace Boat)처럼 바다에서 평화를 위한 활동을 하는 단체가 없는 것은 아니지만 극히 드물고 제한적인 활동에 그치고 있다. 그 이유는 대부분의 사람들이 바다에 대해 갖는 관심이 그만큼 적기 때문이다. 그러나 분쟁과 갈등이 있는 곳이라면 그것이 바다든 우주 공간이든 끝까지 찾아가서 평화를 만들자. 그럴 때에라야 나에게 그리스도는 평화라는 말씀이 동의와 설득이 될 수 있을 것 같다. 일본과 우리나라가 미국으로부터 대당 수천억 원짜리의 전투 폭격기 구입 경쟁을 벌이고 있다는 사실에 대해 분노하지 못하는 우리의 불감

증에 안타까움을 느낀다. 술라웨시에서는 50만원이면 네댓 명이 탈수 있는 산덱 (Sandeq)이라는 작은 돛배를 만들 수 있고 7000만원이면 피니쉬(Finish)라는 거대한 범선을 제작할 수가 있다. 이미 오래 전부터 머시쉽(Mercy ship)이나 한나(Hanna)와 같은 선교 단체들이 배를 이용해서 선교활동을 벌이고 있고 그린피스(Green peace)나 씨 세퍼드(Sea Shepherd) 같은 단체들도 여러 배를 활용해 바다에서도 환경 운동과 동물 보호 활동을 벌이고 있다. 바다에서의 활동은 육지에서보다 더 많은 위험 요소가 있다. 그렇기 때문에 쉽게 접근할 수 없고 더 많은 준비와 훈련이 필요하다. 그러나 더 많은 젊은이들이 여기에 참여할 것이고, 더 많은 역동적이고 창조적인 평화를 위한 파급 효과들이 나타날 것으로 내다 보여진다. 작은 돛배로 시작하자. 푸른 바다의 넘실거리는 파도를 헤쳐 우리에게 이미 익숙해져 버린 인식과 경험의 수평선을 넘어 새로이 깊은 바다로 나아가자.

11. 평화를 위한 섬들의 연대
Inter-Island Solidarity for Peace

　　나는 제주도가 비무장 평화의 섬이 되어야 하고 그렇게 될 수 있다고 믿는다. 이 생각은 어제오늘 구상한 새로운 생각이 아니다. 아주 오랜 세월 동안 국가 공권력으로부터 심각한 탄압을 받아 온 제주 도민들이 자연스럽게 가진 역사의식이자 제주4 · 3 양민대학살을 통해 응집된 결론이다. 대한민국 국민이 대체적으로 애국주의와 군사문화에 세뇌되어 있는 데 비해 이런 역사를 지닌 제주도에서는 어느 지역보다 더 많은 사람들이 제주도가 군사기지 없는 비무장 평화의 섬이 되기를 희망하고 있다. 우리의 질문은 "제주도의 평화를 무기와 전쟁을 통해서 이룰 것인가 아니면 평화로운 방법으로 이룰 것인가?" 이다.

　　'비무장 평화의 섬 운동'은 제주도에만 그칠 것이 아니라, 이웃한 일본 오키나와와 타이완(대만)과 연대하는 운동이 되어야 한다는 게 내 생각이다. 제주도, 오키나와, 타이완 이 세 섬은 비슷한 역사를 경험했다. 이들의 안전을 가장 먼저 책임져야 할 국가로부터 폭력을 당했다는 점이다. 제주와 타이완 주민들은 일본 제국주의 아래 식민지와 전쟁을 경험했고, 각각 4 · 3, 2 · 28[5]이라는 학살을 겪어야 했다. 오키나와 주민들이 태평양 전쟁 중 당한 희생은 결코 제주나 타이완 주

---

5) 1947년 2월 28일 벌어진 장개석 총통이 이끄는 국민당 군인들이 대만 주민들을 대량학살한 사건.

민들이 전후 겪은 학살에 못지않은 비극적이고 비인도적인 참사였다. 이들의 경험은 우리에게 가장 위협적인 폭력배들은 가상의 적국이 아닌 우리를 통치하는 정부였음을 가르쳐 준다.

　원래부터 제주도는 탐라국이라는 독립국가였고 13세기에 들어와 고려의 정복으로 식민지가 되었다. 조선 시대에도 제주 주민들은 출륙금지령에 따라 배를 만들 수 없었고 이동의 자유를 제한받았으며 노동력 착취를 당했다. 이런 차별과 탄압의 역사가 해방 이후 자국의 공권력에 의해 빨갱이 소탕이라는 미명 아래 주민 3만 명을 학살하는 사건으로 이어진 것은 어찌 보면 그리 놀라운 일이 아닐 수도 있다. 한편 타이완 주민에게 비무장 평화의 섬 제안은 생소하게 들릴 수 있다. 타이완 주민은 현재의 상태에 만족하고 있는 듯 보인다. 그러나 현 상태는 중국과 미국의 군사 대결이 잠정적으로 평형 상태를 유지하고 있는 것일 뿐, 이후 상황이 어떻게 변할지 숙고해야 한다. 타이완 주민들은 현 상태가 지속되기를 바라고 중국 정부가 시대의 흐름에 맞추어 민주주의 사회가 되면 자신들의 의사를 존중해 주지 않을까 하는 막연한 바람을 갖고 있지만, 중국 정부가 티벳이나 위구르, 홍콩에서 민주주의와 독립을 요구하는 시민들을 무자비하게 탄압하는 것을 잊지 말고 좀더 냉정해져야 한다. 앞으로 서태평양에서 미국의 군사적 우위는 얼마 못 갈 것이고 결국 중국이 서태평양의 맹주가 될 것이다. 그리고 중국이 민주화가 된다 한들 군사력에 의해 평화를 지키겠다는 기존의 안전 확보 방안을 변경할 이유는 없다. 결국 타이완은 중국의 통제 안에 들어갈 것이고 카오슝 등에 설치된 군사기지는 중국이 태평양으로 진출하는 교두보로서 확장·강화될 것이 불 보듯 뻔하다.

　타이완 주민들의 수동적인 태도를 나는 염려한다. 평화는 스스로 준비하고 그 대가를 치르지 않는 한 자신의 것이 될 수 없다. 타이완이 군사력으로 중국에 대항할 수 없음을 인정하고 타이완을 비무장 평화 중립 지대로 선언하자는 입장을 표명할 친구들이 필요하다. 지금은 아주 적은 숫자만이 이런 생각에 동의할지 모른다. 그러나 막연히 미국의 군사력 혹은 중국의 민주화만 기다리는 다수의 주민이 이들의 입장에 귀 기울이게 될 상황이 불원간에 닥쳐올 것을 내다보고 있다.

미군기지로 인해 오랜 동안 고통을 겪어 온 오키나와 주민에게 새삼 비무장 평화의 섬 운동의 당위성을 이야기할 필요는 없어 보인다. 오키나와 원주민들의 역사적 뿌리라고 할 수 있는 독립국가 류큐가 일본 역사에 편입된 이래 오키나와 주민들이 겪은 고통스런 역사를 나는 짐작만 할 뿐이다. 이는 제주도가 한국 역사에 편입된 이래 겪어 온 수난과 차별의 역사와 별반 다르지 않기 때문이다.

나는 제주도와 오키나와가 모두 진정한 자치의 섬으로 나가기를 원한다. 제주도와 오키나와 그리고 타이완이 비무장 평화의 섬임을 선언하는 자체 헌법을 갖기를 원한다. 비무장 혹은 무장에 대한 결정도 스스로 하도록 자치권을 쟁취하기를 원한다. 그래서 이 세 섬을 연결하는 동북아시아의 삼각지대에서는 어떤 군사시설도 세울 수 없고 어떤 군사 훈련도 할 수 없으며 어떤 군사적인 목적의 운송 수단도 통과하거나 기항, 기착할 수 없는 비무장 평화의 지대가 되기를 바란다.

이 운동은 한·중·일 삼국 정부 모두가 혐오할만한 반군사주의 운동이기에, 군사주의적 선전에 세뇌된 국민이 그리 쉽게 호응하지 않을 수도 있다. 그러나 나는 이 운동을 지속하는 것이 반드시 동북아 지역의 평화에 도움이 될 것임을 의심하지 않는다. 대중의 지지를 못 받을 것이라면 시작도 하지 말라는 정당정치적인 타산을 넘어서서, 이 운동에 함께하는 이들이 예언자적인 입장을 견지하는 급진적 소수자(Radical minority)로서 사회정치적인 영향력을 행사해 나가기를 원한다.

눈을 감고 한국과 일본과 중국의 청년들을 태우고 바다를 항해하는 범선을 떠올려 보라. 이들이 매년 각 섬을 순항하며 비무장 평화의 섬을 만드는 운동을 하는 모습을 그려 보라. 이 배는 평화의 섬을 향한 우리의 희망을 젊은 세대에게 전할 메신저 역할을 할 것이다. 이 사람들은 비무장 평화의 섬 연대를 구체화하는 촉매제가 될 것이고 서태평양의 푸른 바다를 비무장 평화지대로 만드는 운동은 동북아시아뿐 아니라 전쟁의 암운에 덮여 있는 전 세계에 새로운 희망의 빛이 될 것을 믿어 의심치 않는다.

12. 잊혀진 계명: 원수를 사랑하라

　군 복무 시절에 군종사병이었던 나는 성탄절 이브에 설교를 맡게 되었다. 비록 사병이었지만 때가 때이니만큼 대대장을 비롯한 장교들과 사병들로 막사는 가득 차 있었다. 그날 밤 나는 설교 중 1차 세계대전 때 있었던 한 사건을 전했다.

　"당시 불란서 전선에 연합군의 한 참호에서 전쟁으로 인한 만성피로로 지쳐 있던 한 병사가 그날이 며칠인지를 손으로 꼽아 보다가 바로 그날이 성탄절 전야임을 알았습니다. 그는 기쁨에 겨워 낮은 목소리로 성탄절 노래를 부르기 시작했습니다. 노래는 참호를 따라 이어졌습니다. 잠시 후 멀리서 무슨 소리가 나는 듯하여 귀를 기울여보니 건너편 적진의 참호에서도 독일인들의 성탄절 노래가 어둔 밤 먼 하늘 위로 퍼지고 있었습니다. 차가운 참호 위로 함박눈은 하염없이 내렸고 병사들의 마음은 모두 전장을 떠나 훨훨 날아, 두고 온 그리운 고향 집의 성에 낀 창가로 다가가고 있었습니다.

　창문으로 빛나는 성탄 촛불들 아래서 환히 보이는 밝고 따뜻한 거실에 가족들이 둘러앉아 어머니가 요리한 닭고기와 달콤한 케이크를 먹고 있는 모습이 보였습니다. 언제부터인지 기억조차 나지 않는 과거에 잃어버린 따뜻한 웃음소

리들이 귓가에 들렸습니다. 참호는 살을 에듯이 추웠지만 마음만은 한없이 훈
훈해졌습니다. 어머니! 나의 집! 꿈에도 그리운 이름들을 불러봅니다. 그날 밤
은 모두 고향의 단꿈에 빠져 총들을 내려놓고 평안히 잠들었습니다. 평화의
왕으로 오신 예수님이 지쳐 있는 군인들에게 아쉽지만 하룻밤만이라도 모든
걱정과 두려움을 다 내려놓고 평화롭게 잠들 수 있도록 은혜를 베푸신 것입
니다."

설교가 끝나기가 무섭게 갑자기 대대장이 강단 위로 군화도 벗지 않은 채 뚜
벅뚜벅 올라왔다. "제군들, 오해하지 말아야 할 게 있어서 올라왔다. 북한의 김
일성은 달라. 그는 인간이 아니야. 그는 우리의 원수란 말이다."
　나는 교회에서 숱하게 '원수를 사랑하라'고 듣고 자랐다. 그러나 대대장의 말
처럼 민족의 철천지원수인 김일성을 사랑하라는 말은 한번도 듣지 못했고, 그날
도 마찬가지였던 것이다. 전쟁을 치른 지 60년, 가히 두 세대가 훌쩍 지났지만 서
로를 원수로 만든 전쟁의 기억은 바위처럼 단단하게 우리 사회 한복판에 굳건히
서 있다. 뼈아픈 고통과 치미는 분노는 건드리기만 하면 이성을 상실한 야수처럼
서로를 물고 뜯는다. 유엔군의 무차별 폭격과 부녀자들이 당한 강간 등으로 북한
주민들도 이러한 분노에 휩싸여 있기는 마찬가지다. 그러니 그 상처 때문에 우리
는 아직도 통일을 이루지 못하고 있고 서로를 만나는 것조차 두려워하고 있다.
　그러나 세상은 그렇다 쳐도, 하나님을 믿고 원수를 사랑하라고 배우는 우리
그리스도인들조차 두려움과 보복의 악령에서 헤어 나오지 못하는 것은 참으로
안타까운 일이다. 하나님은 사랑이시고 사랑에는 두려움이 없는데 우리의 신앙
은 정치사회적 차원에서는 그저 마비 증세를 보일 뿐이다.
　이쯤에서 우리는 우리의 원수가 누구인지 제대로 인식해야 한다. 김일성과
김정일이 우리의 원수라 하더라도 그들도 우리와 같은 사람이라는 사실을 인정

해야 하지 않겠는가. 한걸음 더 나아가 나는 우리의 진정한 원수는 김일성, 김정일, 공산주의가 아니라 전쟁 그 자체라고 생각한다. 먼저 전쟁을 일으킨 자에게 더 큰 책임이 있다는 사실을 부인할 수는 없으나 그렇다고 그리스도인이 보복 전쟁을 선택할 수는 없는 일이다. 폭력은 또 다른 강화된 폭력을 부를 뿐이다. 전쟁은 총을 신으로 받들고 전장은 자신이 정의 편에 서 있다고 믿는 폭력배들의 피비린내 나는 제단이 된다. 우리 시대 악독한 신앙인 전쟁이 존재하는 한 야만은 사라지지 않을 것이다.

그렇기에 그리스도인이 져야 할 인류사적 최후의 과제는 우리 모두의 공공의 적인 전쟁을 없애는 것이다. 군대, 군인, 무기가 없는 평화의 시대를 열어야 한다. 노예제도나 인종차별제도, 남녀차별제도와 같은 악독한 제도가 역사의 무대에서 사라졌듯이 전쟁도 없앨 수 있다. 전쟁의 종말은 성경의 증언이자 예언자들의 노래였다. 더욱이 예수님은 우리에게 전쟁을 없앨 수 있는 확실한 방법을 이미 가르쳐주지 않으셨는가. 바로 '원수 사랑' 말이다.

우리가 하나님을 진심으로 사랑하고 이웃을 내 몸처럼 사랑한다면 우리는 그 어떤 사람도 죽일 수 없다. 전쟁을 거부하는 행위는 금수보다 못한 야만을 벗어버리고 하나님의 형상을 담은 본래의 인간이 되겠다는 회심이다. 나는 이 사랑을 통한 평화의 혁명이야말로 공산주의와 자본주의 모두를 극복하는 우리 시대 최후의 혁명이라고 믿는다. 절벽 앞에 선 한국 교회가 전쟁과 폭력이라는 우리 시대의 도전 앞에 담대히 나서서 전쟁 없는 세상을 향해 힘찬 행진을 시작하기를 바란다. 평화를 향한 이 거대한 희망과 포부야말로 정의에 목마르고 평화에 배고픈 온 세상의 젊은이들의 마음을 얻는 길이다. 그리스도의 교회들이여, 다시 한 번 인류 역사의 희망이 되자!

에필로그
팬데믹의 위기 속에서

 이제 군인들은 군복을 벗고 흰 가운을 입어야 할 때가 되었다. 어깨에 맨 총을 내려놓고 소독기를 들어야 한다. 군인과 군대는 전쟁을 대비해서 조직된 집단이다. 그러나 더이상 전쟁이 인간과 국가 사이의 물리적인 충돌을 의미하던 시대가 지나가고 기후 위기와 전대미문의 전염병에 의해 인류 전체가 위협을 받는 새로운 전쟁이 벌어지고 있다.

 지금까지 우리 군대는 북한을 주적으로 간주하여 북한군을 살상하고 무기와 시설을 파괴하는 훈련을 해왔다. 그러나 지금 우리의 적은 인간이 아니라 눈에 보이지도 않는 미물이다. 생물과 무생물의 경계를 넘나드는 미지의 존재다. 이 '외계 생물체'는 우리나라뿐 아니라 우리의 전통적인 우방과 이전의 적국들을 가리지 않고 무차별적으로 공격하며 인류 전체의 생존을 위협하고 있다. 세계 최강의 군사 대국 미국이 이 바이러스와의 전쟁에서 최대의 피해국인 것을 보면 군사력이 곧 국가 안보라는 지금까지의 등식은 이제 더는 통하지 않는 구시대적인 관념이다. 계속 변이하고 진화하며 연합군이 되어 가는 바이러스들과, 미증유의 자연재난을 일으키는 기후위기, 지진이나 츠나미로 인한 원전 폭발사고와 같이 자연재난과 인간의 문명의 콜라보로 발생하는 전대미문의 사건 사고들이 끊임없이 밀려올 것이다. 지구 온난화로 해수면이 점차 상승하면서 섬들과 해변가의 우물들이 바닷물에 잠겨버리듯이 기후 변화는 소리없이 우리의 삶의 근원들을 잠식해 버릴 것이다. 식량 위기는 인류가 겪을 가장 비참한 최후일지도 모른다. 군인들은 이 모든 재앙이 초래할 불안과 혼란을 대비하기 위해서라도 무장한 군대가 필요하다고 강변할 것이다. 그러나 이 새로운 문제들은 개개 국가에 국한된 문제들이 아니라 국가주의의 한계를 넘어서 모든 나라들이 다자간 협력과 연대를 통해서 함께 극복해 나가야 할 과제들이다. 이를 위해서는 서로 이웃한 나라들이 서로를 신뢰하고 협조하는 우호적인 관계를 만들어가야 한다. 국경 감시와 치안의 유지는 군인이 아닌 경찰로 대체해야 한다.

하루가 다르게 변화를 거듭하는 바이러스와는 달리 우리의 국방과 안보시스템은 원시시대로부터 지금까지 그 구태를 조금도 벗어나지 못하고 있다. 살상 무기는 더 잔혹해졌고 군사 기술은 더 발전했다. 그러나 그 모든 군사 무기와 첨단 군사 장비들이 체르노빌이나 후쿠시마의 원전 폭발로 인한 방사능 유출사고나 중국발 코로나 바이러스의 대유행, 기후 변화로 인한 예측 불허의 자연 재난들로 인해 국민이 죽어가고 재산이 사라져 가는데도 아무런 쓸모가 없다.

더 늦기 전에 군인들의 임무와 역할을 전폭적으로 바꿔야 한다. 팬데믹의 방역 전선에서 과로로 쓰러지는 간호사들과 의료인력을 도와서 방역의 최전선을 담당할 수 있도록 집중적인 훈련과 교육으로 바이러스와의 전쟁에 파견해야 한다. 백신의 운송과 접종이 원활하게 진행될 수 있도록 배치하자. 감염의 경로를 파악하고 차단하기 위한 역학조사와 집합시설들에 대한 감시 감독에도 투입시키자. 이 과정에서 군인들이 감염되거나 사상자가 생길지라도, 그들의 희생이 국민의 죽음을 대신하는 것이라면 감수해야만 한다.

이제 군인들에게 군복을 벗기고 방역복을 입히자. 총 대신 소독기를 들고 인류를 공격하는 적들과의 전쟁터로 나가게 하자. 우리나라뿐 아니라 공동의 적으로 인해 고통과 죽음을 겪고 있는 이웃 나라에도 이 백의의 전사들을 파견하자. 이들이야말로 '평화유지군(peace keeping force)이라는 이름에 걸맞는 군인일 것이다. 차라리 더이상 군인이라 부르지 말고 피스메이커(peace maker)라고 부르자. 나는 우리 젊은이들이 군 복무 대신 평화 복무를 하기를 바란다. 각종 질병과 재난과 분쟁과 기아 사태 속에서 고통받고 있는 인류와 파괴되어 가는 세상을 구하기 위한 복무다. 지금까지 인류는 자국의 이익을 위해서 군대를 만들고 전쟁을 벌여왔다. 군대는 국가가 인정하는 합법적인 살인조직이다. 군사 무기들은 군인과 민간인을 구별하지 않고 살상한다. 핵무기나 대량살상 무기는 시민들까지 무작위로 떼죽음에 이르게 하는 인도주의에 반하는 범죄 도구들이다. 군대는 처음부터 '내가 살기 위해서는 남을 죽여도 된다'는 그릇된 가정에서부터 시작된 제도다. 어떻게 보면 이 악한 전쟁과 군대를 끝장내기 위해서 하늘이 코로나 바이러스를 통해 우리에게 기회를 주고 있는 것은 아닐까?

　다시 근본으로 돌아가자. 우리가 안전하고 평화롭기를 원한다면 우리 이웃이 먼저 안전하고 평화로와야 한다. 군사주의자들은 '평화를 원하면 전쟁을 준비하라'고 가르쳐왔다. 그러나 평화를 원한다면 남을 도울 것을 생각하고 준비해야 한다. 우리는 함께 살아야만 하고 함께 노력하면 반드시 같이 평화롭게 살 수 있다는 신념을 버리지 말아야 한다. 코로나 바이러스는 재앙이 아니라 축복인지도 모른다. '서로 도와야 너희도 살 수 있다'는 평화의 복음을 전하는 메신저 일지도 모른다. 우리가 구태의연한 이 세상을 바꾸지 않고 미봉책으로 지금 닥친 이 위기만을 넘기기 위해 급급하다면 이후에는 더 끔찍한 처벌적 재앙이 우리를 찾아올 수도 있다. 코로나 극복보다 더 중요한 것은 우리 인류사회의 악을 제거하고 우리 인간의 삶의 방식을 바꾸는 것이다. 군대와 군사주의는 인류사회를 서로 분열하며 고립시키고 대결하도록 만든다. 이 군대가 전면에 나서면 우리 사회는 진화가 아닌 퇴화의 길로 역행하게 될 것이다. 이전보다 더 치열하게 식량과 자원과 백신과 치료제를 차지하고 빼앗기 위해서 만인이 만인을 대상으로 투쟁하는 디스토피아가 도래할 거다.

　팬데믹의 위기는 우리에게 질문한다. 계속 지금까지 걸어왔던 폭력의 시대를 연장할 것인가? 아니면 이제는 총과 무기를 내려놓고 장벽을 허물어 서로 협력하고 연대하는 평화의 시대를 선택할 것인가? 군대부터 없애자. 55만의 군인과 55조원이나 되는 국방비와 무기 산업에 소모되는 엄청난 자원을 거둬들여 새로운 위협에 직면한 국민의 생명을 지키고 우리 문화유산과 천혜의 자연을 보호하기 위해 사용하자.

우리도 변화하고 진보해 나가야 한다. 옛것은 버리고 새것으로 바꾸라고 이 바이러스라는 미물이 우리를 조롱하면서 훈계하고 있는 것이 아니겠는가!